Liderança para uma Nova Era

CB012428

Liderança para uma Nova Era

ESTRATÉGIAS VISIONÁRIAS PARA A
MAIOR DAS CRISES DO NOSSO TEMPO

Ensaios escritos por:

*James A. Autry • Carol Sanford
Barbara R. Hauser • Ann M. Morrison
Ed Oakley • Peter K. Krembs • Charles F. Kiefer
Warren Bennis • Kate Steichen • Barbara Shipka
Tina Rasmussen • Larry C. Spears
Elemer Magaziner • Susan M. Campbell
Robert Rabbin • Margaret J. Wheatley • John D. Adams
Martha Spice • Carol McCall • Max DePree
Perry Pascarella • Stewart Emery*

Organizador: JOHN RENESCH

Tradução
PEDRO DA SILVA DANTAS JR.
MARCELO BRANDÃO CIPOLLA

EDITORA CULTRIX
São Paulo

Título do original:
Leadership in a New Era
Visionary Approaches to the Biggest Crisis of Our Time

Edição	Ano
2-3-4-5-6-7-8-9	00-01-02-03

Direitos de tradução para a língua portuguesa
adquiridos com exclusividade pela
EDITORA CULTRIX LTDA.
Rua Dr. Mário Vicente, 374 — 04270-000 — São Paulo, SP
Fone: 272-1399 — Fax: 272-4770
E-mail: pensamento@snet.com.br
http://www.pensamento-cultrix.com.br
que se reserva a propriedade literária desta tradução.

Impresso em nossas oficinas gráficas.

Sumário

Prefácio

Este livro apresenta vinte e três ensaios cujos autores se contam entre os que, na nossa época, mais conhecem e melhor praticam a arte da liderança de indivíduos. Ao colaborar para esta coletânea inigualável, esse grupo prodigioso compartilhou com o leitor aspectos íntimos da vida de cada um deles, expressando-se sempre com grande autenticidade.

Um pensamento antiquado não será capaz de mudar os tempos caóticos e difíceis em que vivemos. Como já nos dizia Einstein décadas atrás, não podemos solucionar nossos problemas com o mesmo modo de pensar que os criou.

A liderança, nesta fase de transição, vai surgir de onde menos se espera — de pessoas que nunca haviam sido consideradas "líderes" porque não tinham posição que as legitimasse. Entretanto, nesta nova era, veremos muitas pessoas adquirindo por si mesmas a autenticidade para liderar — fazendo o que é necessário.

Esperamos que a comunidade empresarial — na qualidade de instituição humana mais forte e poderosa que a humanidade jamais desenvolveu — venha a ocupar a linha de frente dessa revolução na liderança, assumindo maior responsabilidade pelo bem-estar da sociedade a curto e a longo prazo.

Os autores deste livro representam grande variedade de disciplinas e perspectivas no mundo do comércio — desde as faculdades de administração até as grandes multinacionais, desde a indústria pesada até as empresas de serviços. Eles oferecem a você, leitor, um rico sortimento de sabedoria, conselhos e idéias práticas para ajudar sua empresa a caminhar no ritmo do mercado em transformação.

New Leaders Press
Sterling & Stone, Inc.
Junho de 1994

Agradecimentos

Diversos autores gostariam de agradecer às pessoas cujo apoio foi de particular importância na elaboração dos ensaios para este livro.

Susan M. Campbell agradece a Jordan Paul pelo apoio emocional e pela ajuda editorial. Agradece ainda a seus pais, Harry e Virginia Campbell, por oferecerem um modelo vivo do Pensamento Tanto/Quanto no casamento, na família e no relacionamento com a comunidade.

Elemer Magaziner agradece a seu patrocinador, The Foundation of Global Wellness.

Ann M. Morrison agradece a Marlene Zagon pelo auxílio administrativo na preparação de seu capítulo.

Ed Oakley agradece ao seu Enlightened Leadership Team, do qual fazem parte Jonette Crowley, Jennifer Joshua, Robin Oakley, Charles Kemper e Doug Krug, por seu apoio contínuo e pela liderança esclarecida que eles demonstram.

Robert Rabbin expressa o seu respeito, gratidão e amor por seu primeiro mestre, Swami Muktananda Paramahansa, e por seus mestres subseqüentes, Nisargadatta Maharaj, Ramana Maharshi, J. Krishnamurti, Jean Klein, e Poonjaji, os quais, todos eles, continuam a despertá-lo, guiá-lo e inspirá-lo. Expressa também a sua gratidão a Monika Pichler, co-autora de seu ensaio e melhor amiga, conselheira e colaboradora durante dez anos; pelo relacionamento com ela, os ensinamentos dos místicos tornam-se cada vez mais reais e palpáveis.

Larry C. Spears demonstra sua gratidão às seguintes pessoas e instituições pelo encorajamento e pela inspiração: a equipe de trabalho, os curadores e os membros do Robert K. Greenleaf Center for Servant-Leadership; a W.K. Kellogg Foundation e a Lilly Endowment, Inc.; e seus amigos e família, especialmente Beth, James e Matthew.

Martha Spice agradece ao marido e sócio, Alan Gilburg, pelo apoio e pela co-autoria. Sem ele, o ensaio não teria sido escrito. Agradece também aos clientes, amigos e professores que são exemplos vivos, na vida e no trabalho, do nobre princípio da responsabilidade pessoal.

A New Leaders Press agradece a todos os autores por contribuírem com as idéias, a experiência, o conhecimento e o próprio coração para este trabalho. Cada colaborador manifestou um ponto de vista específico; juntos, eles compõem uma perspectiva ampla de como os negócios podem servir à sociedade de forma perene e vivificante.

Gostaríamos também de agradecer a todos os autores que colaboraram para os nossos livros anteriores: *New Traditions in Business: Spirit & Leadership in the 21st Century* [Novas Tradições nos Negócios: Espírito e Liderança no Século XXI], *When the Canary Stops Singing: Women's Perspectives on Transforming Business* [Quando o Canário Pára de Cantar: As Perspectivas das Mulheres nos Negócios em Transformação] e, recentemente, *The New Entrepreneurs: Business Visionaries for the 21st Century* [Os Novos Empreendedores: Visionários do Mundo dos Negócios no Século XXI], pelo que aprendemos trabalhando com cada um deles.

Os seguintes fornecedores também nos deram grande apoio ao longo dos últimos anos, e agradecemos a eles com grande consideração: Barrentine & Associates; InfoCom; Jensen & Roye, CPAs; e a Sherbank Corporation.

Para os fornecedores envolvidos na produção desta coletânea, oferecemos a nossa mais sincera gratidão. Estão aí incluídos Amy Kahn, Carolynn Crandall e sua equipe na Select Press, Jennifer Barclay, Gretchen Andrews, Connie Coleman pela foto da capa, Dennis Rathnaw pelo *layout* da capa, e Lyle Mumford e sua equipe na Publishers Press.

O organizador John Renesch agradece a Barbara Shipka, uma das autoras do livro, que deu grande apoio a este projeto e a outros projetos da New Leaders Press que estão em andamento. É também particularmente agradecido a seu colega Steven Piersanti, fundador da Berrett-Koehler Publishers, pela generosa cessão do seu "eu" bem como dos seus anos de experiência no ramo editorial.

Gratidão sincera também pelo grupo de amigos que o apoiaram nos últimos cinco anos de modo muito especial e particular: Earl & Sheila Babbie; Donna Balsamo; Diane Behling; George Fritz; Ben Hidalgo; Jim Hodge e seus associados na Sheppard, Mullin, Richter & Hampton; Tom Jackson; Alice Jensen; Kris Knight; Carol Lerner; Diane Levine; Barbara Musser; Donald Weck; Alan Parisse e Bettina Herbert; Jim e Muriel Ray; Jerry Richardson; Bob e Fran Ruebel; Mac Suzuki; e Peter Turla.

O organizador agradece também a Jenny Bent da Raphael Sagalyn, Inc., agência literária que representa James Autry, por ter facilitado os processos de permissão; e a Debbie McCarroll, do escritório do Sr. Autry. Agradecimentos especiais também para os agentes de Max DePree — a Sandra Dijkstra Literary Agency — pela cooperação.

Para todos aqueles que dispuseram do seu tempo para a revisão dos originais desta coletânea e ofereceram críticas e comentários escritos ou verbais, os envolvidos neste livro dedicam a sua gratidão. Nossos respeitos a Kye Anderson, Darrell Brown, Rick Crandall, Keith Darcy, Gun Denhart, William E. Halal, Willis Harman, Jim Kouzes, Jim Liebig, William Miller, J. Randolph New, Rolf Österberg, Alan J. Parisse, Michael Ray e Andrew Bard Schmookler.

Por fim, o conselho consultivo da New Leaders Press/Sterling & Stone, Inc.

fez sugestões de inestimável importância, e gostaríamos de agradecer a cada um dos seus membros: Pat Barrentine, David Berenson, William Halal, Willis Harman, Paul Hwoschinsky, Jim Liebig, William Miller, Shirley Nelson, Christine Oster, Steven Piersanti, Catherine Pyke, James O'Toole, Michael Ray, Stephen Roulac, Jeremy Tarcher, Peggy Umanzio e Dennis White.

Introdução

Compromisso com uma Mudança Contextual

John Renesch

JOHN RENESCH é o editor e responsável pela publicação do *The New Leaders*, boletim empresarial internacional especialmente dedicado à nova liderança; e é o diretor administrativo da Sterling & Stone, Inc. Atua também como editor-chefe da New Leaders Press, especialista em coletâneas como *New Traditions in Business* — organizada por ele —, *When the Canary Stops Singing* e *The New Entrepreneurs*, organizadas por ele e Michael Ray, da Stanford Business School.

Ao longo de sua carreira, acumulou uma ampla variedade de experiências empresariais: nos setores imobiliário e financeiro, na promoção de eventos, como relações públicas e no ramo editorial. Trabalhou como diretor administrativo de uma firma de investimentos imobiliários e fundou e dirigiu uma firma de negociação de títulos imobiliários no mercado secundário em meados dos anos 80.

É um dos membros fundadores da World Business Academy e recebeu o Prêmio Willis Harman, conferido pela Academia, em 1990. É membro do conselho consultivo do Projeto World 2000 da World Future Society e dá palestras a respeito da nova liderança.

Nestes dias de mudanças constantes e profundas, faz-se necessário um novo estilo de liderança. Essa necessidade exige que os atuais ocupantes de cargos de liderança promovam alterações significativas na sua atitude e no seu jeito de ser, sob pena de se tornarem parte de uma raça em extinção. As pessoas antes vistas como subordinadas precisam, por sua vez, criar uma imagem nova de si mesmas e desenvolver habilidades, de modo a aceitar uma responsabilidade de liderança maior do que tinham no passado.

Esses novos líderes serão homens e mulheres que não controlam, mas inspiram — que não se vêem ameaçados pelas mudanças, mas instigados por elas. Essa nova liderança precisa surgir em todos os níveis empresariais para que as nossas empresas possam sobreviver aos desafios e à transição rumo ao novo século.

A liderança foi redefinida várias vezes na história moderna. Muitas dessas redefinições, porém, só alcançaram um nível superficial. O Ocidente tem a tendência de adaptar — tomar a forma, a aparência de mudança — sem mudar os princípios básicos. Temos o hábito de querer mostrar a todos que estamos fazendo o que é certo, mas sem nos comprometer com o essencial. O novo estilo de liderança requer um compromisso profundo — um novo contexto —, uma mudança na própria essência do conceito de "líder".

Essa virada contextual exige que um número maior de pessoas assuma responsabilidades sempre que preciso — sejam líderes sempre que isso for necessário. O novo contexto baseia-se na liberdade individual, na confiança e na intenção e requer grande coragem, sabedoria e compaixão da parte daqueles que se dispõem a ele.

O novo estilo de liderança não chama de "líder" a pessoa que tem um título ou está numa posição de poder; não exige que uma autoridade externa legitime um homem ou uma mulher como um líder "oficial". Ele se apóia na força e no caráter interiores do indivíduo — a fonte do verdadeiro poder da pessoa. Essa nova liderança exige que os indivíduos tenham um verdadeiro domínio sobre a sua realidade, e não o domínio tirânico ou manipulativo de outras pessoas ou circunstâncias exteriores.

O que se poderia citar como exemplo de mudança contextual, em contraposição à mudança no conteúdo ou na forma? Tomemos o estilo de treinamento de Vince Lombardi, lendário técnico de futebol americano das décadas de 50 e 60, e comparemo-lo com o de Bill Walsh nos anos 80, por exemplo. Segundo a maioria dos apreciadores, o método que Lombardi usava para motivar seus jogadores a jogar um bom futebol era o melhor da sua época. Pelas idéias então tacitamente aceitas, ele era excelente. O estilo que ele representava, entretanto, baseava-se na insegurança e no medo. Os atletas jogavam bem porque tinham medo de falhar. Já o estilo de Walsh estava fundado num contexto totalmente diferente — inspirar e encorajar os jogadores a dar o melhor de si. Trata-se de um estilo mais positivo tendo em vista a cultura atual, uma geração depois.

Esses dois excelentes treinadores operavam em contextos diferentes. A forma ou conteúdo da profissão permaneceu igual — planos de jogo, exercícios, preparação de jogadas, estratégias e registros, todas coisas muito úteis para quem pretende vencer partidas de futebol. Mas os dois contextos, as duas maneiras de obter a mais alta motivação e o melhor desempenho, não poderiam ser mais diferentes um do outro.

Outro exemplo de diferença contextual é conceber a administração como uma "ciência", segundo a idéia popularizada por Frederick Taylor no começo do século, ou como uma "arte", como a qualificou Max DePree, na época diretor-executivo da Herman Miller, Inc. O primeiro contexto se fundamenta no controle absoluto, no pensamento linear e nos processos mecânicos, ao passo que o outro é mais inovador, intuitivo e espontâneo.

Cada vez mais a sabedoria atual indica que as empresas não conseguem mudar uma cultura há muito estabelecida se os seus líderes também não mudam. Os livros modernos de administração estão repletos de exemplos de empresas que tentaram mudar sem que o diretor-executivo e outros altos membros da administração assumissem a mudança neles mesmos. Esses relatos quase sempre se concluem com uma tremenda decepção. Os líderes de amanhã precisam se dispor a passar por transformações pessoais — ou seja, se dispor a uma mudança transcendental em sua forma de pensar e sentir, e não apenas a uma mudança de atitude a respeito de determinada parte da operação.

O termo "transformação" geralmente é usado como sinônimo de "mudança". O fato, porém, é que eu entendo "transformação" como uma virada fundamental no modo pelo qual uma pessoa se coloca diante do mundo. Os líderes de amanhã precisam se dispor a uma mudança profunda nos campos pessoal, psicológico, emocional e até mesmo espiritual caso queiram que os seus seguidores estejam abertos às mudanças. Os líderes não podem continuar a pedir que todos mudem exceto eles mesmos.

Os homens de negócios, tanto consultores quanto profissionais, carregam enorme responsabilidade, quer gostem disso, quer não. Os negócios são a locomotiva que puxa o trem da sociedade no mundo inteiro. Todos no mundo empresarial — o pequeno empresário, o gerente, os empregados das 500 Maiores da *Fortune* — são responsáveis pelo impacto dos negócios sobre a sociedade. Cada membro da comunidade empresarial tem a responsabilidade de ser um novo líder.

A outra face dessa responsabilidade é a oportunidade. Cada responsabilidade que se apresenta vem acompanhada pela oportunidade de ser um pioneiro da "nova administração" — a possibilidade de prosperar, de inovar e de crescer da maneira apenas sonhada até então. A verdade nua e crua é a seguinte: aqueles que não assumirem a sua responsabilidade perderão as oportunidades que estão por vir e provavelmente não sobreviverão à transição para uma nova forma de ser nos negócios.

É importante, nestes dias de mudanças constantes e inéditas, que as pessoas em posições de comando não se sintam ameaçadas pela necessidade de transformação. Esse tipo de desafio exige grande coragem — a de aceitar a mudança sem se sentir ameaçado.

Os novos líderes serão pessoas de visão capazes de inspirar os outros a fazer parte dessa visão. Não vão se basear na retórica ou na manipulação para recrutar outras pessoas para juntar-se a eles; vão atraí-las como um ímã. Esses novos líderes não vão acompanhar tendências nem seguir a moda: vão, isto sim, abrir novos caminhos, construindo o futuro em colaboração com outros homens e mulheres que pensem da mesma forma.

Exigem-se desses novos líderes qualidades novas — qualidades que não foram especialmente enaltecidas pelo modelo científico do passado. Uma das qualidades essenciais da nova liderança é a disposição de se ver como parte do problema existente, como um dos elementos do sistema que precisa mudar. Quando uma organização passa por uma mudança significativa, todas as pessoas e todas as coisas afetadas terão de mudar também. Para alguns, a mudança será tão grande que eles terão de se desligar completamente do todo. Outros talvez só precisem mudar um pouco, mas todas as partes do sistema mudarão de alguma forma.

Os novos líderes vão precisar de coragem — não no estilo de um Audie Murphy, avançando intrepidamente pela linha de fogo, mas uma coragem compassiva e espiritual que questione o inquestionável, que examine os "monstros sagrados", que desafie o *status quo*. Isso inclui a disposição de se ver desaprovado ou ridicularizado pelos colegas. Exige-se do novo líder um novo estilo de compromisso — não o compromisso de trabalhar a noite inteira ou de sacrificar a vida em família, mas o compromisso de agir como acredita que deve. "Fazer a coisa certa" porque é o que se deve fazer e não porque "é assim que nós sempre fizemos essas coisas": esse será doravante o lema desses novos líderes.

A compaixão pelos companheiros de trabalho substituirá a noção de culpa nos assuntos da empresa. Dentro do pensamento sistêmico que embasará o raciocínio dos novos líderes, as empresas são vistas como partes interdependentes de sistemas sociais mais amplos, e as pessoas estão todas inter-relacionadas dentro desses sistemas. Uma compreensão compassiva do modo pelo qual as partes se inter-relacionam permite que o novo líder deixe de lado o "jogo da culpa", eliminando a necessidade de atacar, defender ou se envolver em práticas destrutivas no trabalho.

Qualquer pessoa pode se tornar a líder de si própria se viver de forma coerente — fazendo coincidir o seu modo de pensar e sentir com o modo de desempenhar as tarefas diárias. Ninguém pode mudar os outros; tudo o que a pessoa pode fazer é mudar a si mesma. Vivemos num tempo de "liderança autêntica" para todos, especialmente nos negócios.

Esta coletânea de ensaios foi organizada para apresentar as questões com as quais se defrontarão os líderes do futuro — os "novos líderes". Assuntos do coração e da alma são examinados em ensaios sobre negócios que tradicionalmente excluíam tópicos "suaves". Os autores que contribuíram para a coletânea são todos desbravadores dos sertões — discutem o que até então se apresentava como "inquestionável" nos livros de administração.

Começando com James A. Autry, autor de *Love and Profit* [Amor e Lucro], a Parte Um contém sete ensaios. Os outros capítulos são escritos pela escritora e consultora Carol Sanford, autora de *Breaking the Glass Ceiling* [Quebrando o Telhado de Vidro]; pela renomada escritora Ann M. Morrison; por Ed Oakley, co-autor de *Enlightened Leadership* [Liderança Iluminada]; pela advogada Barbara R. Hauser, co-fundadora do Fórum da Liderança Feminina; pelo consultor Peter K. Krembs; e por Charles F. Kiefer, colaborador do *The Fifth Discipline Fieldbook*.

A nova responsabilidade do novo líder é o tema comum da Parte Dois, destacando-se Warren Bennis, conhecido escritor (*On Becoming a Leader* e *Leaders*) e conselheiro do Instituto de Liderança da University Southern California; Kate Steichen, consultora de liderança e criatividade; Barbara Shipka, consultora empresarial; e Tina Rasmussen, executiva da Nestlé.

Quatro autores examinam a nova "era do paradoxo" na Parte Três, que contém os escritos de Larry C. Spears, diretor executivo do Robert K. Greenleaf Center; do consultor Elemer Magaziner; da escritora/consultora Susan M. Campbell; e de Robert Rabbin, especialista em técnicas de lucidez.

A Parte Quatro trata das novas formas de pensamento, começando com Margaret J. Wheatley, autora do livro de sucesso *Leadership and the New Science*. Essa parte do livro inclui também ensaios originais de John D. Adams, organizador da coletânea *Transforming Leadership*; da especialista em treinamento de executivos Martha Spice; e da especialista em liderança Carol McCall.

O segmento final do livro, Parte Cinco, compreende três ensaios — do consagrado escritor e diretor-executivo Max DePree; de Perry Pascarella, gigante do ramo editorial; e um ensaio de Stewart Emery, que inclui sua entrevista com o gênio da TV Norman Lear.

Quando você ler esses ensaios, peço que tenha a mente sempre aberta e se lembre de que os novos líderes são aqueles que se sentem motivados a aceitar responsabilidades a qualquer tempo — não necessariamente aqueles que são eleitos ou oficialmente indicados, ou que se arrogam posições de liderança. Cada um de nós tem um líder dentro de si. Será que o seu "líder interior" está pronto para aceitar responsabilidades?

PARTE UM

Temas Difíceis para Tempos Difíceis

Observações Esparsas Depois de
Vinte e Oito Anos de Administração
James A. Autry

Liderança pela Motivação:
A Ética e a Praticidade dos Incentivos
Carol Sanford

Cinderela Pode Ser Forte, John Wayne Pode Chorar
Barbara R. Hauser

A Diversidade e o Desenvolvimento da Liderança
Ann M. Morrison

Uma Experiência de Liderança Iluminada
Ed Oakley

Os Problemas de Liderança
nas Empresas Técnico-Científicas
Peter K. Krembs

Liderança por Equipe de Executivos
Charles F. Kiefer

Não há dúvida de que vivemos em tempos difíceis. Até mesmo o caos conquistou o direito de ter a sua própria "ciência" ou disciplina de investigação — a teoria do caos. O atual ritmo de mudança, sem precedentes na história, está ultrapassando a nossa capacidade de previsão. A maioria das empresas está em maus lençóis, rezando para que voltem "os bons e velhos tempos". Eles jamais voltarão.

Uma nova era vem se anunciando há muitos anos, e agora nós precisamos de uma nova raça de líderes. Esta primeira parte do livro apresenta as profundas intuições de sete dos nossos autores, que tratam daquelas questões que estão no âmago mesmo desse caos. Estilos de administração, diversidade, equipes, tecnologia, a "guerra dos sexos", ética e motivação — tudo isso é abordado na parte inicial da coletânea.

O executivo James A. Autry (autor de *Love & Profit: The Art of Caring Leadership*), do ramo editorial, abre a seção com suas reflexões baseadas em quase três décadas de experiência como administrador de empresas. A consultora Carol Sanford, co-autora de *New Traditions in Business: Spirit & Leadership in the 21st Century*, examina a ética e a praticidade das práticas motivadoras tradicionais na nova era que vai surgindo.

A co-fundadora do Women's Leadership Forum, Barbara R. Hauser, questiona o comportamento estereotipado de homens e mulheres num ensaio instigante escrito para ser lido por ambos os sexos. Ann M. Morrison, autora principal de *Breaking the Glass Ceiling* e, mais recentemente, autora do livro *The New Leaders*, escreve acerca da diversidade e da liderança. O consultor Ed Oakley, autor de *Enlightoned Leadership*, examina o conceito de "liderança esclarecida" num ensaio escrito especialmente para esta coletânea.

Os técnicos e cientistas vão gostar de ler a respeito da liderança na área técnica, tema tratado pelo consultor Peter K. Krembs em seu ensaio. O consultor Charles F. Kiefer aborda importante aspecto da liderança empresarial — a equipe de executivos.

Cada um dos temas abordados por esses sete autores é estrategicamente vital para a empresa dos dias de hoje e suas perspectivas de sucesso nos anos vindouros.

1

Observações Esparsas Depois de Vinte e Oito Anos de Administração

James A. Autry

JAMES A. AUTRY é ex-executivo da *Fortune 500*, escritor, poeta e consultor cujo trabalho teve influência significativa nos estudos sobre a liderança. Seu livro *Love and Profit: The Art of Caring Leadership* recebeu o prêmio Johnson, Smith & Knisely como o livro que exerceu maior impacto sobre o pensamento dos executivos em 1992. Autry foi alvo de considerável atenção em âmbito nacional quando poesias suas foram apresentadas na série especial de Bill Moyer *The Power of the Word*, na PBS. Fez também um vídeo, *Love and Profit*, produzido pela The Excellence in Training Corporation em 1993.

Antes de se aposentar prematuramente em 1991, quando passou a dedicar-se às atuais atividades, Autry teve carreira brilhante na Meredith Corporation, onde chegou a vice-presidente sênior e presidente do Grupo de Revistas, atividade com faturamento de cerca de U$500 milhões e mais de novecentos empregados.

Autry se fez figura de destaque na estruturação do campo do "jornalismo de serviço" e colaborou para a fundação de cadeiras de jornalismo de serviço na University of Missouri e na University of Mississipi, onde recebeu o título de Distinguished Alumnus e foi eleito para o Alumni Hall of Fame. É detentor de três graus honorários e acaba de publicar um novo livro, *Life and Work: A Manager's Search for Meaning*. Este ensaio é extraído de *Love and Profit* e é usado com permissão do editor.

Há um velho ditado a respeito de administração que leva muita gente a cometer erros graves. Segundo esse ditado, se todos os empregados trabalhassem direito, não haveria necessidade de administradores.

Eu já ouvi isso, você também. Durante muitos anos aceitei essa idéia sem parar para pensar a respeito do que ela queria dizer e da maneira que ela me levava a me conduzir.

Se o meu trabalho como administrador depende de eu ter pelo menos alguns empregados que não trabalhem direito, pode apostar que eu vou encontrar empregados que não trabalhem direito. E pode ter certeza de que eu não vou me empenhar em criar um ambiente no qual as pessoas possam trabalhar melhor — sendo esta, na verdade, a verdadeira função da administração.

Uma equipe de trabalho, quer se trate de um departamento de contabilidade, uma equipe de redação, uma equipe de vendas ou uma orquestra, não funciona como um conjunto de pessoas que simplesmente trabalham direito. Acreditar nisso equivale a não acreditar no poder que o grupo tem de se tornar algo maior do que a soma das suas partes isoladas.

E acreditar que o trabalho do administrador se resume a garantir que as pessoas trabalhem direito é fazer o administrador voltar ao antigo papel de feitor ou supervisor.

Permanecer em Equilíbrio

Conheço administradores que não conseguem ficar longe do escritório; é como se eles ficassem inseguros quando não estão trabalhando. Não me refiro àquelas ocasiões que todos nós enfrentamos, nas quais as coisas se acumulam e temos de dedicar um domingo a enfrentar a pilha de papéis. Conheço gente que vai ao escritório mesmo quando o trabalho a fazer é o mais rotineiro possível.

Conheço também administradores que chegam, lêem o *The Wall Street Journal* e o *New York Times*, fazem algumas ligações telefônicas, ditam algumas cartas, almoçam com um amigo, passam mais algumas horas em frente à escrivaninha, saem a tempo de pegar o trem das 5:11 e acreditam ter trabalhado o suficiente para um dia.

Do mesmo modo, não é o estilo de trabalho que manifesta o grau de compromisso da pessoa; o maníaco por trabalho [*workaholic*] não é mais comprometido do que o trabalhador preguiçoso. O compromisso, na verdade, está mais ligado à qualidade do esforço do que ao número de horas que se passa no escritório.

A vida equilibrada, como sempre, está numa espécie de meio-termo. Esse meio-termo varia de acordo com o momento, dependendo da carga de trabalho ou, talvez, da novidade do trabalho.

Encontrar esse ponto intermediário é difícil, mas é preciso procurá-lo. Caso contrário, um belo dia você se verá sem recursos.

Até mesmo os maníacos pelo trabalho se aposentam. Mais cedo ou mais tarde eles ficarão sem o emprego que tanto os ocupa. E então?

Na outra extremidade do espectro estão aqueles que podem perder o emprego porque dão atenção a tudo, menos ao emprego. E então?

Meu conselho para descobrir o meio-termo é simples. Considere que tudo tem a mesma importância: o emprego, a família, os amigos, a igreja, o clube, o trabalho voluntário, o exercício físico, os esportes, os *hobbies* e o puro e simples lazer.

Examine sua agenda e arranje tempo para tudo isso. Caso contrário, você chegará à inevitável hora da verdade e terá de se perguntar: o que fiz com o meu tempo?

Chefe da Torcida Uniformizada

Cerca de vinte anos atrás, tornei-me gerente de um departamento de pessoas que trabalhavam horas em excesso, ganhavam mal e, de modo geral, estavam desmoralizadas. Não obstante, elas davam duro e faziam um bom trabalho apesar de todos os problemas. Mas era apenas uma questão de tempo até que viéssemos a ter problemas de alta rotatividade no emprego e queda no ritmo de trabalho.

Foi uma das experiências mais felizes da minha carreira. Eu só tive de retirar os arreios e deixá-los correr. A primeira coisa que fizemos foi atualizar os salários. Em seguida, todos os dias eu passava algum tempo assegurando a cada um deles que os enganos acontecem e que eu não estava de tocaia, esperando que eles errassem para repreendê-los.

Um dia, um dos principais funcionários perguntou: — Sabe do que algumas das pessoas por aqui estão lhe chamando?

— Não — respondi. — Será que devo saber?

— Não é nada ruim. Eles estão dizendo que você é o chefe da torcida uniformizada. — Pensei: de fato, nada mau. Na verdade, algum tempo depois eu disse a meu chefe que achava que aquele rótulo era um dos requisitos da posição que eu ocupava.

Depois de mais alguns anos na administração, comecei a pensar que ser "chefe de torcida uniformizada" é um dos requisitos de todo bom administrador.

Estabelecer Limites para os Erros

É importante cometer erros e deixar que os empregados cometam erros. Na verdade, isso é tão importante que muitos dos livros de administração que conquistaram maior popularidade nos últimos anos fizeram disso um grande tema de discussão.

Poucos, entretanto, dizem que existe um momento certo para impedir que um erro seja cometido.

É fato já aceito que, muito antes de ser atingido o ponto crítico, o bom gerente muitas vezes percebe que o empregado está a caminho de cometer um erro. A questão é: quando o administrador deve agir para evitar o erro?

Penso nesse problema como um instrutor de vôo. É importante deixar que os aprendizes de piloto cometam erros. É óbvio, porém, que o instrutor não pode permitir que os alunos caiam, espatifem-se e morram; assim, ele espera até aquele ponto crítico em que o aluno percebe o erro mas ainda será capaz de controlar o avião. *E ele nunca permite que seja cometido um erro fatal.*

Boa prescrição para os administradores. Enquanto as pessoas podem aprender com os erros, encorajem-nas a correr riscos. Mas não deixem que seja cometido qualquer erro que ponha em risco a sobrevivência da operação.

Partilhar a Propriedade

Quantas vezes você já leu a respeito disso nos últimos anos? Muitas. Há sempre um diretor-executivo a dizer: "Levamos todos os empregados a adotar a nossa visão; tentamos fazer com que eles também se sintam donos da empresa."

Sintam-se donos, cruzes!! Que tal torná-los donos de verdade? Acho que a questão da propriedade merece um exame mais acurado tanto por parte dos administradores quanto dos empregados. Temos inúmeros exemplos práticos de que as empresas cujos donos são os próprios empregados oferecem um grande número de vantagens. Como, então, acomodar a propriedade dos empregados no contexto de uma empresa pública ou de uma grande empresa privada? Mas a propriedade, como sabemos, não é apenas uma questão de repartir os lucros. Como fazer, portanto, com que os problemas e as responsabilidades da propriedade sejam partilhados e sentidos por todos os envolvidos?

Partilhe tudo, eis o meu conselho. Reformule os sistemas de numeração de modo que os empregados tenham direito a uma fatia da empresa. Institua gratificações com base no desempenho. Acrescente prêmios em ações em determinados pontos da carreira. Faça com que os empregados sintam o orgulho de saber que estão construindo um patrimônio que pertence a eles e às suas famílias.

Mas deixe que eles também sintam a frustração dos elevados custos de auxílios médicos e outros benefícios, do aumento de impostos, da escassez de recursos e de materiais, das pressões de preços, das disputas acionárias e do aumento da competição global. Na minha opinião, a plena experiência da propriedade comum — as dores bem como as alegrias disso — é o fator isolado que mais contribui para dar nova força à empresa.

Decisões, Decisões

Se um administrador puder afirmar, com absoluta certeza, "eu tomei essa decisão", é porque há algo de errado com a operação.

A época do "homem das decisões" acabou, se é que um dia existiu. Até mesmo os empresários que mais se orgulham de não depender de ninguém percebem a certa altura que o próprio negócio permanecerá limitado por essa atitude de não deixar que outras imaginações e inteligências colaborem para o "show".

Mais um Pensamento Acerca da Demissão

Ninguém acredita que foi demitido por "justa causa". Deve haver algum tipo de sistema orgânico que nos impede de enxergar a realidade das nossas falhas.

O que o administrador pode fazer exceto tentar determinar o que ele quer que o empregado demitido aprenda com o episódio — o que ele compreenda, que lições tire, que esperanças lhe restem?

Eu, da minha parte, quero que as pessoas demitidas saibam por que isso aconteceu e descubram por si mesmas o que poderia ter sido feito. Quero que aprendam o que fazer da próxima vez e percebam que ainda têm futuro, e que poderão crescer muito se encararem esse futuro de coração e braços abertos.

Mas não exijo que ninguém acredite nisso. E quando uma pessoa que eu despedi aprende, cresce e passa a ter uma vida melhor, não acho que ela tem o dever de me agradecer.

Apesar disso, tenho a satisfação de saber que só uma ou duas pessoas não melhoraram de vida depois que eu as despedi. Todos as outras saíram-se bem.

A questão aborrecida, é claro, é a de saber por que, se eles se deram tão bem em outro lugar, não se deram bem comigo.

É uma pergunta que às vezes me mantém acordado a noite inteira.

A Curva do Sino é para Idiotas

Administradores idiotas, isso sim. E ainda há muitos que acreditam que, num mundo perfeito, o desempenho dos trabalhadores se distribui graficamente numa curva em forma de sino, caso se leve em conta toda a força de trabalho.

Que bobagem! Nas palavras, nós seguimos as tendências da moda: falamos de motivar as pessoas a dar o melhor de si, de criar ambientes que propiciem um trabalho de qualidade, de estimular uma paixão pela excelência. Em seguida, quando vamos elaborar os sistemas de promoção e remuneração, não somos capazes de aceitar que talvez — *apenas talvez* — o nosso trabalho de administração tenha tido tanto sucesso que a curva do sino não exista, que a distribuição de desempenho e das capacidades dos empregados tenda mais acentuadamente para a excelência.

A curva do sino é administração para estatísticos, não para quem busca desempenho.

O Administrador como Pai e Mãe

É assunto delicado, esse, mas que todos os administradores acabam compreendendo mais cedo ou mais tarde ao longo da carreira. É assunto delicado, em grande medida, por causa do antigo paradigma do chefe-como-pai, que caía, por um lado, na permissividade paternalista e, por outro, no excesso de críticas e recriminações. Isso tornou-se símbolo de má administração, e por boas razões.

Mas há também uma outra forma de encarar o administrador como pai ou mãe. Patricia Pollock, diretora editorial de um departamento especial da Meredith Corporation, escreveu num editorial do boletim da administração da empresa: "Aprendi muito, também, criando meus filhos. Eu costumava passar muito tempo com os garotos tentando resolver todos os problemas deles, mas aos poucos fui percebendo que não era esse o meu papel. Aprendi a criar uma atmosfera que lhes permitisse aprender a lidar com os problemas e resolvê-los por conta própria.

"Da mesma maneira, como administradora, não acho que eu tenha de dar todas as respostas — as pessoas precisam aprender por conta própria. Isso equivale a confiar nas pessoas."

Uma perfeita concepção do administrador como pai ou mãe. E é bastante sugestivo o fato de ter sido escrita por uma mulher. Poucos administradores homens teriam a mesma abertura, a mesma sinceridade e a mesma disposição a serem identificados (favorável ou desfavoravelmente) como autores de um tal escrito.

E, no entanto, são muitos os administradores que, ao falar dos filhos e dos empregados, expressam preocupações parecidas: como prestar atenção, comandar e ensinar sem fazer tudo no lugar deles? Como encorajá-los a correr riscos individualmente sem deixá-los ir longe demais? Como recompensar e reconhecer os êxitos de um sem deixar de cuidar de outro que ainda não tem o desempenho tão bom?

Como "pai ou mãe" no ambiente de trabalho, o administrador precisa dar demonstrações diárias de orgulho e satisfação pelas realizações dos empregados, tanto no aspecto profissional como no pessoal.

E essas demonstrações precisam ser sinceras. É impossível fingir nesse ponto. Um ambiente caloroso e acolhedor se forma, em parte, em função do empenho do administrador em crescer mediante o interesse genuíno e a dedicação ao crescimento dos seus empregados.

Exatamente o mesmo se pode dizer dos pais.

O Mito da Superqualificação

Eu nunca recusei um candidato a emprego por achar que ele era superqualificado, e fico a pensar no que leva certos administradores a fazerem isso.

O rótulo de "superqualificado" significa uma destas três coisas:

1. O administrador tem medo de que o candidato tenha transitado tanto que possua maus hábitos, mas não quer se dar ao trabalho de descobrir se isso é verdade.

2. O administrador se sente intimidado pela qualificação do candidato e sente-se ameaçado ou não-qualificado para gerenciá-lo.

3. O administrador está pensando que é Deus e arrogando-se o poder de saber se o candidato será feliz ou não no emprego.

Não creio que qualquer bom administrador, depois de refletir por cinco minutos, vote contra a contratação da pessoa mais qualificada possível para cada emprego, em qualquer nível.

A questão fundamental diz respeito ao próprio candidato: será que ele compreende claramente as limitações bem como as responsabilidades do cargo? Se a resposta for sim, minha posição é favorável.

Comunhão dos Santos

Na antiga religião da minha juventude, acreditávamos que, pelo ritual que chamávamos de "A Ceia do Senhor", comungávamos com os santos, com todos aqueles que já tinham partido.

Eu me lembrei dessa antiga imagem num jantar oferecido a um colega que ia se aposentar. Ele citou os nomes de outros colegas, já mortos, e falava deles como se estivessem em férias. Contou das coisas que esses colegas haviam ensinado às pessoas que lhe ensinaram, e de como ele mesmo tentara ensinar essas coisas a outros que agora estavam ensinando os principiantes.

À medida que ele falava, fomos percebendo que uma verdadeira comunidade não tem limites no tempo. Ele nos fez captar toda a extensão da nossa comunidade de trabalho, que ia desde um tempo muito anterior a nós até um tempo ainda por vir — como se o trabalho existisse de si e por si mesmo, como se nós entrássemos e saíssemos dele numa espécie de *continuum* de esforço, numa espécie de comunhão.

Boas Notícias/Más Notícias

Houve um tempo em que eu tive grandes dúvidas acerca das minhas capacidades e da minha carreira. Na época, eu tinha sofrido um trauma pessoal e mudado radicalmente de campo de trabalho.

Um amigo chegado mandou-me uma carta com uma única frase.

Eu agora a compartilho com qualquer empregado ou colega que tenha sofrido um abalo de autoconfiança. Um dia desses, vou procurar um calígrafo para escrevê-la em letras bonitas; depois, vou colocá-la numa moldura e pendurá-la na parede de quem quer que esteja precisando saber disto:

AS BOAS NOTÍCIAS/MÁS NOTÍCIAS DE SEMPRE:
VOCÊ É TÃO BOM QUANTO TINHA MEDO DE SER.

Avaliar o que é Importante

Eu sempre me surpreendo com a distância que existe entre a percepção que eu tenho da importância de um ato e a percepção que dele tem a outra pessoa envolvida.

Algumas semanas atrás jantei com um colega que está subordinado a mim na hierarquia. Tive de encaixar o jantar no meio de uma complicada agenda de viagem, mas, como ele havia perdido recentemente um membro da família, eu me senti um pouco comovido e resolvi dedicar-lhe umas poucas horas de companhia.

O jantar foi agradável, embora não tenha sido extraordinário; ainda assim, poucos dias depois, recebi dele uma carta demonstrando sua profunda gratidão pelo fato de eu lhe ter dedicado aquele tempo. Fiquei chateado e um pouco envergonhado por não ter dado ao jantar a mesma importância que o meu colega lhe deu.

Em outra ocasião, liguei meu computador e descobri que haviam instalado um processador de textos mais moderno. Fiquei irritado porque fazia só alguns anos que eu havia abandonado a minha máquina de escrever manual, e eu estava apenas começando a me habituar ao antigo programa. Muito aborrecido com a mudança, pedi que o antigo programa fosse reinstalado.

Só depois, quando o estrago estava feito, é que eu percebi que a programadora que instalara o novo *software* havia ficado bastante sentida. Ela tinha feito um esforço enorme para deixar instalado o novo programa enquanto eu viajava, supondo que eu ficaria feliz quando o encontrasse. Além de não receber agradecimentos pelo empenho, foi obrigada a fazer o trabalho em dobro.

Eu merecia apanhar...

Nós, administradores, precisamos compreender que o que é importante para os empregados é o que eles acreditam ser importante, e que temos de ter consciência da nossa influência sobre eles. Com demasiada freqüência esquecemos que nossas palavras e ações têm um peso desproporcional à importância que pretendíamos dar ao assunto.

Aprender com o Trabalho Voluntário

Se, como gerente, você acha que é muito difícil obter resultados trabalhando com pessoas sobre as quais você exerce alguma autoridade, imagine obter resultados trabalhando com pessoas *sobre as quais você não tem autoridade alguma*.

Essa é a definição do trabalho voluntário.

O melhor lugar para aprender os pontos sutis da administração é o cargo de executivo de uma organização de trabalho voluntário, seja ela uma instituição de saúde, o conselho de uma instituição de ensino, um Grupo de Escoteiros ou a Associação de Pais e Mestres.

Muita gente diz que essas funções são "ingratas" e não trazem recompensa de nenhuma espécie.

Não é verdade. Na maioria dessas funções, as pessoas fazem o bem e fazem boas obras, recompensa suficiente por si mesma. Os meus amigos e conhecidos que se dedicam regularmente ao trabalho voluntário se consideram bem recompensados.

Mas, além da recompensa espiritual, há também um aprendizado de administração que ultrapassa tudo o que as faculdades de administração já sonharam ensinar.

De início como membro, e depois como presidente do conselho de diretores de uma instituição nacional voluntária de saúde, eu estive às voltas com uma situação pré-falimentar, uma reorganização completa, a contratação de uma nova equipe de funcionários, a reestruturação do conselho, o rearranjo dos esquemas de captação de recursos e a criação de um novo processo de planejamento; tive de ajudar a fazer contatos para uma ação no Congresso, dirigir conferências nacionais e participar do processo de fusão de duas organizações que operavam no país inteiro (fusão que, aliás, deu certo).

Tudo isso foi feito sem a vantagem da *autoridade*. Foi só o amor pela causa que levou a nós, membros do conselho, a buscar sempre o consenso e soluções viáveis para cada problema grave.

Aprendi muito a respeito da influência e da persuasão silenciosa, do bom trabalho em equipe e de como obter o melhor resultado possível trabalhando com pessoas sinceras e bem-intencionadas, mas não muito qualificadas para as tarefas para as quais se haviam apresentado como voluntárias. (Ninguém pode "demitir" um voluntário incompetente.)

Essa experiência me foi útil inúmeras vezes na minha vida profissional.

Procuro estimular todos os meus gerentes a encontrar uma causa, a se oferecerem como voluntários, a aprender, e a crescer.

A Tabela Interior de Requisitos para a Função

As pessoas fazem bem aquilo que querem fazer, e não fazem bem aquilo que não querem fazer.

Isso é tão verdadeiro para os gerentes como para qualquer outra pessoa.

Assim, de vez em quando, dê uma olhada na tabela formal dos requisitos para a função que você está desempenhando e compare-a com a tabela que está no seu coração.

Se as duas não forem bem parecidas, é hora de mudar a tabela formal.

A Disposição de se Dedicar aos Outros

Quando buscamos criar o que eu chamo de local de trabalho agradável e acolhedor, deparamos com um problema: ninguém é capaz de amar todos os empregados e se dedicar a eles o tempo todo. A dedicação diária é tarefa muito difícil.

Dessa forma, é preciso escolher outros gerentes que tenham a disposição de se dedicar aos outros. Você precisa se concentrar em formar gerentes bondosos e bem-dispostos e depois ensiná-los a passar isso adiante.

Delegue a dedicação, delegue o trabalho.

Ameaças que não Vão se Cumprir

Lembre-se disto: as pessoas que vivem ameaçando ir embora não querem sair. Elas querem que você lhes peça para ficar. Elas precisam saber que você se preocupa com elas e que elas são valiosas a seus olhos. Um dos jovens gerentes do meu grupo consultou-me a respeito de uma pessoa boa e criativa que, mais ou menos a cada seis meses, ameaçava ir embora. — Quais as razões? — perguntei. — É o salário?

— Não — disse o gerente — e por isso o problema é tão frustrante. Ele não pede nada; ele só diz que esse lugar está começando a incomodá-lo e que ele vai sair.

— E o que você disse a ele?

— Eu sempre lhe digo que este é um bom lugar para trabalhar e que ele não estará melhor em nenhum outro lugar, mas que, se ele decidiu sair, a decisão é dele.

— E ele fica.

— Sim, mas da próxima vez eu vou dizer que estou cansado de ser ameaçado e que ele deve mesmo sair.

Claro. Essa é a tentação, admito, porque já senti o mesmo.

Mas eu disse: — Acalme-se e faça uma tentativa diferente. Olhe bem para ele olho no olho e diga: "Veja, eu quero que você fique. Seu trabalho é muito bom e você é uma parte essencial deste departamento. Andei preocupado com a possibilidade de você sair e por isso estou lhe pedindo que me diga que vai ficar para que eu possa parar de me preocupar."

— Mas isso é como mendigar! — retrucou o gerente, com o rosto vermelho.

— Sim — disse eu. — Mas será que não vale a pena resolver o problema?

Não apenas o meu conselho funcionou como também mudou o relacionamento entre eles e alterou a atmosfera no departamento.

Empregado à Moda Antiga

Certa vez, um orador disse que noventa por cento dos homens da minha geração gostariam de ter uma esposa "à moda antiga".

Ele perguntou: — Quantos de vocês, entre os homens, se diriam "homens de sorte" se tivessem uma esposa que se diz disposta a satisfazê-los totalmente e sacrificar as próprias ambições para deixar que vocês cresçam e se desenvolvam? — E pediu que erguessem as mãos os que respondiam SIM.

Com algumas risadas e, suspeito, um pouco de exagero, grande número de mãos se levantou.

Em seguida o orador perguntou: — Quantos de vocês aceitariam o mesmo tipo de amor vindo dos seus filhos?

Ninguém levantou a mão. Ficou, assim, evidenciado que ninguém pode sacrificar o próprio crescimento e chamar isso de amor. Do mesmo modo, não é amor aceitar o sacrifício do crescimento da outra pessoa, porque amor e crescimento são coisas intimamente relacionadas.

Isso nos conduz à questão do empregado abnegado, eternamente leal, pau para toda obra.

Sim, eu acho que a lealdade é uma coisa boa. Do mesmo modo, acho bom que haja amor no ambiente de trabalho, e acho que muitas vezes nós temos de nos superar pelo bem do grupo e pela conquista de um objetivo.

Mas dar o melhor de si não é estar sempre sacrificando as próprias oportunidades "pelo bem da empresa" ou por lealdade ao chefe.

E é *péssima* prática de administração solicitar ou aceitar o sacrifício do progresso, das oportunidades ou do crescimento de um empregado e chamar isso de "lealdade" ao gerente.

Pense da seguinte maneira: você não aceitaria isso dos seus filhos.

As Cartas na Manga

Fale a verdade: você tem várias cartas na manga, vários expedientes conhecidos que você usa para resolver os problemas. Todos os administradores têm, e essas "cartas" podem ser muito boas, mas também podem ser limitantes.

Muitos administradores se acham sortudos por ter mudado de emprego logo depois de ter esgotado o estoque de soluções óbvias e já conhecidas.

Mas a verdade é que os administradores realmente sortudos são aqueles que precisam permanecer no emprego depois de terem esgotado as cartas que tinham na manga, e têm de começar a reinventar sua função a cada dia.

Então, e só então, começa o crescimento.

Uma Observação Acerca da Cobiça

Uma das minhas primeiras lições no mundo dos negócios me foi passada por um camarada que acreditava estar me fazendo um favor.

"O mercado é dominado pela cobiça", disse ele. "Assuma isso ou caia fora, pois é assim que são os negócios."

Infelizmente, eu concordei com essa afirmação por muito tempo antes de perceber que, como inúmeras outras afirmativas simplistas, ela precisa ser muito bem definida.

Pela palavra "cobiça", estaria o meu mestre se referindo ao interesse próprio ou ao egoísmo?

Se o mercado é de fato regido pela ambição egoísta, então ele é, por sua própria natureza, antagônico ao espírito humano. É, em suma, tudo aquilo que os seus críticos afirmam que ele é.

Se, por outro lado, o mercado é regido por um interesse próprio esclarecido, no qual o interesse próprio de cada pessoa é atendido na medida em que ela se dedica aos outros, então o mercado pode ajudar a enobrecer o espírito humano.

Se o mercado é antagônico ao espírito humano, como terá ele sobrevivido no mundo humano?

Ou será que aqueles que acreditam na ambição do mercado não terão encontrado aí uma justificativa conveniente para a sua própria ambição ou para a sua pouca disposição de dedicar-se às coisas do espírito humano? Talvez, atrás do conceito mais abstrato de "mercado", eles ocultem as suas ambições egoístas, a sua disposição de fazer o mal, a sua desconsideração pelo humanismo no ambiente de trabalho e as suas técnicas rudes de administração.

Não tenho nenhuma dúvida de que existe a cobiça no mercado, porque não duvido da presença da cobiça nas pessoas.

Mas não duvido também dos aspectos enobrecedores do trabalho, do ambiente de trabalho, da comunhão de esforços, do mercado.

Por isso, prefiro acreditar que o mercado é dominado, em grande parte, por pessoas que querem fazer o bem para os outros e para si mesmas.

A Pequena Dose de Imortalidade do Administrador

Algum tempo atrás recebi um convite para a reunião da 48ª Esquadrilha de Caças Táticos cuja base fora Chaumont, na França, desde o início dos anos 50 até 1959. O convite era bem específico: não era destinado a todos os ex-membros da 48ª, mas apenas àqueles que haviam servido em Chaumont.

Eu saí da Força Aérea em 1959 e muita coisa aconteceu na minha vida desde então. Por que, pensei, eu estaria interessado em me reunir com esse grupo de pessoas, a maioria das quais eu nem conhecia mais? O que teríamos nós em comum? Sobre o que poderíamos conversar?

Sobre os dias em Chaumont, é claro. Sobre os vôos, as festas, o ritual de cortar a ponta da gravata do novo comandante da esquadrilha em sua primeira noite no clube. Falaríamos dos combates simulados com os pilotos franceses de Saint-Dizier, dos bombardeios nas áreas de treinamento na Líbia, dos vôos rasantes sobre os rios, canais e vinhedos da Borgonha, dos desastres e da morte.

Nada de especial no que diz respeito a feitos militares, a não ser até o ponto em que a intensidade da experiência por si mesma a tornava especial. Nada de especial, a não ser na medida em que a vida isolada em Chaumont, lugarejo bem primitivo, era especial; nada de especial, a não ser na medida em que o vínculo formado entre os membros de uma comunidade é algo muito especial.

A cada ano, antigos companheiros de farda se encontram em reuniões das antigas unidades militares, muitas delas da Segunda Guerra Mundial. Os camaradas voltam a encontrar-se depois de quarenta e cinco ou cinqüenta anos para reviver tempos que só se tornaram especiais em função da intensidade das experiências então vividas.

Isso é no mínimo uma prova de que as amizades mais duradouras são as que nascem de um relacionamento intenso, embora temporário, numa comunhão de esforços empreendidos em conjunto.

Poucos meses antes de ter recebido o convite para a reunião da 48ª, compareci a um jantar de despedida para uma colega que estava se aposentando depois de quase trinta e cinco anos na empresa, e com quem eu trabalhara por vinte anos.

Em poucos minutos ela nos trouxe à memória todos aqueles anos; as anedotas, as tolices, as queixas, as piadas, o trabalho pesado. Lembrou-se de colegas já aposentados ou mortos e contou como eles haviam modelado a vida e o caráter dela. Cada departamento em que trabalhara havia adquirido para ela uma dimensão toda especial ao longo daqueles trinta e cinco anos. Ficou claro que ela não pensava nos anos de trabalho como uma única massa compacta, nem se recordava deles como uma prolongada miscelânea de experiências profissionais separadas.

Era como se a carreira dela se dividisse em eras.

Algum tempo depois daquele jantar, fui a um encontro de vendedores no qual se homenageou um antigo gerente que estava se aposentando.

Ele falou com eloqüência sobre os mesmos temas. Contou histórias que já faziam parte da mitologia da empresa, ao mesmo tempo em que reconhecia e assumia seu papel nessa mitologia.

Suas observações finais foram dirigidas ao público jovem, os vendedores que agora fazem o árduo trabalho diário. Ele declarou que sabia que o mundo agora é diferente, mas pediu-lhes que não levassem essa diferença longe demais porque, dizia ele, as coisas importantes não mudam: honestidade, integridade, trabalho árduo, caridade e coragem.

Em seguida, ele pediu aos jovens que se lembrassem de todos os bons vendedores que tinham trabalhado antes deles, aqueles que, segundo ele, haviam influenciado a sua vida. "Vocês nunca vão conhecê-los", disse, "e isso é uma pena, mas eu tentei ensinar a vocês o que eles me ensinaram."

Nesse momento eu pensei: mas *é claro* que eles conhecem essas pessoas que eles nunca viram. Eles as conhecem por intermédio dele!

Poucas semanas depois houve uma terceira festa de despedida, dessa vez pela aposentadoria de um diretor de pessoal, homem que, segundo eu pensava, não tinha jeito com as palavras e a quem, até então, eu jamais chamaria de "eloqüente".

Entre seus comentários destaco os seguintes: "Trabalhei nos últimos vinte e dois anos para uma empresa que tem um interesse genuíno pelas pessoas e manifesta pela ação esse interesse. Tomei parte nisso e por isso sei o que é o *sucesso...*

"Não atingi nem realizei todos os meus objetivos, minhas esperanças, meus sonhos, e por isso sei o que é a *adaptação...*

"E porque conheci todas essas coisas, sei de verdade o que é o *contentamento.*"

Seria fácil tachar todas essas reminiscências de simples sentimentalismo. Afinal de contas, é muito fácil ter uma atitude branda e amorosa quando você está deixando um lugar para sempre. Até mesmo os presos chegam a demonstrar nostalgia pela penitenciária.

Seria fácil também afirmar que o mundo dos negócios mudou: quase ninguém, atualmente, pensa em permanecer numa mesma empresa durante décadas e depois se aposentar.

Mas ignorar o que disseram essas pessoas em vias de se aposentar é ignorar uma grande lição para a administração. Essa lição consiste em reconhecer que a carreira, como a vida, de algum modo se divide em eras, em períodos distintos que estão ligados a experiências diferentes. As pessoas vêm e vão e identificam-se com um ou outro desses períodos. Com freqüência, o sucesso da empresa reside na capacidade que as pessoas têm de criar uma comunhão de esforços em cada era.

No centro de tudo isso está o administrador. De uma forma ou de outra, o administrador sempre vai fazer parte da mitologia. Ele tem a oportunidade de criar um ambiente no qual o sentimento do trabalho em conjunto seja tão intenso que as pessoas que estiverem naquele tempo e naquele lugar vão se lembrar disso para sempre. O fato de essas pessoas permanecerem na empresa até aposentar-se ou se mudarem para outra é irrelevante para a intensidade e para o caráter memorável da experiência.

Pense nas eras em que se divide a sua própria vida. Entre elas talvez se incluam os anos da escola, o primeiro emprego e, como na minha vida, uma intensa experiência militar. Não importa que todas as pessoas que serviram em Chaumont nos anos 50 tenham seguido caminhos próprios e tido experiências diferentes, algumas das quais tão intensas e emocionantes quanto aquela. O que importa é que aqueles anos estão gravados em nossa memória para sempre, transcendendo tudo o que possa ter acontecido antes ou depois. Nada pode mudar e nada pode apagar essas recordações.

Experiências e sentimentos da mesma natureza acontecem no mundo dos negócios todos os dias, ano após ano, em proporção maior do que poderia imaginar um observador externo. E quando elas acontecem, o lugar do administrador na história comum é passado adiante de geração em geração, à medida que cada pessoa que vive essas eras se aposenta e faz um discurso como o que todos nós esperamos vir a fazer um dia.

O que mais pode querer neste mundo um líder/administrador/mentor/instrutor/amigo? É essa a imortalidade a que pode e deve aspirar o homem de negócios.

2

Liderança pela Motivação: A Ética e a Praticidade dos Incentivos

Carol Sanford

Carol Sanford trabalha na América do Norte, na Europa Ocidental e Oriental, na África e na Ásia, prestando serviços para grandes empresas multinacionais que buscam trazer à tona o potencial inexplorado dos empregados e desenvolver novos produtos, tecnologias e transformações de matéria-prima. Há mais de quinze anos vem oferecendo consultoria na área de desenvolvimento humano, comercial e empresarial, auxiliando as equipes empresariais a elaborar sistemas avançados de trabalho e negócios, a desenvolver a capacidade de liderança estratégica e a integrar a empresa com investidores e todos os outros grupos a ela ligados.

É co-autora de processos de pesquisa, desenvolvimento e aprendizagem no Center for Developmental Systems e na SpringHill Publications. Suas obras escritas, que já foram traduzidas para dez línguas, dão ênfase ao desenvolvimento contínuo da aptidão intelectual, da capacidade de pensar de indivíduos e equipes. A teoria básica se origina de uma pesquisa interdisciplinar em ciência, filosofia, teoria dos sistemas e psicologia.

Uma das noções mais equivocadas que fazem parte do pensamento atual dos líderes empresariais norte-americanos é a de que os incentivos representam a melhor maneira de combater a baixa produtividade e aumentar os lucros. Os incentivos são, na prática, aquelas coisas que geram em nós o medo do castigo ou a expectativa de uma recompensa, incitando-nos assim à ação ou ao esforço. Ao longo dos últimos quarenta anos, os programas de incentivos foram se tornando cada vez maiores e mais complexos, em decorrência da crença de que os incentivos são o fundamento da motivação. De fato, essa crença é tão difundida que os incentivos se tornaram a pedra fundamental de toda uma cultura — uma "cultura dos incentivos", por assim dizer.

A Antítese do Sonho Americano

Hoje em dia, muitas empresas estão procurando tornar-se organizações dotadas de uma certa independência interna, delegando às pessoas e às equipes o poder de utilizar o próprio discernimento. O que é "bom" para a empresa como um todo deve ser a pedra de toque do comportamento dos empregados. A idéia de "Sociedade Plena" implica uma força de trabalho que está continuamente aprendendo, desenvolvendo-se e assumindo desafios maiores e mais arriscados em prol da empresa. As empresas cuja força de trabalho rotineiramente se comporta dessa forma são imbatíveis no que diz respeito à concorrência. Em suma, o que os líderes empresariais querem é que a força de trabalho assuma e valorize os negócios, os recursos e o futuro da empresa, como se eles mesmos, trabalhadores, fossem os proprietários.

Como sociedade, nós queremos que nossos jovens cresçam e se tornem cidadãos dedicados e honestos, dignos representantes da natureza franca, resoluta e determinada que faz parte do ideal — concebido talvez de maneira um pouco romântica — que nos foi legado pelos fundadores do Estado norte-americano. Queremos que as comunidades e a própria nação tenham líderes que se preocupem mais com o bem-estar da totalidade do que com o seu interesse próprio ou com o de um pequeno grupo. Queremos uma sociedade na qual as singularidades possam ser alimentadas e manifestamente expressas; na qual cada pessoa, desde o nascimento até a morte, esteja em contínuo processo de aprendizado e desenvolvimento, contribuindo com sua evolução pessoal para o estabelecimento de uma sociedade melhor.

A cultura que tem por base os incentivos é a antítese desse sonho, não apenas pela precariedade da elaboração ou implementação desses programas, mas, também, e principalmente, em função das premissas científicas, econômicas e psicológicas que a embasam. Alfie Kohn, na *Harvard Business Review*, mostra que os norte-americanos têm empenhado tanta energia para refinar e remendar os planos de incentivos que se esquecem de procurar saber se os incentivos são a melhor estratégia.

A Cultura dos Incentivos: Defeitos da sua Base Teórica

Uma "cultura dos incentivos" é uma cultura que tem os incentivos tão arraigados em suas formas de operar que as pessoas não são mais capazes de enxergar o mundo de outra maneira; é uma cultura na qual cada programa e cada plano, em sua elaboração, já carrega consigo de maneira automática as premissas da criação de incentivos. *Exemplos*: os programas que avaliam e classificam os empregados uns em relação aos outros; os gerentes que distribuem *pizzas*, bonés ou jaquetas para os funcionários como prêmio por um trabalho bem-feito; os que escolhem o "empregado do mês" na área de segurança, de vendas ou seja lá o que for e colocam a fotografia dele no quadro de avisos; as empresas que pagam os empregados a cada etapa terminada do trabalho ou pelo cumprimento de metas de produção, ou que repartem o "ganho" com os empregados; aquelas que se dão ao luxo de contratar um especialista em motivação para dar palestras e inspirar as pessoas a agir de "maneira melhor". A esta altura o leitor já deve estar imaginando que eu estou propondo um desafio ao *american way* e à ordem estabelecida. A verdade, porém, é que um exame atento do que está por trás desses programas nos fará compreender melhor a razão pela qual os incentivos estão nos levando a algo que se parece mais com um terrível pesadelo do que com o Sonho Americano.

Para que uma "cultura dos incentivos" seja eficaz, é preciso que as pessoas sejam altamente subservientes à vontade alheia e se concentrem em determinados comportamentos prescritos à exclusão de todos os outros, sem necessariamente compreender, ainda que em mínimo grau, a relação que liga esse modo de proceder com o todo do qual elas são parte, e sem atentar para os possíveis efeitos negativos secundários. É preciso, ainda, que essas pessoas preocupem-se apenas com os benefícios pessoais diretos que conseguirão com os seus esforços, e entrem em competição com seus próprios colegas e companheiros até que alguns, ou quem sabe a maioria, se consolidem como perdedores. Essa cultura requer que outras pessoas avaliem os méritos de cada trabalhador em comparação com os dos seus companheiros de trabalho; baseia-se no pressuposto de que, tal como os pais ou os professores, é a alta hierarquia da organização que conhece as respostas "certas".

A noção dos incentivos como meio de motivação foi evoluindo lentamente ao longo de mais ou menos trezentos anos e lança raízes em alguns princípios do pensamento científico, econômico e psicológico, muitos dos quais, entretanto, já foram rejeitados por pensadores modernos como incompletos ou malconcebidos. Ao longo da sua evolução, a cultura dos incentivos foi tecida a partir das idéias de Adam Smith, o Pai da Ciência Econômica; de Charles Darwin, cujos inúmeros seguidores criaram o que veio a se chamar de darwinismo social; de John Watson, criador da psicologia behaviorista, e do seu discípulo B. F. Skinner; e de Sir Francis Bacon, filósofo e cientista inglês. As premissas básicas em que se fundamentam as estratégias de incentivos podem ser assim resumidas:

- A natureza essencial dos seres humanos é uma oposição entre o interesse próprio, ou egoísmo, e o sacrifício pelo bem comum (postulado básico da economia de Adam Smith).
- Os seres humanos são governados por mecanismos de estímulo e resposta, sem que haja uma consciência ou livre-arbítrio que possa se sobrepor às escolhas automáticas.
- Os seres humanos são o produto de forças competitivas e têm a tendência natural de tentar vencer com base nas leis de sobrevivência do mais apto, e são incapazes de agir em vista de um fim livremente determinado por eles mesmos (são os princípios de Darwin adaptados ao ambiente social).

- Os seres humanos buscarão imitar aquilo que lhes é oferecido e premiado como modelo de conduta (psicologia behaviorista).
- É possível e desejável prever e controlar os mecanismos da natureza e, portanto, os homens como partes da natureza.

A Natureza Humana é Altruísta ou Egoísta? SIM!

Os seres humanos, no seu íntimo, são altruístas ou puramente egoístas? O debate quanto a essa questão é interminável e parece basear-se na noção muito difundida de que as coisas necessariamente são ou de um jeito ou de outro, chegando-se talvez, às vezes, a uma solução de meio-termo. Em decorrência dessa forma dualista de resolver as questões filosóficas, nós com freqüência nos contentamos com respostas parciais — é o que ocorre no caso da motivação. Quando a motivação é vista de forma não-dualista e menos simplista, dá origem a uma grande quantidade de considerações a respeito da liderança.

Diversas tradições orientais e ocidentais entendem a motivação como um fenômeno triádico que pode ser compreendido como um processo evolutivo. As três naturezas vão de uma ordem inferior para uma ordem superior, cada qual englobando a anterior. *Ordem*, aqui, não tem sentido pejorativo, não diz respeito a um valor relativo; refere-se, sim, à capacidade de organizar o pensamento ao lidar com situações e assuntos cada vez mais complexos. A psicologia moderna abrange alguns sistemas não-dualistas desenvolvidos por estudiosos do comportamento humano, sendo o mais conhecido deles o de Abraham Maslow. Diversas empresas que estão plenamente inseridas na cultura dos incentivos usam ou pelo menos mencionam as teorias de Maslow, sem notar a incoerência conceitual que isso implica. Tanto as teorias de Maslow quanto as tradições filosóficas antigas dizem que o ser humano tem muitas dimensões, diversos níveis de necessidades, motivações ou impulsos. É muito útil levar isso em consideração ao estudar o comportamento humano e, na condição de líder, ao buscar compreender o potencial e a complexidade presentes na constituição dos seres humanos.

Comportamento e Motivação: uma Visão Triádica

Refletindo sobre a nossa própria conduta e a de outras pessoas, veremos que nós sempre manifestamos três tipos de comportamento, sendo que, mesmo numa única situação, cada um deles se faz sentir em nós por um determinado período. No primeiro nível, nós *reagimos* a um estímulo que se dirige a nós. Produz-se então uma resposta que nada tem a ver com o pensamento ou com a razão. Esse é o nível de comportamento que os behavioristas chamam de causa-efeito ou estímulo-resposta, e que eles consideram a única fonte de aprendizagem ou motivação. Já a visão triádica entende esse comportamento como um elemento da nossa constituição psicológica, mas com baixa qualidade *ordenadora*. A natureza reativa é condicionada pelo ambiente e pelos outros seres que interagem conosco. Não é, porém, o nosso único modo de comportamento.

Tríade de Comportamentos

Em outro nível, nós nos consideramos sensíveis às nuances do ambiente circundante e capazes de abafar uma reação, optando por dar atenção a certas necessidades particulares —inclusive necessidades pessoais — decorrentes de uma situação. Esse comportamento nasce de um *ego* mais forte ou da auto-estima — isto é, trata-se de um comportamento controlado pelo ego. Nessas situações, o ego assume o controle do eu reativo ou impulsivo e trabalha para produzir um fim desejado. Esse atributo comportamental permite que nós sejamos membros aceitos pela sociedade. Utilizamos o eu-ego para administrar as reações da nossa natureza inferior.

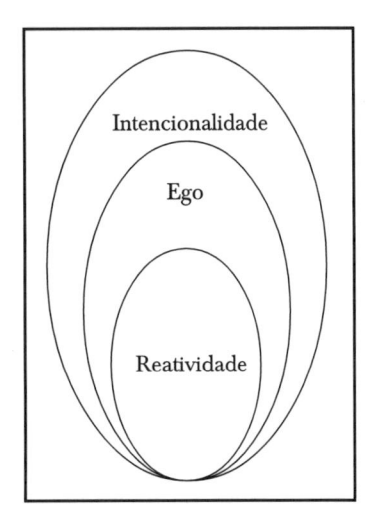

Além do ego existe outro nível de comportamento que também precisa ser conscientemente ativado para manifestar-se numa determinada situação. Esse comportamento é chamado, em escritos antigos e modernos, de comportamento *intencional* — ou a teleologia da natureza humana. Nós adotamos deliberadamente esse comportamento quando percebemos, na situação, um objetivo mais elevado que interessa à entidade ou ao grupo maior de pessoas do qual fazemos parte. O comportamento intencional pode assumir o comando e administrar a reatividade e o ego. Esse comportamento precisa ser formado e aperfeiçoado e não é bem compreendido nem desenvolvido na nossa sociedade e no mundo empresarial.

Quando desenvolvemos o comportamento intencional, nós nos tornamos capazes de administrar o papel que o ego desempenha em qualquer situação. Perceberemos que as situações que seriam vistas como ameaçadoras pelo prisma da reatividade não nos absorvem mais a energia e a atenção nem nos afastam do caminho que percebemos ser o melhor para a realização de um determinado objetivo. Assim, assumimos o comando da nossa maneira de agir.

Os incentivos trabalham com a natureza mais baixa do comportamento humano e procuram envolver os membros da força de trabalho num ciclo de estímulos ambientais, com a esperança de obter uma resposta previsível. Assim como ocorre com os animais usados em pesquisas, o comportamento reativo dos seres humanos passa a concentrar-se na recompensa; ou, como ocorre também quando os animais não conseguem descobrir um modo de conquistar a recompensa, eles param de tentar e "morrem" (em espírito, no caso do trabalhador de fábrica). Em 1993, uma enquete levada a cabo entre empregados pela revista *Inc.* descobriu que a resposta mais freqüente para a pergunta "A longo prazo, e tomado isoladamente, qual é o fator mais importante da motivação?" era "uma missão e um objetivo", com os "bônus" vindo em penúltimo lugar acima apenas da "participação nos lucros". O segundo lugar coube a "sistemas de comunicação entre líderes e liderados". A primeira e a segunda respostas estão muito relacionadas com o modo intencional de comportamento e com a possibilidade de desenvolvê-lo no ambiente de trabalho. Mesmo nas empresas que desenvolvem formulações de objetivo e de missão, os incentivos tendem a absorver quase toda a atenção. Os incentivos muitas vezes são usados para demonstrar que, na verdade, a "declaração de missão" da empresa não passa de uma frase vazia.

Os Valores que Estão por Trás do Comportamento: a Tríade se Aprofunda

Cada um desses comportamentos se nutre e alimenta por sua vez num determinado conjunto de valores que dão vida e forma à motivação. A compreensão de base axiológica nos esclarece bastante quanto aos processos triádicos do comportamento.

A Tríade Axiológica ou Tríade de Valores

O primeiro nível de valores que nos atraem numa determinada situação, pelo menos a título de reação inicial, é a busca da *autopreservação* ou do *prazer imediato*. É natural propor ou seguir causas que alimentem em nós esses valores básicos do ser. Temos a tendência de agir de forma reativa nessas situações, sobretudo quando nos sentimos ameaçados — quer a ameaça seja real, quer imaginária. Já num plano superior a esse, há um nível de valor, a *participação [belongingness]*, que está ligado à necessidade ou desejo de pertencer a um grupo social e de sentir-se acolhido e valorizado — i.e., ser "uma parte" de algo maior. Nesse nível, nós somos sensíveis às causas que nutrem o nível do eu que quer evitar a alienação e busca a identificação com um grupo de companheiros. Essa necessidade com freqüência se concretiza pelo

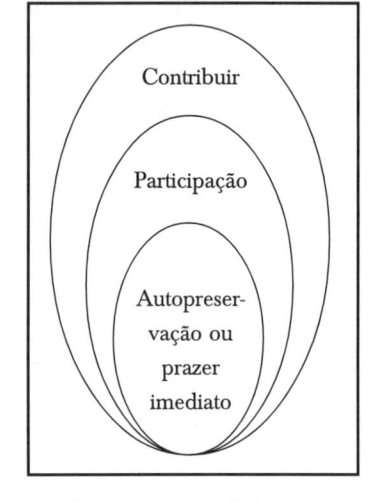

ingresso em um time esportivo, clube ou sindicato. O terceiro nível de valores pode ser chamado de necessidade de *contribuir*, ou, em escala mais ampla, de "deixar no mundo a nossa marca". Esses três níveis de valores estão sempre buscando um lugar e uma forma de se concretizar.

Esses níveis se dispõem segundo uma hierarquia intrínseca que faz revelar não só as distinções como também as relações potenciais que existem entre eles. Por exemplo, quando abraçamos ou passamos a fazer parte de uma causa que nos ajuda a satisfazer uma necessidade de *participação*, como, por exemplo, uma equipe no ambiente de trabalho, realizamos ao mesmo tempo um valor de autopreservação pelo fato de termos agora outros que estão conosco "no mesmo barco". Quando temos a oportunidade de contribuir – numa campanha de caridade, por exemplo –, a sensação de participação vai além do grupo dos companheiros de campanha, chegando ao grupo maior dos beneficiários da caridade ou até mais longe. Temos também a sensação de satisfação ou prazer pela camaradagem que descobrimos.

Por outro lado, quando *alimentamos* nas pessoas o nível de motivação que as ajuda a satisfazer uma necessidade de prazer imediato – como, por exemplo, na premiação do "funcionário-modelo do mês" –, isso em geral impede a satisfação das outras necessidades. Quantas vezes não acontecem conflitos e desacordos entre colegas quando um deles vence um concurso ou é destacado dos demais? Essa *divisão* sempre pode ocorrer, apesar de ser imprescindível para o sucesso da empresa que todos sintam-se parte do mesmo time e, mais do que isso, que cada um contribua com o seu talento individual e único.

Não podemos trabalhar para satisfazer diretamente as nossas necessidades inferiores; a abordagem correta começa por facilitar a contribuição individual, a ordem axiológica mais elevada. Essa estratégia propicia o contexto próprio para o florescimento de uma motivação de ordem elevada. A cultura dos incentivos é, por sua própria natureza, desagregadora, uma vez que todos estão "fazendo a coisa funcionar" segundo critérios próprios – seja para vencer, seja para provar que o sistema é injusto. A noção de singularidade das contribuições também desaparece quando se diz que algumas pessoas têm "desempenho melhor" do que outras.

Os Fatores Cerebrais ou Limitativos: a Tríade da Inteligência

Uma equipe de pesquisadores chefiada por Paul MacLean, no National Institute of Health [Instituto Nacional de Saúde], sintetizou numa fórmula relativamente simples os estudos feitos por eles mesmos e por diversos outros grandes centros de pesquisa cerebral. Eles desenvolveram um modelo teórico que postula a existência de três cérebros ou sistemas neurológicos nos seres humanos, sistemas que agem verticalmente e ao mesmo tempo como uma unidade integrada, numa interação semelhante à que existe entre os níveis de comportamento e de valor. Charles Krone concebeu uma teoria da inteligência humana e uma série de processos para desenvolvê-la que têm correlação direta com esses três cérebros. Essas estruturas nos dão uma base científica, psicológica e até fisiológica para compreender o funcionamento do nosso comportamento e dos nossos valores.

A Tríade das Inteligências

O cérebro humano é composto de três partes, organizadas de fato em três segmentos. Uma parte dessa estrutura cerebral tripla se acha também nos répteis, e outra parte também nos mamíferos. A terceira parte está parcialmente presente nos mamíferos superiores, nos primatas, por exemplo, mas dentro dela há uma porção pequena, porém importantíssima, que é exclusiva dos seres humanos. Os três cérebros e inteligências trabalham o tempo todo, mas quase nunca estão submetidos ao nosso controle consciente e, portanto, não funcionam em sua plena capacidade. É fundamental desenvolver a capacidade das inteligências mais elevadas uma vez que, sem esse desenvolvimento, as inteligências e os cérebros inferiores simplesmente põem as capacidades superiores a serviço dos "sistemas defensivos e territoriais" primitivos do cérebro reptílico. Com o desenvolvimento, as inteligências mais elevadas e as porções mais tipicamente humanas do cérebro pensante automaticamente põem o cérebro inferior e as inteligências correspondentes a serviço do cérebro superior e empregam todos os processos para o seu melhor proveito.

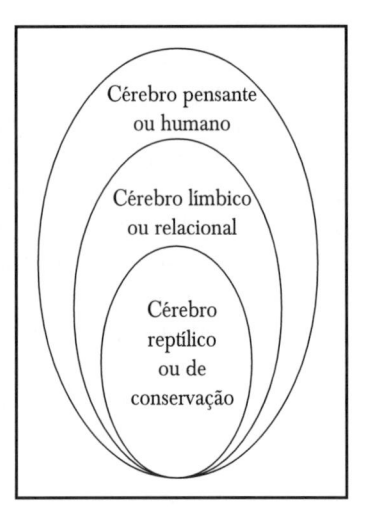

O cérebro *reptílico* é conservador por natureza e busca os hábitos, a permanência e a estabilidade. Está ligado ao mecanismo de estímulo-resposta estudado pelos behavioristas nos animais. A idéia de que os seres humanos estão submetidos ao mesmo mecanismo é correta na medida em que os seres humanos de fato possuem um cérebro reptílico. Entretanto, até mesmo os mecanismos de estímulo-resposta podem ser controlados, direcionados e modulados quando colocados a serviço das inteligências superiores.

O cérebro intermediário, ou cérebro *límbico*, conserva as relações entre o corpo físico e outros corpos e os laços emocionais que existem entre indivíduos, famílias e sociedades. É responsável também pelos sonhos, pela imaginação e pela intuição, e auxilia o cérebro inferior a determinar se há uma emergência ou ameaça real e desenvolver uma ação adequada. Pode ajudar os indivíduos a superar a competitividade nos ambientes em que ela se afigura imprópria e a estabelecer esforços de cooperação sempre que necessário. Se o cérebro intermediário não for bem desenvolvido, o cérebro inferior usará as suas emoções para dar tons febris a uma emergência e se deixar levar pelo medo ou por outras emoções intensas. O cérebro intermediário tem aspectos funcionais próprios e pode fornecer a inteligência reflexiva necessária para se fazer o melhor uso dos processos físicos e sensório-motores do cérebro inferior. Sendo capaz de esquematizar e imaginar formas de prever e controlar o ambiente e as outras pessoas, sendo uma faculdade filosófica e poética, inventiva ou emocional, o cérebro intermediário pode ser uma força perigosa quando cooptado pelo cérebro inferior, ou um poderoso administrador quando desenvolvido como força condutora do cérebro inferior.

O cérebro *pensante*, ou neocórtex, uma vez desenvolvido, pode alterar radicalmente o potencial de ambos os outros cérebros. Ele incorpora instantaneamente os dados captados e desenvolvidos pelos demais cérebros e, mais importante, pode usar isso para objetivos maiores. O controle dos cérebros inferiores exige apenas uma pequena quantidade de energia do neocórtex, porque ele foi feito para desenvolver e mudar constantemente a idéia mesma que nós temos do universo e da própria realidade. Quando o neocórtex não se desenvolve, a pessoa tende a se fixar em posturas defensivas ou emocionais e o sistema superior é forçado a se concentrar nas necessidades do sistema inferior. Uma vez que isso exige bem pouco esforço, o sistema superior fica praticamente ocioso até segunda ordem. Se isso ocorre muitas vezes e de modo prolongado, o sistema superior tende a se atrofiar e esse cérebro fica adormecido.

O que isso pode ensinar aos líderes? Não se trata apenas de pôr a mente do nosso pessoal para trabalhar — usar o potencial das pessoas. A tendência inicial delas será pôr para trabalhar o cérebro reptílico, em especial se esse trabalho for acompanhado por incentivos de qualquer natureza. Na nossa cultura, o cérebro superior e a inteligência correspondente não são desenvolvidos na família, nem na escola, nem no ambiente de trabalho; as exceções são tão poucas que em geral nós só usamos esse cérebro a serviço dos valores de autopreservação e participação, características do cérebro inferior e, na melhor das hipóteses, do cérebro intermediário. Hoje em dia, a maior parte dos esquemas empresariais fornece bastante alimento e combustível para o cérebro e a inteligência reptílica. Alguns novos projetos de trabalho nutrem de maneira incipiente o cérebro intermediário, sem realmente desenvolvê-lo e propiciar-lhe a capacidade necessária para orientar e controlar um cérebro inferior já bem forte e rebelde. O cérebro superior ainda não foi levado em conta nos projetos de trabalho para nenhum nível de sistema — educacional, empresarial ou social. Imagine o potencial de uma nação, de uma indústria ou de um líder que possua os três cérebros/inteligências bem desenvolvidos.

O projeto e a implementação de programas de incentivo praticamente só influem sobre o cérebro inferior, embora a grande maioria dos administradores diga que está procurando desenvolver as qualidades que relacionamos ao cérebro intermediário e até mesmo ao cérebro superior. Os programas visam gerar uma resposta específica, previsível, que produza certo resultado habitual na organização. E ainda que os planejadores tenham a intenção de encorajar e aumentar a auto-estima dos vencedores ou participantes desses programas, a falta de propósito e a existência de "perdedores" (ou seja, aqueles que não "venceram") tendem a desencadear a sensação de ameaça no cérebro inferior da maioria dos membros da organização. A organização que trabalha para desenvolver os três cérebros e as inteligências que os acompanham está criando uma cultura que permitirá o pleno desenvolvimento e expressão de um conjunto de valores básicos total. Isso possibilita que a totalidade dos comportamentos seja controlada, em sua execução, pelo cérebro pensante, que possui o potencial de garantir o desenvolvimento e a evolução das empresas e nações.

Um Veredicto sobre os Incentivos

Alguns leitores, a esta altura, já estão achando que entreviram uma nova forma de fazer com que os incentivos funcionem: basta apelar para os valores e capacidades mentais mais elevados e fornecer incentivos ao desenvolvimento dessas coisas. Mas, pode ter certeza, a própria natureza dos incentivos contribui para tornar isso impossível. Os incentivos têm o efeito de condicionar, como a campainha condicionava o cão de Pavlov à presença de comida. Pelo fato mesmo de os incentivos serem estímulos ambientais, eles alimentam o eu reativo inferior que busca a autopreservação e a satisfação imediata. Muitas vezes, os líderes têm de oferecer uma recompensa final para tirar de funcionamento o próprio programa de incentivos! E não admira: por ter como pressuposto a ativação do cérebro reptílico, conservador, é com o cérebro reptílico que o programa se vê às voltas ao longo do processo de implementação e até mesmo de cancelamento. Os behavioristas têm razão, pois de fato a coisa funciona — mas só até certo ponto. Talvez os programas até produzam muitas das respostas esperadas (em algumas pessoas, é certo), mas é preciso aceitar, junto com elas, uma contrapartida: a ativação da natureza inferior da psicologia humana, que não usa o discernimento. Esse estado mental é o mesmo que leva muita gente a se ver como "propriedade" da sociedade. Isso vem se tornando cada vez mais freqüente, uma vez que as práticas de incentivo invadiram as escolas e os lares onde as crianças aprendem desde cedo a esperar recompensas pelo seu esforço ou, em muitos casos, a se ver como absolutamente incapazes de alcançar os prêmios.

A cultura dos incentivos nos leva a depender dos outros para saber o que fazer e até para avaliar os nossos esforços. Aos poucos vamos perdendo a capacidade de escolher e avaliar nossas próprias ações, e a de pôr à prova e aprimorar nossos próprios pensamentos. As pessoas não são preparadas para desenvolver o pensamento crítico. Mesmo que essa habilidade seja o tema de vários cursos de treinamento, o valor que lhe deve ser conferido é determinado em primeiro lugar pelas atitudes dos líderes. O saber pensar não é visto como prioridade, uma vez que os trabalhadores acabam se concentrando nos programas de incentivos. Tudo não passa de uma versão adulta da pressão dos coleguinhas de escola; e, na qualidade de adultos cultos e refinados, aprendemos a fazer o sistema funcionar e a guardar para nós mesmos nossos valores e pensamentos. Com o passar do tempo, esse tipo de intervenção vai levando as pessoas a dar atenção a apenas uma parte do seu ser, e não à totalidade dos seus valores e da sua inteligência.

A cultura dos incentivos tende à homogeneização dos meios de resolver problemas e acaba com o desenvolvimento e a expressão das singularidades individuais. Nessa cultura, o segredo é imitar um modelo de conduta e não a descobrir uma fonte interior de criatividade que possa se manifestar e da qual todos possam vir a se beneficiar.

Não há sociedade saudável em que os cidadãos se limitem a conservar o passado, o habitual, o que não parece ameaçador, e a buscar a satisfação dos seus interesses imediatos. Uma empresa não serve bem aos acionistas e à clientela com uma força de trabalho que está sempre à espera do próximo incentivo para se articular ou, numa hipótese menos agradável, para sofrer o fracasso e a perda de ânimo que decorrem de todo programa de incentivos. Os líderes empresariais só podem comandar o desenvolvimento de uma sociedade e o sucesso de uma empresa trabalhando para desenvolver à plenitude a inteligência e a capacidade de pensamento crítico da sua força de trabalho, planejando, para isso, sistemas de trabalho que possibilitem o desenvolvimento e a manifestação dos valores mais altos da singularidade e da contribuição. Por meio desse desenvolvimento e da expressão dos processos de ordem superior, os valores de ordem mais baixa serão igualmente realizados. As organizações que caminham nessa direção — Organizações Evolutivas — não apenas se dão incrivelmente bem nos negócios como também se tornam os melhores lugares para se trabalhar.

3

Cinderela Pode Ser Forte, John Wayne Pode Chorar

Barbara R. Hauser

BARBARA R. HAUSER é sócia do escritório de advocacia Gray, Plant, Mooty, Mooty & Bennett, P.A., de Minneapolis. Faz parte da International Bar Association, da Union Internationale des Avocats e da International Fiscal Association.

Hauser tem diplomas do Wellesley College (BA), da Universidade de Illinois, em Chicago (MA, Filosofia), e da Faculdade de Direito da Universidade da Pennsylvania (JD); trabalhou para o Tribunal de Apelação e para o Juiz Potter Stewart na Corte Suprema dos EUA. É vice-presidente do conselho do Comitê de Direito Internacional Proprietário e Imobiliário na Seção de Direito e Prática Jurídica Internacional da American Bar Association e faz freqüentes palestras a respeito de diversos tópicos.

É co-fundadora do The Women's Leadership Forum, participou da Minnesota Humanities Commission e foi membro do conselho do Guthrie Theater.

Haveria mais mulheres em posição de liderança se Cinderela tivesse organizado o baile em vez de apenas comparecer a ele.

Todos nós crescemos ouvindo contos de fadas, mas esses contos não eram lá essas coisas. Em especial, o da Cinderela causou um monte de problemas. Para as que cresceram sob a influência dele, não foi nada fácil desenvolver a capacidade de liderança. Há algo de errado na opinião muito difundida de que "as mulheres comandam tão bem quanto os homens; elas só têm uma maneira *diferente* de comandar". Aos poucos vai ficando claro que Cinderela e seus sapatinhos de cristal conduzem inevitavelmente ao "telhado de vidro".

Cinderela não é um bom modelo das atribuições do líder. Para nos tornarmos líderes, tivemos de desenvolver uma série de habilidades. Algumas dessas habilidades não são coisa boa, e ninguém deveria ter de desenvolvê-las.

Outras, entretanto, são muito úteis, e é nosso dever passar adiante o que aprendemos. Acho que se pode dizer o mesmo, embora em grau menor, dos estereótipos segundo os quais os homens foram educados. Algumas dessas habilidades são muito úteis para a liderança, e devem ser transmitidas às mulheres. Outras são simples decorrência do poder e da autoridade, não da liderança, e ninguém deveria ter de desenvolvê-las.

O que eu acho é que nós todos precisamos aprender a colaborar mais, a comunicar e partilhar as nossas experiências e as forças que nos levam adiante. Precisamos firmar uma trégua na guerra dos sexos para encontrar uma solução para as hostilidades e escaramuças provincianas. Depois de comparar o modelo tradicional de liderança dos homens — o "rei guerreiro" — e o novo estilo das mulheres — a "princesa dedicada" —, proponho uma síntese das duas forças, que chamo de "modelo do guia-intérprete", ao qual cheguei pelas minhas experiências pessoais.

Por que me importo com isso? Por que passei tantas horas em frente à tela de um microcomputador escrevendo este ensaio? Parece estranho, mas de algum modo sinto que não tenho escolha. A exemplo das mulheres que ilustram todos os estudos recentes, eu cresci cheia de autoconfiança quando menina e tornei-me tímida e quieta (e brava) quando adolescente. Como esposa e mãe, aprendi a me virar numa situação de segunda classe. Em seguida fui estudar Direito, cheia de determinação, e aprendi a alcançar o sucesso num escritório de advocacia. Ao longo do caminho, a cada passo, fui deparando com questões relacionadas às mulheres e à liderança. Quero ajudar a mudar o mundo — especialmente para as mulheres.

Voltando à Cinderela, podemos comparar a atitude dela com os guetos de colarinho cor-de-rosa, com o fato de que nós continuamos a medir quantos centavos uma mulher ganha para cada dólar que o homem ganha, com o ínfimo número de mulheres em cargos de gerência, e por aí afora.

Cinderela, como sabemos, viveu feliz para sempre. O fato de ter sido escolhida por sua beleza e pés pequeninos significa que ela não teve mais que se dedicar ao trabalho doméstico. O príncipe cuidaria dela pelo resto da vida. Esse era o final feliz do conto de fadas. Conheço muitas mulheres que ainda estão experimentando vestidos e sapatos novos na esperança de encontrar e ser escolhidas por outro Príncipe Encantado.

Lições da Cinderela

A liderança pressupõe confiança e coragem. O líder segue na vanguarda, enxerga um objetivo, motiva o grupo inteiro e leva-o adiante. Quais as habilidades de liderança, boas ou más, que nós aprendemos com a Cinderela?

A característica mais útil que vem da perspectiva da dedicação é a capacidade de compreender e prever as necessidades dos chefes. É muito bom ter aprendido isso, embora seja difícil imaginar que alguém se submeteria de livre vontade a esse aprendizado.

Hoje em dia, volta e meia eu vou trabalhar no Japão. Meu sucesso incomoda muitos homens aqui nos EUA. Mais cedo ou mais tarde eles me perguntam se de fato é muito difícil para uma mulher ter sucesso no Japão. Eu explico que por lá as capacidades que desenvolvi como mulher são, na verdade, uma vantagem.

Cinderela queria uma mudança.

Não há nada de errado em querer mudar; todos os líderes fazem isso. O que não está certo é cair na desesperança e na inação, como fez Cinderela. O conto de fadas clássico ensina que a aparência é quase tudo. Um toque de beleza pode aprimorar a vida empresarial — desde a decoração do escritório até a capa do relatório anual.

A possibilidade de sucesso de Cinderela é passiva; sua única "esperança" é ser escolhida. Então, o Príncipe cuidará dela e eles viverão felizes para sempre. Ter êxito nas organizações modernas equivale a ser escolhida pelos homens que estão no comando (o príncipe); é fácil compreender que as que não são escolhidas fiquem com ciúme. É quase impossível ver nisso uma característica positiva para a liderança. A única coisa que vem à mente é a paciência. O líder prototípico é muito mais a pessoa que "toma conta" de tudo. A capacidade de escolher uma linha de mudança e trabalhar para que ela se concretize é uma capacidade fundamental do líder. Nesse contexto, a paciência é uma lição utilíssima que aprendemos com Cinderela.

A Liderança Feminina em Debate

Hoje em dia, todos estão se posicionando frente à questão das "mulheres como líderes". A visão habitual é a de que as mulheres têm outra forma de comandar. Na semana passada, um dos meus sócios, um homem, estava me dizendo que "as mulheres têm uma forma diferente de administrar — elas acolhem mais as pessoas e deixam que elas participem mais".

Ele e muitos outros estão loucos para dar início a um debate para saber se esse jeito feminino de comandar é ou não é melhor que o jeito masculino tradicional. Esse debate acabou me deixando impaciente, pois eu acho que ele parte de pressupostos errôneos. Antes de nos dispor a "escolher" livremente um estilo, temos de examinar mais de perto as habilidades desenvolvidas pelas mulheres na administração e as opções que elas tinham ou acreditavam ter. Na minha opinião, existe uma ligação infeliz, mas muito clara, entre Cinderela e o sapatinho de cristal, de um lado, e a Cindy atual e o telhado de vidro, de outro.

Estamos assistindo a um debate enérgico que vai reforçar ainda mais a separação entre homens e mulheres. A questão está formulada deste modo:

Será que as mulheres são donas de um estilo de liderança diferente, que sob certos aspectos é "melhor" do que o estilo masculino?

Antes de responder a essa pergunta, precisamos examinar com cuidado o estilo masculino de liderar. O modelo tradicional é o do rei guerreiro. O diretor-executivo norte-americano é o "cabeça" da organização. A visão tradicional do indivíduo rude e forte (másculo) combina com a imagem da força e do "tomar conta". O modelo é o guerreiro que "está sempre estimulando uma guerra ou outra, de modo que as pessoas precisem de um líder", segundo *A República*. Esse modelo se baseia nos estereótipos masculinos e os perpetua.

Um outro modelo é o do líder cujo papel é o de cuidar de todo o mundo, de manter a salvo a comunidade. Esse modelo pode ser chamado de estilo da "princesa dedicada". Ele se baseia nos estereótipos femininos e os perpetua.

O terceiro modelo, que eu gostaria de promover, é o do guia-intérprete. Ele pressupõe a existência de um "caminho" conhecido pelo guia, que o mostra aos outros. A capacidade de interpretar é um aspecto importante do "conhecer o caminho e conduzir os outros por ele". Trata-se de um modelo novo, que nós podemos e devemos desenvolver juntos.

Príncipe Guerreiro: O Modelo Antigo

O guerreiro é o modelo tradicional da liderança bem-sucedida. Uma vez que os negócios nos EUA são conduzidos quase exclusivamente por homens, adotou-se o modelo do guerreiro, do líder poderoso que governa pelo medo. Esse estereótipo explica por que o jeito masculino de liderar é baseado no pensamento linear (hemisfério cerebral esquerdo) e nas hierarquias rígidas. Do mesmo modo, o homem é um líder linear, forte, independente, individualista, competitivo e confiante.

Linearidade. O estereótipo linear, do hemisfério esquerdo, dá aos homens o domínio da lógica, do raciocínio ordenado, "linear", da capacidade de estruturar, como na elaboração de organogramas e planos estratégicos. O planejamento de metas é ordenado e os métodos pelos quais as metas serão atingidas são escolhidos de maneira racional. Porém, na qualidade de ex-professora de lógica, posso garantir que na prática os homens que estão no comando não refletem muito bem essa imagem racional. Numa reunião de planejamento, o consultor perguntou se "nós" (os homens e eu) estávamos achando que os nossos honorários continuariam a cair, e todos levantaram a mão, concordando. A pergunta seguinte foi se nós achávamos que a renda média ia continuar a crescer e, de novo, todas as mãos se levantaram (exceto a minha)!

Força. Esses homens foram criados para ser "fortes", para "ser homens", para não ser "maricas", para não chorar, etc. As características físicas mais importantes eram força e tamanho. Temos agora um presidente capaz de abraçar outros homens e de chorar (e de indicar para Procuradora-Geral uma mulher alta e forte). Uma das nossas esperanças políticas, o senador Paul Wellstone, referiu-se, numa palestra, a "um daqueles rapazes gigantescos, embora a maioria dos rapazes me pareçam gigantescos". É reconfortante. Será que nós, mulheres, podemos deixar de lado o salto alto? O sapatinho de cristal não foi projetado para quem quer caminhar a passos largos e confiantes pela estrada da liderança.

Independência. Os homens também foram criados para ser auto-suficientes e eram ridicularizados quando considerados "filhinhos da mamãe" ou "agarrados nas saias da mãe". O "homem de verdade" não precisa da ajuda de ninguém. Todos sabemos que "o comando é uma posição solitária", mas todos querem chegar lá. Como conciliar isso com a moda atual de trabalho em "grupo"? O capitão faz parte do time? Ou será que ele é o técnico?

Individualismo. Expressões do tipo "você é capaz de fazer isso", "seja você mesmo", "caminhe pelos próprios pés", "seja o herói". As medalhas de "honra ao mérito", os prêmios e as manifestações oficiais de reconhecimento. (Acho que ainda guardo a minha coleção de medalhas e condecorações da Escola Dominical.)

Competitividade. Neste caso, as expressões são: "Esta vida é uma guerra", cujas únicas regras são "cada um por si" e "que vença o melhor". Uma destacada empresa que opera no ramo de ciência e tecnologia recentemente mandou que os seus inventores trabalhassem em equipe, mas os indivíduos que tinham mais patentes em seu nome ainda eram os mais bem pagos. Pasmem: a empresa não conseguia compreender por que eles não estavam cooperando entre si. (Acho que a esta altura um consultor já lhes explicou o motivo.)

Confiança. É este, na verdade, o resultado final da formação masculina. É a atitude do "querer é poder". É isso que a Cinderela nunca compreendeu. Sem a fada madrinha e o príncipe, ela ainda estaria varrendo o borralho dos outros. Sozinha, ela quase esqueceu a hora-limite para a carruagem virar abóbora.

Princesa Dedicada: O Modelo Novo

O modelo da princesa dedicada é um modelo de liderança "leve". De acordo com esse estereótipo, as mulheres são líderes harmoniosas, delicadas, cooperativas, que põem o grupo em primeiro lugar, maternais e hesitantes.

Harmonia. Se os homens são donos do "hemisfério esquerdo", às mulheres cabe o "hemisfério direito". Isso implica uma capacidade de ver o todo, aplicar a criatividade, raciocinar pela intuição, etc. Elas vêem o mundo e as instituições de maneira mais "orgânica". No lugar das hierarquias, elas preferem tudo o que é circular, "redondo". Em outras palavras, não importa que as mulheres não sejam capazes de raciocínio lógico; nós temos a "intuição".

Delicadeza. Nós, mulheres, fomos educadas para sermos gentis e delicadas. As crianças devem "ficar quietas"; as menininhas gostam de "flores e passarinhos" e devem ser sempre "bem-educadas". Agir como um "moleque" não era tolerado a partir de certa idade. Um artigo de jornal recente mostrava uma garota em lágrimas no pátio da escola porque levara um tombo e os meninos começaram a gritar: "Olha a calcinha dela!" Pensei: "Isso já aconteceu comigo." Eu costumava imaginar se eu poria um vestido na minha filha.

Como não tive filhas, dei às minhas sobrinhas um monte de livros em lugar de vestidos.

Cooperação. As mulheres foram criadas para "ajudar" na casa. Nas brincadeiras de infância (pular corda, brincar de casinha ou de boneca), cada uma tinha a sua vez. A menina boazinha era a que "ajudava a mamãe". Agora minha mãe vai rir — eu era famosa por fugir dos afazeres domésticos. Meu protesto principal em Wellesley era contra as inspeções semanais de "cama-arrumada/quarto-limpo". A reitora me disse que eu podia ir embora quando quisesse.

Pôr o grupo em primeiro lugar. As meninas sempre eram encorajadas a fazer-se queridas, por tantos quanto possível. O objetivo era ser a mais popular. Se alguma se punha de lado, era criticada e tachada de *"prima donna"*. Se pensava em si mesma, era tida por "egoísta". Se demonstrava prazer em "ganhar", recebia o rótulo de "exibida".

Maternalismo. Bancar a Florence Nightingale e fazer o papel de mamãe para as bonecas nos dizia o quanto era importante ser maternal. Tomar conta de crianças pequenas era, com freqüência, a primeira experiência profissional. Durante algum tempo, a minha função no escritório se resumia a cuidar dos advogados "difíceis". Ao sair da firma, um homem me disse: "Barbara, continue tomando conta dos rapazes!" Foi aí que percebi o papel que eu vinha desempenhando. Então, parei de fazer aquilo e dediquei minhas energias ao meu próprio desenvolvimento. Nem todos gostaram da mudança.

Hesitação. O resultado final nas moças é uma hesitação que aumenta à medida que elas crescem. Com a idade, e cada vez mais, elas deixam de se manifestar na sala de aula, de questionar qualquer autoridade ou de se oferecer para "comandar". Isso também não tem mudado. Estudos bastante extensos continuam a demonstrar a mesma coisa. As meninas param de se dar bem em matemática e em ciências, são cada vez menos convidadas pelos professores a responder uma pergunta em aula, etc. Em Wellesley, não havia rapazes. Lembro-me de quando um rapaz visitou a nossa classe, no primeiro ano: ele ficou o tempo todo falando, e se oferecendo para responder e comentando (as meninas mantinham-se quietas como sempre e faziam anotações). E ele era apenas um visitante! O pior é que a Wellesley forma uma quantidade desproporcionalmente grande de mulheres autoconfiantes.

O Debate

Tradicionalmente, a preferência sempre recaiu sobre as características masculinas (que em geral as mulheres bem-sucedidas têm estudado e copiado); porém, o novo debate gira em torno de dois pressupostos: primeiro, o de que as mulheres enquanto grupo têm um estilo de liderança diferente; e, segundo, o de que esse estilo é melhor. Isso significa que as mulheres, pela sua própria natureza, merecem não apenas um tratamento e uma representatividade "iguais" às dos homens, mas, "pela própria natureza", um tratamento superior.

Essa conclusão, entretanto, baseia-se no pressuposto anterior de que, se há dois estilos, um necessariamente será melhor que o outro: será o "vencedor".

Esse debate teve início com um artigo intitulado "O Debate acerca da Diferença", publicado no *New York Times* de 15 de agosto de 1993. O ponto de partida foi a opinião de Carol Gilligan, baseada em estudos do desenvolvimento psicológico e publicada em 1982, de que as moças resolvem os problemas de modo diferente dos rapazes. Essa idéia acabou gerando a crença de que as mulheres que não manifestam as mesmas características de liderança que os homens não são deficientes: são apenas diferentes.

Em 1990, no *Harvard Business Review*, Judy Rosener escreveu um artigo chamado "As Formas Femininas de Líder", afirmando que os homens são mais autoritários e transacionais e as mulheres são mais "transformacionais". Os homens, dizia ela, usam mais o poder da posição; as mulheres apóiam-se em suas habilidades interpessoais.

Cada vez que alguém me diz isso, eu dou risada. Parece, então, que as mulheres escolhem livremente esse estilo, renunciando a usar o poder da sua posição. Na verdade, eu estou convencida de que essas habilidades foram desenvolvidas para compensar a absoluta falta de poder instituído. A teoria de Rosener é a de que as mulheres usam a "liderança interativa" em lugar do "comando" e do "controle". Mais uma vez me pergunto: quantas oportunidades as mulheres tiveram de comandar e controlar?

Rosener explica: "Dou ao estilo feminino de liderança o nome de 'liderança interativa' porque essas mulheres trabalham ativamente para que a interação delas com os seus subordinados seja positiva para todos os envolvidos (...) [Elas] encorajam a participação, delegam o poder, compartilham as informações de que dispõem, aumentam a autoconfiança de todos e fazem com que cada um se entusiasme com o seu próprio trabalho. Tudo isso reflete a crença de que deixar que os empregados contribuam e se sintam fortes e importantes é um jogo em que ambas as partes saem vencedoras – é bom para os empregados e para a empresa."

Não discordo disso. As mulheres em geral sabem muito bem – melhor do que os homens – o que é ser comandada e controlada. Por isso, as empresas ávidas por mudança e progresso muitas vezes pensam que seria bom aprender a suposta forma pela qual as mulheres comandam.

Portanto, muita gente gostaria muito de saber se as mulheres de fato têm uma forma diferente de liderar – forma que parece evidentemente superior. Aliás, para provar essa suposta superioridade, Sally Helgesen citou vários casos reais de mulheres-líderes em seu livro *The Female Advantage*.

A experiência, porém, me diz que qualquer pessoa que tenha sentido o gosto da autoridade formal não a troca por nada deste mundo. É ela que faz as coisas acontecerem. Quanto a aprender a comandar sem autoridade, quero acrescentar apenas o seguinte: inúmeros métodos, alguns melhores e outros piores, foram desenvolvidos para suprir a falta de autoridade, mas a verdade é que no fim a falta de autoridade equivale exatamente à ausência de liderança.

Uma das razões pelas quais esse debate prossegue é a de que existem pouquíssimas informações acerca do modo feminino de liderar; isso, por sua vez, se deve ao fato de que são raríssimas as mulheres em posições de liderança nas grandes empresas. Em 1990, uma pesquisa efetuada entre os executivos mais bem pagos mostrou que apenas 0,5% deles eram mulheres. As empresas refletem os estilos de liderança dos homens que as conduzem. As poucas mulheres que têm sucesso nessas organizações tiveram de passar pelo crivo dos homens que estão no comando. Essa constatação deu origem a livros como *Hardball For Women*, no qual Pat Heim defende a idéia de que, enquanto as instituições forem dirigidas por homens, as mulheres que quiserem ter êxito devem jogar o jogo segundo as regras deles, para só depois reassumir e voltar a exercer o seu estilo feminino de liderança.

Enquanto o debate prossegue, as mulheres que de fato almejavam chegar à posição de comando nos negócios estão pouco a pouco desistindo da luta. Os estudos que reconhecem a existência do misterioso mas impenetrável "telhado de vidro" vêm tendo efeito sobre as aspirações das mulheres mais jovens, que estão começando a sair das empresas em idade bem precoce.

Se existissem mais mulheres líderes, será que se evidenciaria um "estilo feminino"? Não sabemos. Os comentários mais mordazes acerca do debate entre a liderança feminina e a liderança masculina apontam para o fato de que não dispomos de dados suficientes a respeito da liderança feminina. O anedotário corrente menciona uma ampla gama de estilos que deram certo: a enfermeira, a abelha-rainha, a mulher-macho, a supermulher que faz de tudo [acreditem ou não, o programa de verificação ortográfica do meu computador informa que "superwoman" "não se encontra no dicionário" e sugere que eu tente "superman"], a réplica de homem, a "cheerleader" (líder de torcida) da empresa, a mãe superprotetora, a solteirona dedicada, a sedutora das Relações Públicas, a mãezona dos Recursos Humanos. Todos concordam em que essas mulheres possuam em comum o estilo "dedicado", superior, e que compartilham de um interesse pelo bem do rebanho, e não pelo poder.

Na prática, essas mulheres-líderes têm muito em comum. Todas elas sofrem com os sentimentos de exaustão, isolamento e solidão.

O Intérprete-Guia: O Modelo Necessário

Há também uma terceira alternativa, que eu estou procurando promover — o "intérprete-guia". Quero que as pessoas comecem a conversar bastante sobre as suas diferenças como homens e mulheres, que comecem a compreender umas às outras e a unir suas forças. O mundo real tem pouquíssimos estereótipos concretos em circulação: Cinderela pode ser forte e John Wayne pode chorar.

Como fazer isso?

É preciso que homens e mulheres se tratem como seres estranhos e diferentes. Eles não podem continuar a pressupor que já compreendem uns aos outros. Parafraseando William James, precisamos de uma "suspensão voluntária da crença". Poderíamos também rir (é necessária também uma boa dose de humor) do comentário de Katharine Hepburn: "Às vezes me pergunto se o homem e a mulher realmente foram feitos um para o outro. Talvez eles devessem viver como vizinhos e se ver apenas em visitas esporádicas." Ou o de Gloria Steinem, que diz que as mulheres são "o único grupo oprimido que não é dono de uma nação, de uma vizinhança ou, em geral, nem mesmo de um bar". O processo de realização do modelo do guia-intérprete é dividido em três partes.

Comece com o Respeito

A primeira parte é o respeito. Uma pessoa, um ponto de vista, devem ser tratados com um respeito sincero. O respeito se traduz nisto: "Vou dar valor a você e às suas opiniões" e "vou fazer isso ainda que eu não compreenda nada do que você diz". Aliás, é bastante útil pressupor, a esta altura, que não há compreensão mútua entre os dois sexos. Homens e mulheres podem, na verdade, não se compreender em absoluto. Afora as diferenças naturais, a maior parte das mulheres foi educada de maneira bem diferente da maior parte dos homens.

Interesse

A parte seguinte é o interesse. A comunicação verdadeira começa com um interesse respeitoso. É preciso escutar o outro com respeito e interesse. Vamos aprender mais a respeito do outro, escutando o que o outro tem a dizer.

Isso não é fácil para nenhum dos lados. O que fala precisa ser aberto, precisa manifestar seus pensamentos e atitudes. Corre-se o risco de ver o outro lado dar risada ou ficar aborrecido.

Até pouco tempo atrás, eu só discutia questões femininas com mulheres. Eu sei que isso se devia, em parte, ao pressuposto de que os homens não se interessariam por esse tema (o outro pressuposto era o de que eles não o compreenderiam). Dois acontecimentos fizeram com que eu mudasse de idéia.

O primeiro foi um fim de semana que passei na casa de um colega do sexo masculino, Larry, e no qual conheci a esposa dele. Larry e eu continuamos em nossas conversas habituais acerca de escritórios de advocacia, leis fiscais e assim por diante. A esposa dele, entretanto, sempre levantava questões femininas às quais ele parecia escutar com interesse. O trabalho dela estava ligado a temas feministas, os passatempos dela eram feministas, os livros policiais que ela queria que ele lesse eram todos escritos por mulheres, e por aí afora. Todas as conversas que nós três tivemos incluíram pontos feministas. Por fim, quando ele me levou ao aeroporto, eu lhe perguntei o que ele pensava a respeito do fato de a sua mulher falar tanto acerca de questões de interesse feminino. Ele respondeu que achava isso maravilhoso e que estava aprendendo muito. Disse que, antes, não sabia o quão grande e intensa era a discriminação. Asseverou ainda que gostaria que todos os homens fossem capazes de ouvir e aprender mais. Larry e a esposa estão rapidamente se tornando um dos casais de quem eu mais gosto.

O segundo foi uma sessão de um dia inteiro acerca da condição da mulher na reunião anual da Union Internationale des Avocats, da qual eu participei. Minha primeira surpresa foi a de ver que os homens constituíam a maioria dos participantes. Verifiquei que a carta-convite, enviada pela mulher que organizava o projeto, continha um apelo ao cavalheirismo de seus colegas homens para que comparecessem e viessem prestigiar a "mulher", "o ser que embeleza a sua vida". De qualquer maneira, a platéia estava cheia de homens interessados. Mesmo na discussão de um tema tão exclusivamente feminino quanto a remoção do clitóris, os apresentadores, marido e esposa, demonstravam idêntica paixão. Também esse é um grupo do qual eu pretendo continuar participando.

O primeiro esboço deste meu ensaio não continha nenhuma informação pessoal. A mudança que eu operei nele me pareceu estranha e arriscada. Convenci-me, entretanto, de que as histórias pessoais podem explicar mais do que páginas e mais páginas de palavras superficiais. Ao menos vale a pena tentar.

Confiança

O conhecimento que aos poucos vai nascendo da comunicação verdadeira nos leva a confiar uns nos outros. A confiança é o cimento das relações sociais. Ela se desenvolve com o tempo. Em termos alegóricos, é como se uma pessoa fosse fazendo depósitos na "conta corrente" de confiança da outra pessoa. Quanto mais ela depositar, mais vai poder retirar.

Alcança-se a confiança pela gentileza e integridade. Quando existe uma base de confiança, as disputas superficiais desaparecem. O excesso de litígios por molestamento sexual, por exemplo, é extremamente desgastante num nível humano. É claro que compreendo as injustiças que levam ao litígio; mas, por outro lado, lamento o crescimento da tensão e da suspeita. O que eu quero é criar um entendimento para que homens e mulheres possam trabalhar juntos. Meu grande sonho é o de usufruir ao máximo o prazer de trabalharmos juntos.

A guerra dos sexos está precisando de uma trégua. Precisamos encontrar guias que compreendam o que é trabalhar em conjunto, cooperar e apreciar uns aos outros. Precisamos confiar uns nos outros como guias. Todos nós conhecemos diferentes caminhos para atingir diferentes metas. Uma mulher da República dos Camarões criticou a mim e às mulheres norte-americanas em geral por querer ensinar as africanas a serem líderes mais fortes. Ela disse que há muitas coisas que nós também poderíamos aprender com elas. Na verdade, pensando sobre o ocorrido, uma das coisas que ela me sugeriu foi "ouvir o que os homens têm a dizer".

Os homens me ensinavam muito a respeito da audácia, da coragem e da capacidade de tomar decisões. Quanto a mim, ensino os homens, nos meus seminários, a negociar com mais "suavidade" e educação, visando obter um êxito final maior. Eu compreendo os executivos japoneses que se queixam (com toda a cortesia do mundo, é claro) do jeito rude e apressado com que os executivos americanos negociam; eu me sento com eles e nós passamos horas e horas tomando chá, mostrando fotos de família e fazendo mesuras.

Muitas mulheres ocupam postos de liderança nas instituições que não têm fins lucrativos, mas muitas dessas organizações estão indo à falência devido à falta de força na tomada de decisões. Eu fiz parte do conselho diretor de uma cooperativa feminina de arte. Algumas mulheres não gostavam de delegar autoridade; outras não se sentiam à vontade quando a autoridade lhes era delegada (as mulheres não foram educadas para deter o poder, ao menos esse tipo de poder). A cooperativa faliu.

No último retiro de reflexão que nossa empresa promoveu para os funcionários, tivemos uma excelente apresentação acerca de diversidade cultural; buscou-se levar a platéia — constituída em sua maioria por homens, e brancos — a perceber que, embora eles nunca houvessem discriminado ninguém nem feito nada desse tipo, eles eram todos detentores inconscientes de um "privilégio branco" do qual os negros não dispõe. A apresentadora, negra, deu inúmeros exemplos de como a vida é diferente sem esse privilégio. Ela contou que ensinava seus filhos a evitar ficar sozinhos num bairro branco à noite; prevenia-os de que algumas pessoas jamais os respeitariam mesmo sem conhecê-los, e assim por diante. (Esses temas também são bastante familiares para as mulheres.) Isso intrigou os homens e permitiu que surgissem conversas repassadas de respeito e interesse.

Precisamos fazer o mesmo com as diferenças sexuais: precisamos ser capazes de orientar uns aos outros e compartilhar a liderança. A Cinderela, com sua abóbora, é coisa do passado. Há um trabalho muito interessante a ser feito; há muito o que se conversar. Com respeito, interesse e confiança nada mais nos limitará.

Eu de fato acredito que os tempos estão mudando. Outro dia, um jornal publicou um artigo a respeito de uma garota de dezessete anos que era a estrela de um time de futebol feminino; na mesma edição, poucas páginas depois, apresentava o novo estilo que os *cowboys* têm de "amansar" os potros em lugar de domá-los pela força.

De minha parte, vou fazer com que o boletim informativo *Voices*, da Women's Leadership Forum, conte com matérias escritas por homens e dirigidas aos homens — um novo conceito. A intenção é deixar a Cinderela para trás.

As mulheres precisam de uma formação em liderança mais forte do que a da Gata Borralheira. Podemos fazer isso junto com os homens, desde que todos sejam capazes de ouvir uns aos outros com interesse e respeito. Podemos assumir a função de guia e intérprete uns para os outros. Se formos capazes de fazer isso, seremos guias e intérpretes para o mundo.

4

A Diversidade e o Desenvolvimento da Liderança

Ann M. Morrison

ANN M. MORRISON é fundadora e presidente do New Leaders Institute e autora do livro *The New Leaders: Guidelines on Leadership Diversity in America*, lançado em 1992. Seus trabalhos sobre diversidade, liderança e desenvolvimento pessoal dos executivos já foram publicados e apresentados no mundo inteiro. Ela é a principal autora do livro *Breaking the Glass Ceiling: Can Women Reach the Top of America's Largest Corporations?*, lançado em 1987 e revisto em 1992.

É membro honorário do Center for Creative Leadership e co-autora do livro *The Lessons of Experience: How Successful Executives Develop on the Job* (1988). Entre seus clientes no trabalho de desenvolvimento de liderança acham-se empresas como a GE, a IBM e a Eastman Kodak, bem como organizações do setor público.

Os artigos de Morrison já apareceram no *The New York Times*, no *The Los Angeles Times*, no *Small Business Reports*, e no *Working Woman Magazine*. Ela é MBA pela Wake Forest University e MA em psicologia pela Bucknell University. Este ensaio foi adaptado de um capítulo de *The New Leaders* e de um artigo escrito para o boletim informativo do Center for Creative Leadership, *Issues & Observations*.

Um dos principais objetivos de muitas empresas é o de encontrar e formar futuros líderes, administradores talentosos que ajudem a empresa a prosperar. À medida que cresce a diversidade dentro da nossa sociedade, esse objetivo passa a incluir também a inserção, no grupo dos líderes em potencial, de administradores que fogem aos padrões tradicionais. Passa a incluir, além disso, um aprimoramento dos métodos tradicionais de preparar as pessoas para a liderança. A idéia é a de que métodos melhores de desenvolvimento da liderança aplicados a um espectro mais amplo de candidatos vão fazer aumentar a produtividade e a rentabilidade da empresa e a sua capacidade de reagir adequadamente às condições mutáveis do mundo dos negócios.

As perspectivas de um desenvolvimento eficaz são, com freqüência, prejudicadas pelas características étnicas e pelo sexo do administrador. Os pressupostos e técnicas utilizados há anos como estratégia de desenvolvimento nas empresas talvez não sirvam bem para os administradores não-tradicionais (tais como pessoas de cor ou mulheres brancas). A pesquisa que fizemos para *The New Leaders* revelou um modelo de desenvolvimento de liderança que se baseia no equilíbrio de três componentes — desafio, reconhecimento e apoio — que cooperam ao longo do tempo para desencadear e alimentar o crescimento. O modelo postula que, para que o desenvolvimento se sustente ao longo do tempo, os três elementos precisam ser fornecidos aproximadamente na mesma proporção. O *desafio* das situações novas e das metas difíceis predispõe os líderes a aprender as lições que os ajudarão a ter um desempenho melhor nos níveis mais elevados. O *reconhecimento* ocorre quando o líder é elogiado e premiado pelas conquistas, e fornece as condições para que as realizações continuem, na forma de promoções, remuneração e prêmios. O *apoio* garante a aceitação e a compreensão, junto com os benefícios que ajudam o administrador a incorporar a carreira ao conjunto de uma vida plena e satisfatória.

Na maioria dos casos, o componente "desafio" é muito maior que os outros dois elementos. Nossa pesquisa mostrou que alguns aspectos do desafio são relegados a segundo plano, que o reconhecimento em geral é lento e que os sistemas tradicionais de apoio podem ser inadequados. As barreiras com as quais defrontam muitos administradores não-tradicionais, identificadas em nosso estudo, contribuem significativamente para esse desequilíbrio. Isso tudo pode fazer com que negros e mulheres de enorme potencial — e às vezes também homens brancos — sejam levados à exaustão, ao hábito de fracassar ou a desistir de uma condição de trabalho debilitante. Para impedir essa fuga de talentos, algumas das empresas mais progressistas do país estão estudando formas de restabelecer o equilíbrio em seus esforços de formar novos líderes.

Desafio

Um dos principais métodos utilizados para preparar as pessoas para cargos executivos é um seqüência planejada de tarefas que coloca o indivíduo diante de desafios sempre novos. A prática de mudar ou fazer rodízio dos cargos a cada um ou dois anos é usada com freqüência como "atalho" para os aspirantes a executivos. Em tese, o rodízio de cargos não apenas familiariza os administradores com o funcionamento da empresa como também os coloca em situações que exigem habilidades novas ou maiores do que no cargo anterior. Uma pesquisa levada a efeito no Centro de Liderança Criativa e publicada no livro *The Lessons of Experience*, em 1988, identificou as tarefas que haviam contribuído para o êxito dos administradores brancos que estudamos. Eis algumas delas: promoções que acarretam um drástico aumento de responsabilidade, a transferência para funções de assessoria no escritório central da empresa, o trabalho em equipes especiais, a função de solucionar impasses e a direção de experiências iniciais de implantação que, com freqüência, exigem que a pessoa passe algum tempo no exterior. Essas atribuições são, em parte, as mesmas que o Centro descobriu serem importantes para as mulheres brancas executivas, e que são enumeradas no livro *Breaking the Glass Ceiling* e no relatório técnico *Gender Differences in the Development of Managers: How Women Managers Learn From Experience*, do Centro de Liderança Criativa.

Essas tarefas são importantes porque forçam os administradores a ampliar seus pontos de vista e a adquirir uma gama de capacidades que, segundo se crê, tendem a aumentar a eficiência deles nos cargos executivos elevados. São úteis porque exigem bastante dos beneficiados. Elas propõem o *desafio* necessário para que as pessoas aprendam, cresçam e desenvolvam todo o seu potencial.

Como dissemos em *The Lessons of Experience*, parece que essas tarefas propõem desafios porque compartilham de oito características comuns. É muito possível que essas características sejam os elementos principais da noção de "desafio" para os administradores tradicionais (homens brancos). São as seguintes:

1. *Lidar com o chefe*. O desafio surge quando o chefe é inexperiente ou indiferente. É possível também que ele tenha um estilo difícil ou até mesmo falhas gerenciais sérias.

2. *Lidar com os membros da equipe*. O desafio surge também quando a equipe é inexperiente, recalcitrante ou incompetente. Alguns membros podem sentir-se indispostos com o administrador por vê-lo agora promovido e em posição superior à deles.

3. *Outros relacionamentos significativos*. Ter de prestar contas pessoalmente aos superiores hierárquicos, negociar com pessoas de fora e colaborar com pessoas de funções e origens diferentes, ou de outros setores da empresa, são todos elementos de desafio.

4. *Alto risco*. O desafio se manifesta em face da extrema importância de certas atribuições, especialmente nos postos mais elevados da administração. Prazos rígidos e risco de perdas financeiras aumentam o desafio.

5. *Condições comerciais adversas*. Coisa freqüente no exterior, o desafio está ligado, neste caso, à aspereza das condições climáticas, à falta de comodidades na vida, à hostilidade dos funcionários públicos ou a conflitos com os valores e as práticas comerciais locais.

6. *Escala e abrangência da função*. O comando de um grande número de subordinados, especialmente de subordinados que estão em lugares distantes e subordinados que são especialistas nas respectivas áreas, é um fator de desafio.

7. *Incompetência aparente*. A falta das credenciais ou do currículo tradicionalmente exigido faz com que o administrador precise estabelecer a própria credibilidade enquanto aprende seu novo trabalho; isso também é um desafio.

8. *Aspereza da transição.* Por fim, o desafio é criado pela surpresa ou pela extensão das mudanças envolvidas numa transição, que às vezes exige mudanças na vida pessoal associadas às mudanças de cargo.

Essas oito fontes de desafio nas tarefas propostas como aprendizado podem ser consideradas elementos tradicionais de desafio para os administradores homens e brancos. Elas foram abertamente reconhecidas por diversas empresas e incorporadas aos programas e meios de desenvolvimento utilizados por algumas destas. Esses elementos também podem ser fatores de desenvolvimento e progresso para os administradores não-tradicionais, mas nem sempre refletem adequadamente os tipos e a intensidade do desafio que se propõem aos administradores não-tradicionais cujos cargos não se encaixam nos padrões tradicionais. A maior quantidade ou intensidade dos desafios com que esses administradores normalmente deparam não são levadas em conta no processo de formação deles e nas tarefas que lhes são atribuídas, as quais, desse modo, podem dificultar-lhes o progresso.

Os Desafios Suplementares Enfrentados pelos Administradores Não-Tradicionais

Os impedimentos ao progresso criam desafios adicionais para muitos negros e mulheres brancas na administração. Entre esses impedimentos incluem-se o preconceito, o isolamento e os conflitos entre a carreira e a vida pessoal. Não é difícil imaginar, por exemplo, a dificuldade que há em lidar com um chefe que, além de carecer de determinadas habilidades e ser dono de um estilo difícil, é cheio de preconceitos. Do mesmo modo, é maior a dificuldade envolvida em lidar com subordinados, companheiros e pessoas de fora preconceituosos. Quando o preconceito vem se somar aos três primeiros fatores do desafio, este se complica e aprofunda a um ponto praticamente desconhecido pela maioria dos administradores homens e brancos. Para estes, portanto, o desafio de lidar com colegas preconceituosos pode passar despercebido.

Talvez em função do preconceito, os níveis de desempenho exigidos dos administradores não-tradicionais podem ser mais altos que os exigidos dos homens brancos. Neste estudo e em nossa pesquisa anterior a respeito das mulheres na administração, descobrimos que se espera que os negros e mulheres com cargos administrativos tenham um desempenho melhor do que o dos homens brancos que têm ou tiveram o mesmo cargo. Assim, acrescenta-se ao desafio enfrentado pelos administradores não-tradicionais o de fazer um trabalho *melhor* do que o que qualquer outro fez.

A obrigação de suportar condições adversas é outro fator que pode intensificar o desafio enfrentado pelos administradores não-tradicionais. Ao falar sobre os desafios que encontraram quando foram escalados para solucionar conflitos dentro da empresa, por exemplo, os administradores homens e brancos às vezes mencionam a hostilidade dos companheiros de trabalho, que se negavam a aceitar conselhos, boicotavam as tentativas de intervenção e às vezes se manifestavam abertamente contra a própria presença do novo gerente. Além disso, quando escalados para uma estadia limitada num país estrangeiro, às vezes tinham de lidar com funcionários públicos hostis ou melindrosos. Esses obstáculos, que em geral só ocorrem em certas tarefas ou certos lugares nos relatos dos administradores homens e brancos, parecem constituir o cotidiano da vida de muitos administradores não-tradicionais, até mesmo daqueles que fazem parte das empresas progressistas incluídas em nossos estudos.

Nossas descobertas mostram que ainda existe muito ressentimento e hostilidade por parte dos subordinados, que não gostam de obedecer a ninguém que não seja homem e branco, e dos companheiros de trabalho, que se sentem ameaçados por trabalhar ao lado de um administrador não-tradicional. Alguns colegas não são hostis, mas apenas céticos. Não se opõem diretamente à criação de uma força de trabalho integrada, mas suspeitam de que os administradores não-tradicionais simplesmente não estão à altura da tarefa e, em conseqüência, cercam-se dos maiores cuidados quando têm de se relacionar, delegar tarefas ou confiar numa mulher branca ou numa pessoa de origem não-européia. Assim como alguns dos que são abertamente hostis, também esses companheiros de trabalho, consultores, fornecedores ou clientes podem entender a presença de administradores não-tradicionais como resultado de um sistema de quotas. Uma administradora chinesa entrevistada por nós declarou que seu chefe lhe disse que se comportasse "da maneira menos 'asiática' possível" e que insistisse com seus subordinados asiáticos para que também "não se comportassem de maneira asiática", porque o departamento "parecia uma filial asiática". Todos os dias, ao seu ocupar de suas funções, ela precisava prestar atenção à sua aparência e ao seu modo de ser para não *parecer* que era de origem asiática.

A adversidade que cerca os administradores não-tradicionais também introduz mais um desafio no trabalho que eles estão realizando. Nem todo o mundo é hostil aos administradores não-tradicionais ou suspeita deles, e nem todos os homens brancos são imunes à hostilidade, mas essas reações parecem ser muito mais freqüentes quando se trata de pessoas de origem não-européia e mulheres brancas. Para estes administradores, as condições adversas que são mencionadas como obstáculos temporários por muitos homens brancos são elemento constante do seu ambiente de trabalho, perseguindo-os a cada cargo que ocupam, a cada lugar para onde se deslocam ao longo da carreira.

Além disso, esse estudo e outras pesquisas dão indícios de que a pressão e a cobrança ligadas a seu desempenho são maiores para os administradores não-tradicionais, acrescentando ainda outro desafio ao seu trabalho. Todos os administradores conscienciosos sentem-se no dever de desempenhar bem suas funções, mas nossa pesquisa mostra que um administrador não-tradicional é observado de maneira mais atenta e cobrado de maneira mais intensa do que um administrador homem e branco, às vezes pelo simples fato de ser uma espécie de corpo estranho na hierarquia de uma empresa. Os administradores entrevistados nesse estudo e no estudo anterior sobre o "telhado de vidro" sob o qual estão as mulheres na administração observam que, para muitos administradores não-tradicionais, a pressão adicional que vem de ter de trabalhar "sob um microscópio" é frustrante e extenuante. Um administrador de origem latino-americana explicava: "As minorias que estão subindo são examinadas a fundo. São postas sob um microscópio e há muita pressão para que não ponham tudo a perder." O fato de ser o único gerente de *marketing* sino-americano ou o primeiro executivo negro coloca o indivíduo sob um holofote que manifesta as ações dele para todos, sem dó nem piedade. Entre os que o observam estão não apenas os chefes e os colegas, curiosos quando não cheios de dúvidas acerca de sua competência, mas também as outras mulheres e os colegas de diversas etnias que torcem desesperadamente para que ele tenha sucesso, de modo que, algum dia, também eles possam ter a oportunidade de progredir.

Muitos administradores não-tradicionais carregam o peso de representar o seu grupo demográfico ao mesmo tempo que cumprem as suas funções. Esse peso é um desafio suplementar, e muito maior do que os enfrentados por qualquer administrador homem e branco em qualquer cargo que ocupe. Pelo fato de representar não apenas a empresa como também o seu sexo ou grupo étnico (e às vezes também o conceito de diversidade de modo geral), eles são constantemente chamados a promover a causa. Os meios de comunicação requisitam-nos para biografias e perfis. Os cientistas sociais querem incluí-los em projetos de pesquisa. Outros homens de cor ou mulheres, que têm suas próprias ambições, tomam-nos como modelo e sempre lhes solicitam conselhos ou favores. As organizações sem fins lucrativos pedem que eles falem em suas convenções. Os chefes às vezes insistem com eles para que participem de comitês ou grupos na qualidade de mulher ou de minoria em ascensão, representando esse ponto de vista. Os sindicatos insistem em que eles orientem outros empregados do mesmo sexo ou etnia. A alta administração quer que eles ajudem a recrutar outros empregados não-tradicionais. A quantidade de "trabalho voluntário" dentro e fora da empresa cresce violentamente para os administradores não-tradicionais, que precisam, além disso, continuar a desempenhar suas funções de modo contínuo e adequado para garantir a boa graça dos chefes.

É verdade que alguns administradores não-tradicionais fogem do "voluntarismo" e alguns administradores homens e brancos dedicam boa parte do seu tempo a causas tradicionais e não-tradicionais, mas o fato, ao que parece, é que as mulheres e as pessoas de cor vivem sob a constante pressão de ter de escolher mais e fazer mais. Aqueles que não apóiam as atividades tradicionais correm o risco de se pôr à parte dos colegas homens e brancos. Aqueles que não apóiam os membros do mesmo grupo étnico ou demográfico correm o risco de serem colocados no ostracismo por eles, sendo chamados de "vedetes" ou algo parecido. O fato de ocuparem postos de responsabilidade não lhes permite nenhum refúgio dessas obrigações múltiplas e por vezes conflitantes.

Outro desafio enfrentado por muitos administradores não-tradicionais é o de equilibrar as exigências da carreira com as exigências de fora. Os administradores entrevistados em geral admitem que isso é mais comum para as mulheres do que para os homens, porque as responsabilidades de cuidar dos filhos e educá-los, governar a casa e dar atenção a relacionamentos sociais são ainda assumidas em proporção bem maior pelo sexo feminino. As mulheres que têm condições financeiras de contratar uma empregada ficam em geral livres de lidar com essas tarefas pessoalmente, mas isso não lhes reduz a responsabilidade. Elas ainda precisam contratar e administrar as pessoas que executam essas tarefas, tomar as tarefas para si quando a empregada está doente e responder pelos resultados. A necessidade permanente de conciliar as exigências da casa e da família com as do emprego gera um conflito e uma tensão com os quais se espera que as mulheres em geral saibam lidar. Alguns homens também se vêem obrigados a buscar um equilíbrio entre essas tarefas. Os homens de origem latino-americana talvez sejam particularmente vulneráveis a isso, porque sua cultura deposita enorme valor na vida em família; esse fato já foi observado por alguns administradores. Entretanto, as responsabilidades cotidianas de cuidar dos filhos ou dos pais, de cozinhar e limpar a casa, de receber visitas e assim por diante, são as que mais aumentam o desafio para inúmeras mulheres que buscam também atingir um objetivo na carreira.

No conjunto, é de se esperar que o desafio enfrentado em determinado cargo pelos administradores não-tradicionais seja bem maior do que o enfrentado pelos homens brancos. O grau de dificuldade de uma determinada tarefa aumenta muito quando o encarregado tem de conciliar a necessidade de atingir melhores índices de desempenho, enfrentar cotidianamente a hostilidade e o assédio dos colegas, trabalhar sob um holofote, atender às expectativas tanto dos grupos tradicionais como dos não-tradicionais e atender dia após dia às obrigações sociais e ao cuidado da família. Alguns executivos talvez tenham chegado à conclusão de que, se os administradores não-tradicionais têm mais dificuldade de obter um bom desempenho em determinado cargo, isso se deve ao fato de que eles não são tão capazes quanto seus colegas homens e brancos. Mas essa conclusão pode ser contestada pelo argumento de que essa maior dificuldade advém das exigências adicionais que existem tanto no próprio cargo como em tudo o que tem a ver com ele. A mesma tarefa, atribuída a um administrador homem e branco e a um administrador não-tradicional, dificilmente será de fato a "mesma".

O Perigo de Limitar o Desafio

Alguns executivos podem se sentir tentados a aliviar o fardo de seus colegas administradores não-tradicionais, escalando-os para postos de menor conseqüência. No entanto, isso equivale a perpetuar um ciclo vicioso que bloqueia o progresso deles. Em função dos preconceitos e de outras barreiras, existe já a tendência de "des-escolher" mulheres e pessoas de cor para cargos fundamentais e estratégicos. Os administradores não-tradicionais já costumam ser colocados em cargos periféricos ou de assessoria, considerados menos importantes para o desempenho da empresa. Então, quando se abre uma vaga em posto elevado, eles dificilmente obtêm o lugar porque não possuem experiência em postos estratégicos e centrais. Então o ciclo recomeça, limitando o potencial de progresso dos administradores não-tradicionais. Esses administradores provavelmente se sentirão cada vez mais frustrados por não terem a oportunidade de provar o seu valor para a empresa de maneira a serem reconhecidos e recompensados. Sua credibilidade como executivos em potencial depende de uma sólida ficha de trabalhos anteriores importantes, e a ausência desse currículo pode levá-los à estagnação. Faltam-lhes as oportunidades de aprender algumas das lições que poderiam ajudá-los a ocupar, com eficiência, postos elevados. Se não enfrentarem os mesmos desafios que marcaram a carreira dos administradores que os precederam, vão acabar se sentindo subaproveitados.

Em vez de procurar "facilitar" as coisas, restringindo os administradores não-tradicionais a postos considerados menos cruciais (e que exigem menos do seu ocupante), uma das alternativas que as empresas têm é a de reduzir as exigências que vêm de outras fontes: usar os mesmos padrões de avaliação para todos os administradores, tradicionais e não-tradicionais; minimizar os efeitos do preconceito; formar um quadro maior de administradores não-tradicionais, de modo que nenhum deles tenha de atender sozinho à necessidade de representar o seu sexo ou etnia; criar pacotes de benefícios que permitam que os administradores cumpram obrigações externas sem prejudicar a própria carreira. Essas alternativas permitem que alguns dos fatores de desafio sejam mitigados, sem interferir com o potencial de progresso dos administradores não-tradicionais. Além de reduzir alguns dos desafios externos que desviam a atenção de muitos administradores, essas medidas também aumentam o reconhecimento e o apoio que todos têm de receber para manter-se em atividade.

Um dos maiores erros cometidos pelas empresas que procuram aumentar a diversidade na administração é o uso equivocado do desafio. Em geral, ou os administradores não-tradicionais são sugados até a medula ou, ao contrário, são "protegidos" dos desafios maiores, o que muitas vezes contribui para a estagnação. A tentativa de desenvolver o potencial de liderança dos administradores não-tradicionais tendo por base apenas o desafio é uma armadilha perigosa. É preciso levar em conta os elementos de reconhecimento e apoio para equilibrar o nível de desafio, de modo que o processo de desenvolvimento da liderança seja mais eficaz.

Reconhecimento

Muitos administradores homens e brancos têm dificuldade para pesar corretamente as exigências impostas às pessoas de cor e às mulheres na maioria das empresas. Com freqüência, as políticas de tratamento eqüitativo são implementadas segundo o ponto de vista específico dos homens brancos. Mas os homens brancos nem sempre percebem que os outros têm de procurar "inserir-se" e lutar contra os estereótipos criados pelos companheiros de trabalho; não se defrontam com atos de discriminação e não são capazes, portanto, de imaginar o quanto é difícil vencer a raiva causada por ela; à medida que subiam na hierarquia, não foram privados dos conselhos e da amizade dos superiores e colegas. Não obstante, para o potencial e o desempenho dos administradores não-tradicionais, é importante que a existência dessas exigências e obstáculos seja reconhecida.

Alguns administradores entrevistados para o nosso estudo comentaram que as mulheres e as pessoas de cor parecem ambivalentes quanto à vontade de ocupar posições de grande importância nas empresas para as quais trabalham. Uma das razões pode ser o fato de que as recompensas previstas não são suficientes para recompensar as novas exigências e sacrifícios. Um diretor-executivo entrevistado num projeto de pesquisa anterior nos contou que paira no ar a exigência de que as mulheres tenham um desempenho pelo menos igual ao dos homens, mas que nenhuma mulher, por melhor que fosse o seu desempenho, seria promovida a um dos dez cargos mais elevados da empresa. Sem as recompensas para compensar o seu investimento, muitos administradores não-tradicionais preferem sair da empresa e, no mínimo, só dar de si na proporção daquilo que recebem do seu empregador; senão eles reduzem a expectativa que têm de si mesmos para ajustar-se às magras perspectivas de sua carreira.

O Reconhecimento Vem sob Diversas Formas

Algumas das formas mais comuns são:
1. *Pagamento*. Salários e compensação financeira global.
2. *Promoção*. Galgar posições de maior responsabilidade.
3. *Benefícios*. Carro da empresa, títulos de clubes, incentivos e aconselhamento financeiro e assim por diante.
4. *Participação*. Contribuir para a tomada de decisões.
5. *Autonomia*. Liberdade para agir por conta própria sem supervisão.
6. *Recursos*. Equipe, orçamento e tempo para executar a tarefa.
7. *Respeito e Credibilidade*. As prioridades e opiniões da pessoa são consideradas e valorizadas.

8. *Fé*. A crença firme de que a pessoa vai continuar produtiva, mesmo em posições de crescente responsabilidade.

Ainda é forte a relutância em dar aos administradores não-tradicionais a mesma autoridade e as mesmas recompensas que se dão aos seus colegas homens e brancos. A desigualdade de remuneração, por exemplo, existe mesmo nos trabalhos de assessoria ou de escritório, que em geral se supõe serem mais adequados para mulheres. No campo dos recursos humanos, uma pesquisa de salários efetuada em 1990 e publicada na revista *Training* mostra que os homens ganham 37% a mais do que as mulheres em cargos equivalentes. Foi só em um dos graus mais baixos do trabalho que o salário médio das mulheres chegou a ficar perto do dos homens. Nos níveis superiores da administração, a distância salarial é ainda maior. Um estudo publicado em 1987 pela Câmara de Comércio dos Estados Unidos revelou que mulheres que chegavam à vice-presidência ou a níveis ainda mais elevados nas empresas ganhavam 42% a menos do que os homens. Numa empresa examinada em nosso estudo, um dos indicadores de sucesso era o fato de que as mulheres em cargos técnicos estão agora ganhando cerca de 90% do que ganham os homens nas mesmas posições.

As pessoas de cor e mulheres brancas precisam ser sempre melhores, desenvolver-se mais do que os outros, para entrar na lista de promoção. A tendência em algumas empresas é a de desenvolver os administradores não-tradicionais até praticamente garantir que eles vão ter êxito numa posição superior, o que às vezes significa que eles precisam *executar* as tarefas de um cargo (sem aumento de salários e privilégios, é claro) antes de *obter* o cargo. Alguns administradores, que já sofreram as conseqüências negativas de promover uma mulher ou pessoa de cor e depois vê-la fracassar no novo cargo, relutam em promover outra até ter a certeza absoluta de que ela terá êxito. Eles preferem carregar-lhe com a responsabilidade por algum tempo antes de conferir-lhe a autoridade correspondente.

Os obstáculos ao progresso identificados em nosso estudo criam pelo menos algumas discrepâncias no reconhecimento. O preconceito, por exemplo, pode contribuir para a indisposição de conceder maiores salários ou benefícios a administradores não-tradicionais ou dar-lhes liberdade para efetuar seu trabalho sem constante supervisão. Em 1988, os pesquisadores Amado Cabezas e Gary Kawaguchi concluíram que para os norte-americanos de origem asiática, homens e mulheres, "não é uma deficiência de investimento do seu capital humano, mas o pouco retorno obtido, que é o responsável por cerca de dois terços da diferença que existe entre a renda deles e a dos homens brancos nascidos nos Estados Unidos". Cabezas e Kawaguchi concluem que a discriminação, que ainda existe, é um dos fatores mais importantes que determinam a baixa taxa de retorno que os americanos de origem asiática recebem por sua educação e experiência, em comparação com os homens brancos. A falta de um planejamento de carreira e de sensatez organizativa também podem ser responsáveis pela inexistência de oportunidades que preparariam melhor os administradores não-tradicionais para postos elevados. A simples falta de costume pode levar os executivos tradicionais a excluir as pessoas de origem não-européia e as mulheres brancas da participação nos processos de tomada de decisões. Essas e outras barreiras que descobrimos limitam o reconhecimento que se dá aos administradores não-tradicionais.

Quando se quer dar às mulheres e pessoas de cor tarefas com um nível adequado de desafio, e recompensá-las pelo bom desempenho dessas tarefas, o reconhecimento é um fator importante. Um administrador entrevistado em nosso estudo comentou, reflexivo, que os homens brancos são preparados a "passos de bebê" ao longo da carreira, enquanto a maioria dos administradores não-tradicionais têm de enfrentar transições muito mais traumáticas. Dar às mulheres e pessoas de cor maior crédito por suas experiências e realizações, mesmo que essas experiências e realizações tenham sido um pouco diferentes das obtidas por homens brancos, e dar-lhes os recursos necessários para ir melhorando firme e progressivamente o seu conhecimento e as suas habilidades — eis aí uma tarefa difícil que fica ainda mais difícil pela necessidade de recuperar o tempo perdido. É, entretanto, um elemento necessário para desenvolver e formar os líderes do futuro.

Apoio

Além dos desafios e do reconhecimento por suas capacidades e conquistas, os homens de cor e as mulheres em geral precisam também de sistemas de apoio para ajudá-los a lidar com as exigências adicionais que lhes são impostas. O desafio, mesmo com recompensas que lhe sejam proporcionais, pode acabar sendo um peso insuportável para os administradores se eles não forem, de alguma forma, protegidos das exigências que entram em conflito com as responsabilidades da sua função. Algumas das formas de apoio mais freqüentes são:

1. *Coleguismo*. Associação amistosa com os companheiros de trabalho.
2. *Aceitação*. Reconhecimento e aprovação.
3. *Proteção*. Defesa e patrocínio dos interesses da pessoa.
4. *Permissão para falhar*. Margem de tolerância para cometer erros e aprender com eles.
5. *Informação*. Notícias acerca dos negócios e da empresa.
6. *Avaliação aberta*. Acesso à opinião dos superiores e colegas quanto às capacidades, às perspectivas e à reputação da pessoa.
7. *Flexibilidade*. A opção de estruturar o cargo de acordo com as próprias forças ou circunstâncias.
8. *Alívio das tensões*. Redução da ansiedade e das tensões pela atenção prestada às necessidades familiares e outras necessidades externas e pela prevenção das hostilidades no ambiente de trabalho.

A falta de coleguismo e de aceitação contribui para o isolamento e o desencorajamento sentidos por muitas mulheres e pessoas de cor na administração. Os grupos organizados de empregados tentam preencher esse vazio ajudando os administradores não-tradicionais a se sentirem mais à vontade e mais confiantes dentro da empresa, fornecendo companheirismo e encorajamento e, em alguns casos, até mesmo cursos de estudo. Um administrador negro que entrevistamos constatou que seus colegas negros o ajudaram a integrar os sentimentos aparentemente opostos que ele tinha a respeito do ambiente de trabalho:

> Há uma espécie de esquizofrenia no comportamento dos negros nas grandes empresas. Por um lado, eu vivo querendo saber por que todos os caciques são brancos. É assim que eu me sinto quando estou em casa, com meus amigos. Mas, quando vou para o trabalho, eu esqueço essa pergunta. O grupo de empregados fez com que o eu interior e o eu exterior se aproximassem, ficassem mais parecidos um com o outro. Não me sinto mais tão ofendido e nem me mostro ofendido com as pequenas sutilezas que presencio. Quero dar minha opinião, mas não quero ficar marcado de modo que as minhas posições sejam desconsideradas.

A proteção dos administradores mais experientes, que estão em postos superiores, é coisa difícil de conseguir para muitos administradores não-tradicionais, que percebem que os administradores tradicionais simplesmente não se sentem à vontade ao lado deles ou pensam que eles são menos competentes do que os homens brancos. Quando recomendados para alguma posição, eles descobrem que não têm margem para redefinir ou ampliar as tarefas do cargo e nenhuma possibilidade de tomar um curso de ação que não seja de resultado absolutamente garantido. Percebem que é indispensável tomar sempre o caminho seguro para contar com a proteção dos superiores, e isso os obriga a deixar de lado muitas oportunidades de crescer e aprender. Um executivo entrevistado para o nosso estudo acreditava que a sua empresa devia escalar uma pessoa de cor ou uma mulher branca para gerenciar uma nova filial, dando à pessoa cinco anos para fazê-la funcionar e, se o conseguisse, 15% dos lucros. "É assim que se faz com os homens brancos", disse. Mas muitos administradores evitam a possibilidade de fracasso e, com isso, as recompensas potenciais e o aprendizado que acompanham essa possibilidade, porque o fracasso ainda é geralmente atribuído à etnia ou ao sexo do administrador não-tradicional. Uma executiva de recursos humanos nos falou sobre o "racismo e sexismo disfarçados" em sua empresa. "Se um homem comete um engano", disse ela, "isso é atribuído ao indivíduo, não ao sexo. Mas se um administrador negro comete um engano, eles dizem: 'Devíamos tentar um administrador branco da próxima vez.'"

Informação e abertura também são elementos importantes de um sistema de apoio. As redes de suporte e os monitores, quando existem, prestam o utilíssimo serviço de incluir mulheres e pessoas de cor nos canais informais de informação e dar-lhes notícias a respeito das suas capacidades, do seu desempenho, das suas opções de carreira e de como eles são vistos pelos outros. O conhecimento de "como as coisas realmente funcionam" na empresa é algo de que um grande número de administradores não-tradicionais sente falta, como o nosso estudo constatou, mas é-lhes muito difícil chegar às fontes desse conhecimento. Os homens brancos que ocupam posições elevadas em geral não se misturam socialmente com os administradores não-tradicionais, de modo que estes acabam tendo pouquíssimas oportunidades de obter informações por vias não-oficiais. Além disso, os executivos homens e brancos sentem-se pouco à vontade em fazer críticas construtivas sobre o desempenho de mulheres ou de pessoas de cor. Um administrador de recursos humanos nos declarou que o desconhecimento das opiniões alheias limita a capacidade das administradoras de causar a impressão adequada:

> Aqui, os gerentes homens hesitam em identificar abertamente os "pontos fracos" das mulheres. Precisamos de um veículo que dê a elas a possibilidade de conhecer a opinião dos chefes. As mulheres ficam sem saber o que precisam fazer. Elas precisam saber exatamente qual é a imagem que estão apresentando, principalmente quando todos os que as vêem se perguntam: "Será que ela agüenta o tranco?"

As associações de empregados e as redes de empregados não-tradicionais às vezes se constituem em grupos de discussão nas quais todos trocam críticas e avaliações. Mas é preciso abrir outras possibilidades e fontes de informação. Alguns administradores não-tradicionais, dentre os que estudamos, contavam com um ou dois mentores que lhes davam uma avaliação honesta do seu desempenho e informações sobre os planos e problemas da empresa. Para aqueles que não podem contar com a avaliação regular de um mentor, programas externos de treinamento que dêem ênfase às avaliações e à comunicação dessas avaliações talvez ajudem a preencher algumas lacunas.

Para os administradores cujo marido ou mulher tem uma carreira independente, uma das formas de apoio mais importantes é a possibilidade de desenvolver a carreira de forma diferente das que foram usadas no passado. O mesmo vale para os administradores que estão empenhados em incorporar as atividades familiares e de lazer de modo mais firme à sua vida. A exigência de ter de mudar de cidade para progredir em algumas empresas, por exemplo, criou um problema sério para as mulheres e para alguns homens que não querem ficar longe da esposa, têm medo dos maus efeitos da sua ausência sobre os filhos ou não estão dispostos a romper com o seu estilo de vida preferido. Alguns administradores da alta hierarquia estão começando a perceber que a mobilidade talvez não seja assim tão importante para o desenvolvimento, em comparação com outras alternativas, menos dispendiosas e que também ampliam as perspectivas e a rede de administradores. Segundo Kathryn Scovel, na revista *Human Resource Executive*, o custo médio da realocação de um administrador é de cerca de U$40.000. Se o principal benefício é a mudança de ares, o que às vezes ocorre com mudanças não programadas, então as alternativas fazem sentido.

Uma grande organização que examinamos em nosso estudo teve pelo menos um executivo de alto potencial que protestou contra as excessivas exigências de mobilidade. A exigência tradicional de ter de trabalhar em todas as sete regiões modificou-se recentemente; atualmente basta ter experiência em apenas três regiões para se qualificar para postos na alta administração. Modificações como essa podem ajudar as empresas a "enxugar" suas práticas de formação de executivos, ao mesmo tempo em que ajudam os administradores que, por razões pessoais, não querem mudar de cidade.

Algumas das empresas que estudamos já estão se esforçando um pouco mais para ajudar os administradores a encontrar um meio-termo aceitável entre as exigências da carreira e as necessidades familiares, fornecendo recursos para os cuidados com dependentes, licença de maternidade e turnos alternativos de trabalho. Esse tipo de apoio permite às mulheres, em especial, dedicar-se com mais atenção ao trabalho sem descuidar das obrigações domésticas.

Encontrar o Equilíbrio

Vários tipos de desequilíbrio se manifestam no processo de desenvolvimento, em particular no que diz respeito às mulheres e pessoas de cor. O problema mais típico é um excesso de desafios que não é compensado por um grau correspondente de reconhecimento e apoio. Quando isso acontece, a taxa de desistências e demissões tende a crescer muito. Os administradores não-tradicionais que parecem incompetentes, sobrecarregados ou pessimistas, podem, na verdade, estar sendo vítimas de uma estratégia imperfeita de desenvolvimento. A quantidade e a intensidade dos desafios enfrentados por mulheres e pessoas de cor, somadas à falta de reconhecimento e apoio em comparação com os privilégios dos homens brancos, ajuda a explicar por que alguns administradores não-tradicionais sentem um grande alívio quando pedem demissão da empresa para a qual trabalham.

Há outros tipos de desequilíbrio. Quando o nível de reconhecimento excede o nível de desafio, por exemplo, podem surgir a presunção, a displicência ou o sentimento de culpa. Um pomposo título de executivo e um gordo cheque no fim do mês não combinam com um cargo que tem objetivos vagos, pequena influência e poucos recursos. Essa combinação pode ter efeitos debilitantes não apenas sobre o desenvolvimento do indivíduo como também sobre a maneira pela qual os outros vêem a possibilidade de progresso dele.

Os sistemas de apoio que excedem os desafios ou o reconhecimento também podem atrapalhar o processo de desenvolvimento. A interação amistosa com os colegas desacompanhada da participação nos lucros ou de atividades voltadas para o desenvolvimento das capacidades, por exemplo, pode fazer com que a empresa pareça mais um clube social do que uma organização voltada para o desempenho. À medida que os sistemas de apoio vão se abrindo aos administradores não-tradicionais, algumas das dificuldades contextuais que os afligem vão diminuindo; com isso, diminui também a necessidade de reconhecer a existência desses tipos de desafio nas carreiras deles. Uma creche de boa qualidade, por exemplo, permite que os pais se concentrem no desempenho das suas funções sem distrações nem sentimento de culpa; o obstáculo das solicitações conflitantes é um fator a menos a considerar no planejamento ou na avaliação de desempenho. Não deixa de ser conveniente, entretanto, apreciar as capacidades e a energia que os pais desenvolvem ao cuidar dos filhos e educá-los.

Muitas organizações investem somente no desafio para cultivar administradores promissores. Algumas acabam por reconhecer a necessidade de equilibrar os três componentes, mas o efeito dos desafios "ocultos" enfrentados sobretudo por mulheres e pessoas de cor na administração nem sempre é levado em conta. À medida que os desafios crescem, os sistemas de reconhecimento e apoio necessários para manter e alimentar os novos líderes também precisam crescer — até mesmo para as pessoas mais ambiciosas.

Várias empresas que participaram do nosso estudo, líderes nos seus respectivos setores no que diz respeito à promoção da diversidade, estão criando uma estratégia de desenvolvimento mais equilibrada para os administradores. As linhas mestras que resultam da nossa pesquisa explicam de maneira mais detalhada como se pode atingir o equilíbrio. O tempo provavelmente vai mostrar que esse equilíbrio é uma estratégia de desenvolvimento muito mais eficaz para todos os administradores, inclusive os não-tradicionais, que representam uma porção cada vez maior dos talentos disponíveis para as posições de liderança.

As empresas e outras organizações estão precisando desesperadamente de novos líderes. As discussões a respeito da transformação, a mudança de paradigma e do trabalho em equipe também devem levar em conta a realidade das diferenças culturais, dos preconceitos sexuais e raciais e de outros fatores que afetam o modo pelo qual nós desenvolvemos e usamos os talentos de liderança. Com demasiada freqüência, essas questões delicadas passam em branco nos diálogos entre aqueles que se dedicam à mudança. Na nova era que se inicia, elas devem ser encaradas de frente.

5

Uma Experiência de Liderança Iluminada

Ed Oakley

ED OAKLEY é co-autor de *Enlightened Leadership: Getting to the Heart of Change*. Oakley teve grande influência sobre a vida particular e profissional de milhares de pessoas e é o responsável pelo sucesso de inúmeras empresas. Desde 1975, quando assumiu um cargo de gerência na Hewlett-Packard, seu objetivo tem sido o de buscar o que há de melhor nas pessoas. O sucesso que ele obteve no ambiente sempre mutável dessa firma de tecnologia avançada foi devido a uma rara combinação de capacidade gerencial e percepção do comportamento humano.

Inspirados pela busca de descobrir o que há de melhor nas pessoas, Ed e seu sócio Doug Krug fundaram, em 1987, a Enlightened Leadership International, Inc. Essa empresa dedica-se a ajudar as pessoas a harmonizar o coração, o espírito e os sonhos e agir de modo a criar uma empresa na qual haja alegria no trabalho e satisfação com os resultados.

Seu ensaio, escrito em co-autoria com Doug Krug, é baseado no livro publicado pela Simon & Schuster.

Quer se trate de escalar uma montanha ou lutar para atingir o melhor desempenho possível numa empresa, os líderes iluminados são os que se dedicam a descobrir o que há de melhor nos outros. Eles preparam os membros da equipe para compartilhar entre si a liderança, de modo que os outros também possam contribuir quando o caminho se mostrar por demais traiçoeiro, complicado ou difícil para ser aberto por apenas um líder.

No mundo dos negócios, é como se nós passássemos a vida a escalar uma montanha por dia. Mas em recente caminhada através dos ásperos desfiladeiros (*Canyonlands*) de Utah, eu sabia que não estava no escritório. O medo de errar tem um sentido completamente diferente quando você se vê frente a perigos que colocam a sua vida em risco. Essa aventura me fez aprender bastante a meu respeito e me ajudou a aprender muito a respeito de liderança.

De volta à segurança do meu escritório, fui tocado pela importância daquela experiência, especialmente na medida em que ela tinha a ver com a missão da nossa firma, que é a de "encontrar o que há de melhor nas empresas descobrindo o que há de melhor nas pessoas". Três pontos me vieram à cabeça. Primeiro, não é nem justa nem verdadeira a crença de que uma pessoa possa estar preparada para comandar todas as situações que a equipe enfrenta. Segundo, os líderes surgem naturalmente à medida que as situações específicas exigem capacidades e atitudes que eles possuem, mas eles só assumem a liderança quando há encorajamento e liberdade para que isso ocorra. E, terceiro, é preciso criar um ambiente que faça brotar o que há de melhor nas pessoas, encorajando-as assim a desenvolver seus talentos naturais de liderança.

Ao refletir sobre esses pontos, percebi que uma equipe de caminhada tem muitas semelhanças com uma equipe de trabalho. Gostaria de compartilhar com vocês algumas das idéias que tive durante nossa caminhada pelos inóspitos desertos de Utah e comentar sobre como elas se aplicam ao impiedoso mundo dos negócios.

Nenhum Líder é Capaz de Comandar em Toda e Qualquer Situação

Eu estava levando o grupo por uma trilha que ficava cada vez mais estreita quando, de súbito, a trilha se reduziu a uma estreitíssima saliência natural talhada na escarpa do *canyon*, vinte metros acima de um conjunto revolto de rochas pontiagudas. Fiquei paralisado de medo pela perspectiva de ter de caminhar sobre aquele abismo! Eu certamente daria meia-volta se tivesse essa opção. Mas já estava ficando tarde e tínhamos avançado demais; sem as provisões e equipamentos de que precisaríamos para passar a noite ao relento, não poderíamos voltar pelo caminho já percorrido. Nesse momento, dada a situação específica, eu estava assustado demais para poder ser o líder.

Do mesmo modo como cheguei a um limite da minha capacidade de liderança na caminhada, os líderes empresariais às vezes se vêem em situações em que as suas capacidades e o seu grau de confiança não são suficientes para garantir uma boa liderança. Isso pode ser ainda mais comum nos dias de hoje, porque agora as empresas exigem um nível de especialização superior a tudo o que já se conheceu. O lado bom disso é que as soluções para quase todos os desafios que a organização enfrenta podem ser encontradas nos conhecimentos especializados que o pessoal da empresa já tem. Ao ajudar os outros a desenvolver suas capacidades naturais de liderança, o "líder iluminado" prepara a organização para enfrentar todos os desafios que se lhe apresentam.

Na administração tradicional, a liderança era uma questão de autoridade hierárquica. A pessoa com o cargo mais alto assumia o comando e esperava-se que todos os outros agissem de acordo com as instruções dela. Mas essa visão mudou. No ambiente caótico, dinâmico e mutável em que nos encontramos atualmente, ela não funciona. Cada um de nós tem a oportunidade e, quem sabe, a responsabilidade de ser um líder, qualquer que seja o nosso lugar na hierarquia. Nós assumimos a posição de líder todos os dias da nossa vida pessoal e profissional. As perguntas a fazer são as seguintes: que tipo de liderança estamos oferecendo e quem está em melhores condições de comandar em determinada situação?

Um "líder iluminado" é uma pessoa que tem a crença absolutamente firme de que o poder e a eficácia de uma empresa residem nas pessoas que a constituem, e que, por isso, se dedica a extrair o que há de melhor nessas pessoas. Esse líder sabe exatamente quando deve comandar e quando deve seguir alguém a quem ele ajudou a se preparar para ser um líder. Assim como meu grupo de caminhada trocou várias vezes de líder à medida que subíamos pelos desfiladeiros, as empresas de hoje dependem, para crescer, da partilha da liderança e da participação de muitos no processo decisório.

A Liderança, Quando Estimulada, Surge Naturalmente

Só um dos membros do nosso grupo já havia percorrido aquela trilha. Assim, de início, pedimos que ele nos guiasse. É interessante ver como a liderança foi mudando no grupo à medida que a caminhada prosseguia e enfrentávamos diferentes situações.

Cada pessoa do grupo estava atenta e muito ligada a todos os outros, tal como os membros de uma equipe bem afinada estão em sintonia com os demais numa organização empresarial. Enquanto caminhantes, cada um de nós percebia quem se saía melhor em certas situações, quem precisava de ajuda e como a resistência variava de pessoa para pessoa. À medida que as pessoas foram adquirindo confiança e passaram a sentir-se à vontade nas diversas fases da viagem — primeiro a caminhada, depois a escalada, depois as descidas verticais, e assim por diante —, diversos indivíduos se dispuseram a comandar o grupo.

Quando ficou claro que eu não ia caminhar à frente do grupo ao longo daquela estreitíssima passagem, ficou claro também que estava na hora de uma outra pessoa assumir a liderança.

Um homem que estava lá atrás saiu da trilha, agarrando-se ao paredão de pedra que havia abaixo de nós, à esquerda, e conseguiu chegar à frente da fila. Para tanto, ficou colado ao rochedo e tateou em busca de apoios para as mãos e os pés. Surgira um novo líder!

Até então, ele não havia manifestado esse tipo de habilidade e confiança, e assim eu não sabia que ele as possuía. Mas, ao longo do dia e no decorrer de muitas outras experiências em sua vida, ele fora se preparando para um momento como esse. Quando suas habilidades específicas foram necessárias à equipe e ele estava emocionalmente preparado, assumiu espontaneamente o papel de liderança para nos ajudar.

Havia outros membros do grupo que estavam tão apavorados quanto eu à idéia de passar pela saliência do rochedo e que, como eu, pediram ajuda ao novo líder. Ele restabeleceu nossa confiança e ofereceu a orientação necessária para que cada um de nós encontrasse a coragem para passar por sobre o abismo.

Sempre que uma pessoa se dispunha a liderar, como nesse caso, baseada em sua confiança e no desejo de ser a primeira a descobrir um novo território, o restante do grupo naturalmente reconhecia o quanto isso era adequado e seguia de boa vontade a pessoa. Todos nós nos beneficiamos da liderança partilhada, porque o líder sempre servia como um autêntico desbravador — e seu entusiasmo pela trilha era tão contagioso que todos nós nos divertíamos!

Num ambiente empresarial em que as pessoas se sentem fortalecidas, elas sentem essa mesma vontade de liderar. Quando uma equipe é estimulada a buscar suas próprias respostas a uma questão e os membros aceitam a responsabilidade de dar o melhor de si a todo momento, os indivíduos ficam preparados para liderar quando surge a necessidade.

Criar um Ambiente que Faz Brotar o Melhor de Cada Um

Durante uma outra parte da caminhada, eu fui o primeiro a descer uma rampa rochosa muito íngreme. Consegui fazer isso com muito menos dificuldade do que imaginara e quis ensinar aos que vinham atrás como fazê-lo. As primeiras pessoas reagiram bem às minhas instruções; mas, quando uma mulher que já tinha tido problemas com situações mais fáceis ficou paralisada na alto da rampa, eu perdi a paciência.

— Venha — disse eu —, basta fazer como eu estou dizendo.

— Espere um pouco — respondeu a mulher. — Preciso fazer isso sozinha!

Então fiquei a observar, espantado, enquanto a mulher seguia uma rota totalmente diferente da que eu indicara. Com muita facilidade, ela chegou embaixo em menos de um minuto, radiante de satisfação e confiança por ter percorrido seu próprio caminho.

Pensei a respeito disso por alguns momentos, lembrando de ocasiões no passado em que eu quisera fazer algo a meu modo, mas fora forçado a agir segundo as instruções do chefe. Essas experiências tinham sido muito desgastantes para mim e tinham limitado a minha energia, reduzido o meu entusiasmo e cortado a possibilidade de que eu desse o melhor de mim no trabalho. Essa situação me foi útil, pois me ensinou a parar de tratar as pessoas que estavam descendo a rampa como autômatos teleguiados. Para os que vieram em seguida eu desempenhei o papel de técnico, apontando os melhores pontos para apoiar os pés e as mãos, pontos que outras pessoas que haviam passado por ali já haviam descoberto. Cada um deles tomou uma rota um pouco diferente e chegou ao solo com uma sensação de realização pessoal por ter dominado essa parte do trajeto por seu próprio mérito.

Foi uma lição e tanto: ajudar as pessoas a encontrar o seu caminho é muito melhor do que dizer-lhes por onde andar! Essa, com certeza, não foi a primeira vez em que me dei conta do fato de que cada pessoa quer e gosta de fazer as coisas a seu modo. Mas essa situação da vida real foi um exemplo tão poderoso de o quanto as pessoas querem ter controle sobre a própria vida que foi como se eu percebesse esse fato pela primeira vez.

Quando penso nessa expedição pelo Utah, percebo que ela me deu uma idéia mais firme do serviço que eu presto às empresas. Ela reforçou o meu conceito de que um líder iluminado não apenas ajuda a revelar o que há de melhor nas pessoas, mas precisa também saber quando ficar de lado e deixar que as pessoas exercitem as habilidades que vêm desenvolvendo.

As pessoas não gostam de que alguém lhes diga o que fazer, mas abraçam de corpo e alma as próprias idéias. Compreendendo isso, os líderes iluminados abrem mão da necessidade — necessidade do seu próprio ego — de ter todas as respostas e deixam que as pessoas apliquem suas *próprias* idéias, desde que estejam de acordo com uma visão compartilhada por todos. Para ajudar as pessoas a ter acesso a tais idéias, use o método das "perguntas eficazes", que criam um ambiente acolhedor e tolerante no qual os membros da equipe aprendem a cumprir suas responsabilidades com um mínimo de orientação.

Os líderes iluminados sabem quando guiar as pessoas e quando deixar que elas sigam seus próprios caminhos.

Sendo o primeiro a descer uma determinada trilha, o líder iluminado enfrenta os desafios que a sua equipe logo irá encontrar. Com base nessas experiências, ele pode discutir com os que o seguem qual a rota que eles julgam a mais adequada para chegar a um certo destino. O juízo quanto a isso, porém, é muito pessoal. A melhor rota para o líder pode não ser a melhor rota para todos e cada um dos indivíduos que compõem a equipe. Para ser verdadeiramente eficiente, o líder deve se pôr como um modelo, mas não pode insistir em que os membros da equipe façam tudo exatamente como ele. Isso seria negar o valor da capacitação pessoal.

O dever dos líderes iluminados é o de criar um ambiente propício ao desenvolvimento das capacidades naturais de liderança de cada pessoa, ambiente que permita a cada um encontrar suas próprias respostas a uma determinada questão. Ao evidenciar todas as dimensões de um desafio e propor mais perguntas do que respostas quanto ao modo de enfrentá-lo, os líderes iluminados encorajam os outros a descobrir a solução que melhor combina com seus talentos: *a descobrir sua melhor maneira de descer a montanha.*

Subir uma Montanha por Dia

A imagem que Doug Krug e eu escolhemos para a sobrecapa do nosso livro *Enlightened Leadership: Getting to the Heart of Change* é a silhueta de dois alpinistas recortada contra o sol brilhante ao fundo. O alpinista que está acima estende a mão para ajudar o que está abaixo dele. Embora não tenhamos nenhuma fascinação especial pelo alpinismo, essa imagem é uma verdadeira inspiração para nós. Parece haver uma semelhança espiritual entre as pessoas que tentam escalar um pico majestoso e as que tentam renovar uma instituição. As estratégias práticas de desenvolvimento pessoal e profissional que nós propusemos e os papéis que atribuímos ao líder do futuro que há em todos nós se aplicam tanto aos empregados e dirigentes de uma megaempresa quanto a alpinistas numa montanha.

No mundo desolado e hostil da concorrência global, que é o mundo cotidiano em que vivem muitas empresas, não se pode querer que uma única pessoa seja capaz de comandar da melhor maneira possível em toda e qualquer situação. Os caminhos para o sucesso são muito difíceis de encontrar e ainda mais difíceis de percorrer. Eles nos conduzem a picos inesperados, onde o medo das alturas pode paralisar a escalada, e também a vales cuja extensão interminável nos rouba o tempo e a energia necessários para a concretização de nosso objetivo principal. É preciso formar toda uma equipe de desbravadores capacitados, de modo que sempre haja *alguém* preparado para nos guiar cuidadosamente por sobre os picos e rapidamente através dos vales.

Seja caminhando na natureza virgem ou implementando um projeto de controle de qualidade, o líder iluminado cria um ambiente que estimula as capacidades naturais de liderança de cada pessoa. Ele cria relacionamentos abertos, cuja base é a confiança; estimula a interdependência entre os membros da equipe, fundamentada nas capacidades dos membros; cria relacionamentos de apoio, que compensam as fraquezas individuais dos membros; permite, enfim, que uma equipe conquiste uma montanha ou vença um desafio monumental no mundo dos negócios. O fato de ajudar a cada um dos membros da equipe a fazer desabrochar as próprias capacitações dá ao líder iluminado um sem-número de respostas a uma pergunta que todos se fazem, seja numa montanha ou não: como atingir os objetivos que nos inspiram?

6

Os Problemas de Liderança nas Empresas Técnico-Científicas

Peter K. Krembs

PETER K. KREMBS trabalha, desde 1982, como consultor independente em desenvolvimento de recursos humanos. Pós-graduou-se em comunicação e psicologia industrial na Universidade de Minnesota. Foi especialista em desenvolvimento organizacional na Honeywell e mais tarde vice-presidente e sócio da McLagan International, empresa de consultoria em desenvolvimento de recursos humanos sediada em Twin Cities.

Krembs especializou-se em dar consultoria a empresas do setor científico e tecnológico; criou e administrou pequenos cursos de desenvolvimento de liderança para administradores da área técnica na Bell Labs, Cray Research, na Digital Equipment Corporation e na Hewlett-Packard Company. Além disso, desenvolveu programas para os departamentos de informática da IDS, da GE e da General Mills.

Krembs é membro do corpo docente do Curso de Desenvolvimento da Liderança estabelecido pela GE para suas filiais na Europa, na Ásia e nos Estados Unidos. É o autor de *The Technical Manager*, curso em vídeo publicado pela Addison-Wesley, e co-autor de *On the Level*, livro para administradores sobre como obter dos empregados informações sobre o próprio desempenho.

O gerente geral de uma empresa de pesquisa e desenvolvimento com quatro mil empregados examinava os resultados de uma pesquisa sobre o seu próprio desempenho feita com o grupo de gerentes que lhe estavam diretamente subordinados. Os comentários davam a entender que ele, doutor em química, responsável por uma série de patentes registradas pela companhia, mais de vinte e oito anos de serviço, estava demasiadamente envolvido com os detalhes do trabalho de laboratório e não dedicava tempo suficiente a gerir e comandar a empresa.

— Eu me envolvo nos projetos aos quais tenho algo a acrescentar. Não seria uma grande perda se eu guardasse o meu conhecimento só para mim? Será que devo desperdiçar minha experiência? — lamentou-se o químico.

— Tudo depende de com que você quer contribuir, e de que modo — disse-lhe um amigo. — A empresa não precisa só de técnicos especializados, mas também de líderes.

Ele balançou a cabeça, decepcionado. Não compreendia por que a sua equipe de gerentes não via as coisas como ele. Fracassaram, por fim, todas as tentativas de ajudá-lo a compreender o quão prejudicial era o fato de ele não se dispor a discutir estratégias comerciais ou criar uma visão que motivasse toda a empresa.

Essa história é muito comum. Um técnico brilhante cujas idéias dão origem a um novo empreendimento é alçado a contragosto a um cargo cuja função é comandar outras pessoas de talento atraídas pela empresa em crescimento. Então, a pessoa não percebe que o seu excessivo envolvimento nos detalhes técnicos pode estar privando outros profissionais da área técnica da oportunidade de criar. Ao fim e ao cabo, a empresa inteira fica com a impressão de que não há ninguém segurando o timão do navio. Nas organizações grandes e bem-estabelecidas, muitos dos melhores e mais inventivos profissionais que acabam sendo promovidos devido a sua enorme capacidade técnica, ou porque são os mais experientes, se frustram com a transição para um papel de liderança. Eles gostariam de retomar o trabalho conhecido, concreto e especializado que eles executam tão bem e fazem da liderança e da administração uma responsabilidade menor, subalterna, da qual eles só se encarregam quando isso se faz absolutamente necessário.

Quando há muitos níveis de administração numa empresa, o chefe do projeto ou o gerente técnico de primeiro escalão pode trabalhar mais como um técnico especialista e deixar que um administrador de alto nível integre e conduza o grupo maior. Essa estratégia, entretanto, está rapidamente perdendo a credibilidade. A reestruturação e o corte de pessoal nas empresas está eliminando a redundância nos cargos gerenciais e, portanto, aumentando a vulnerabilidade da empresa à falta de liderança.

O "Lado Sombrio" da Tática dos Dois Caminhos

Segundo uma certa opinião, deve-se deixar que alguns técnicos façam aquilo que fazem de melhor, sem forçá-los a assumir funções de liderança ou administração. Muitas empresas técnico-científicas, com base nesse raciocínio, adotaram o conceito de "duas carreiras". A idéia consiste em, por um lado, defrontar os técnicos com uma série de tarefas técnicas cada vez mais difíceis, e, por outro, encorajar as pessoas capazes e interessadas na liderança e no trabalho gerencial a seguir o caminho da carreira administrativa.

É verdade que não convém forçar uma pessoa a ocupar um cargo que ela não quer nem está preparada para ocupar; por outro lado, a idéia de que existem dois caminhos para seguir carreira na empresa consagra um mito perigoso a respeito da natureza do trabalho empresarial: o mito de que no mundo existem dois tipos de trabalho, um técnico e o outro administrativo. A verdade é que os bons líderes e gerentes precisam ter um conhecimento técnico suficiente para serem capazes de integrar o trabalho e estabelecer as prioridades adequadas. Seu conhecimento deve habilitá-los a fazer as perguntas certas e obter o respeito dos técnicos da equipe de trabalho pelo seu discernimento e suas intervenções. Do mesmo modo, os técnicos especialistas podem até fugir do título de gerente, mas não podem escapar do fato de que, à medida que se tornam mais experientes e vão se envolvendo em projetos mais significativos, a capacidade de comandar e coordenar uma equipe torna-se necessária para modelar bem o esforço e produzir resultados.

A idéia de que o trabalho *ou* é técnico *ou* é administrativo gera uma mentalidade do tipo "nós contra eles". O resultado inevitável dessa divisão é que os membros de cada uma dessas duas categorias verão a si próprios como superiores ou mais importantes do que os da outra categoria. Esse costume pode levar a um desastroso desperdício de tempo e energia.

As mudanças ocorridas no mundo empresarial tornaram anacrônica a dicotomia entre técnica e administração. Hoje em dia, as empresas tendem a não se organizar mais em torno de grupos verticais de especialidades funcionais, mas estão assumindo estruturas mais planas de organização, centradas nas relações laterais de trabalho. Isso significa que a distinção entre os cargos não é mais tão nítida. Não é possível refugiar-se num papel puramente técnico enquanto o gerente administrativo funciona como um amortecedor ou "colchão de ar". Os técnicos especialistas têm de ser membros influentes da equipe de projeto. Os administradores não podem se dar ao luxo de não conhecer os detalhes do trabalho, pois a configuração da equipe tem de estar sempre mudando, e muito rapidamente. Da mesma forma que as fronteiras da empresa tornam-se mais permeáveis, o mesmo ocorre com as fronteiras que definem os cargos.

Sempre haverá alguns cargos técnicos do tipo "guru", nos quais o cientista ou inventor poderá trabalhar num ambiente concentrado e sem ser interrompido. Mas grande parte dos técnicos e profissionais especializados que foram atraídos por cargos que prometiam independência e concentração terão de mudar significativamente a forma de encarar seu trabalho. Se a empresa pretende que a liderança dentro dela vá se deslocando pelas diferentes áreas de especialização segundo as diversas situações, então os profissionais técnicos precisam ser capazes de dividir equilibradamente a sua energia entre o trabalho técnico-científico e a responsabilidade de se relacionar com os outros e influenciá-los.

Independência e Concentração

O fato de ser um especialista do setor técnico-científico não significa necessariamente que o indivíduo seja um solitário incapaz de trabalhar junto com os outros. Muitas pessoas que se consideram técnicos especialistas de nível superior já participavam com sucesso de equipes de trabalho e conseguiram exercer um papel de liderança. Ao mesmo tempo, há também muita gente que há anos vem buscando o desenvolvimento profissional seguindo a crença de que o seu valor e a sua capacidade de contribuir dependem quase exclusivamente da singularidade do seu conhecimento e das suas habilidades numa determinada área de especialização. É essa maneira de pensar que gera na pessoa a necessidade de ser reconhecida mais pelas realizações individuais do que pelas do grupo e a atrai para os cargos que prometem uma responsabilidade independente.

Ed tem pouco mais de sessenta anos e se aposentou há pouco tempo, concluindo carreira de trinta e nove anos numa grande empresa do setor militar. Um novo vizinho perguntou-lhe o que ele fazia na empresa, e Ed respondeu que era técnico de nível superior. O vizinho continuou fazendo perguntas e por fim descobriu que, quando Ed se aposentou, ele era o gerente geral de todo um departamento técnico, tendo abaixo dele diversos escalões de gerentes. Já fazia mais de vinte e cinco anos que Ed não se dedicava por si mesmo a nenhum trabalho de natureza técnica, mas no entanto ele preferia se identificar como um técnico. Talvez esse incidente reflita a necessidade que Ed tem de um rótulo conveniente para apor a si mesmo em certas situações sociais. Por outro lado, pode ser um retrato de como ele se enxergava e do que para ele era mais importante em suas realizações.

O grau em que um técnico de nível superior é motivado pela necessidade de conquista pessoal determina o quão difícil vai ser para ele tornar-se um líder numa organização homogênea. David McClelland e seus colegas criaram um modelo bem útil para compreender a mentalidade de conquista individual. Eis alguns pensamentos que o "grande realizador" dirige de si para si:

Lute para ser o melhor em tudo o que você faz.

A vontade de destacar-se como melhor do que os outros determina automaticamente uma tendência muito mais competitiva do que cooperativa. O grande realizador está sempre verificando se ele é bom o bastante para ser o melhor, e o único padrão de medida é a comparação com outros indivíduos considerados os mais destacados em suas áreas de especialização. A necessidade de se superar, não apenas a de fazer um bom trabalho, leva à necessidade de comparar-se constantemente com os outros na busca de ser o melhor.

Sempre se julgue pelos seus próprios padrões de excelência.

Os grandes realizadores são, em geral, muito mais exigentes consigo mesmos do que com os outros quando se trata de avaliar realizações. Do ponto de vista da pessoa motivada pela realização, você não será jamais o melhor se não fixar padrões elevados para si próprio. Um estudante que tem um resultado de 95% numa prova será elogiado por ter obtido a nota mais alta da classe, mas pode ainda assim ficar decepcionado por ter errado os 5% e, por isso, desdenhar os elogios. A crença de que os próprios padrões devem ser os mais severos leva a pessoa a trabalhar mais e a aprender mais. Mas propicia também a formulação de juízos negativos sobre outras pessoas que, sob o ponto de vista do grande realizador, contentam-se com a mediocridade.

Procure ser individualmente criativo e inventivo.

Um caminho para chegar a ser o melhor é fazer algo que ninguém jamais fez. O conhecimento e a combinação única de habilidades necessárias para criar ou inventar são motivo suficiente para que o indivíduo seja reconhecido e prova de que a pessoa é muito superior às outras. Mas o fato de trabalhar sozinho é elemento essencial dessa honraria. É esta parte do processo que pode levar o indivíduo a sentir-se "dono" de certas idéias e a guardá-las para si. O medo do grande realizador individual é o de que o trabalho em conjunto o impeça de pôr à prova as suas próprias capacidades.

Há nisso um paradoxo: ao mesmo tempo em que a motivação da conquista individual pode ser elemento fundamental de uma inovação bem-sucedida, torna-se também uma espécie de corpo estranho que frustra o esforço da equipe e o sucesso global da empresa. Nossa cultura sempre valorizou a excelência individual, a iniciativa e o indivíduo que traça os próprios caminhos. Sem deixar de reconhecer o valor dessa perspectiva, temos de notar que ela é também a razão pela qual alguns têm dificuldade para trabalhar em equipe e até mesmo para comandar outras pessoas. Isso explica por que algumas pessoas que são alçadas ao papel de líder tornam-se competidoras, e não mentoras, dos seus subordinados.

Um exemplo disso é a equipe administrativa de um laboratório médico com quatrocentos funcionários. Cada administrador teve muitos anos de experiência no laboratório e alguns são nacionalmente conhecidos por seu trabalho. Dentro de cada departamento técnico, os administradores trabalham como técnicos profissionais de ponta que lidam com os problemas mais difíceis, apesar de haver excelentes pesquisadores e técnicos de laboratório altamente especializados e experientes em todas as áreas. O grupo de administradores participa com muita relutância de reuniões administrativas semanais; muitos deles passam as reuniões sem dizer palavra, num protesto silencioso. Enquanto isso, a empresa perde dinheiro, em geral porque os departamentos não se informam mutuamente das decisões que, tomadas dentro de uma área, afetam as outras áreas, à medida que o trabalho vai passando de função em função. Proibido de fazer novas contratações numa época em que a carga de trabalho aumentou, o diretor pediu aos administradores que partilhassem seus recursos, e os administradores tentaram desenvolver um plano. Os conflitos que se seguiram fizeram com que muitos deles perdessem a amizade que tinham entre si. O trabalho dessa empresa é diretamente responsável por salvar muitas vidas todos os dias. Como uma coisa daquelas pôde acontecer numa organização profissional com tão marcante visão coletiva? Aparentemente, a necessidade de proteger os domínios individuais de especialização e conservar o direito de tomar decisões autônomas era vista por alguns como mais importante do que as metas globais do laboratório.

É importante valorizar a excelência individual, os padrões elevados e a inventividade. Não se pode esquecer que muitas pessoas têm grande necessidade de conquista pessoal. É preciso, porém, ter a capacidade de perceber quando a excelência, o rigor de avaliação e a inventividade devem deixar de ser metas individuais para tornar-se metas de uma equipe ou mesmo da empresa inteira. Será tarefa da liderança em todos os níveis da organização ajudar as pessoas a perceber essa necessidade e mantê-las conscientes disso enquanto fazem seu trabalho.

O Panorama em Transformação

A visão do que serão as empresas no futuro, baseada nas tendências de hoje, seria considerada ridícula há menos de uma década. Na empresa "virtual" — nome decalcado de uma analogia com a tecnologia de realidade virtual — não se elaboram mais organogramas. A estrutura é vista como ilusória. Os indivíduos contribuem com suas especializações e experiências para um verdadeiro caleidoscópio de equipes de trabalho que se formam e logo em seguida se dissolvem, à medida que as necessidades do consumidor vão sendo identificadas e atendidas. Não há distinção entre consumidor interno e externo, porque até mesmo essa fronteira foi abolida. As pessoas assumem papéis de liderança ou compartilham da responsabilidade da liderança porque isso é necessário para o bom andamento do projeto, e não porque têm um título que garante o direito permanente de comandar.

Muitas empresas ainda hoje se estruturam segundo a forma tradicional, mas a tendência aponta definitivamente para a horizontalização das organizações e a "porosidade" dos limites funcionais. Antes, para que os pesquisadores, projetistas e engenheiros de produção desenvolvessem uma determinada idéia e a transformassem num produto, cada grupo fazia a "sua parte" em seqüência e por ordem. A comunicação se dirigia para cima e para baixo na hierarquia; gastava-se mais energia em subir e descer escadas do que em estabelecer uma interdependência entre os diversos especialistas que trabalhavam para o desenvolvimento do produto.

Hoje em dia, esse esquema empresarial parece absurdo. A maioria das grandes empresas está preferindo formar equipes interfuncionais voltadas para o desenvolvimento de um determinado produto desde as primeiras etapas do ciclo de criação, integrando os especialistas em pesquisas e desenvolvimento com os que compreendem as necessidades do consumidor e os que conhecem a melhor maneira de manufaturar o produto. Esse modo de trabalhar ajuda o grupo a economizar tempo e dinheiro e a melhorar a qualidade, pois muitas das exigências que antes só eram levadas em conta nas partes finais do ciclo de desenvolvimento do produto já são hoje embutidas e antevistas no projeto original.

De fato, a "reengenharia" das empresas para que elas trabalhem com maior rapidez e eficiência está forjando visões maravilhosas. O hiato entre o conceito e a realidade, entretanto, às vezes deixa um pouco a desejar. Para um projetista que gosta de desenvolver suas próprias idéias técnicas, por exemplo, o fato de ter pessoas de outras áreas de especialização lhe dizendo o que pensam que deve ser feito pode parecer uma ameaça à autonomia e à liberdade de criação. O tempo exigido para resolver as diferenças entre os membros de uma equipe de produção pode ser visto como um desperdício de energia — energia que seria preciosa e indispensável para o progresso individual na geração de uma idéia, para a solução de problemas técnicos ou a finalização de uma tarefa individual. Quando a pessoa vai poder se dedicar a aprofundar a própria especialização se passa a maior parte do tempo tentando compreender o que os outros pensam? Do ponto de vista do técnico especialista, as tendências organizativas segundo as quais as empresas vêm se moldando não são uma visão inspiradora, mas uma espécie de pesadelo.

Tome, por exemplo, o caso de Susan, técnica em materiais que, depois de trabalhar durante apenas dois anos num laboratório de pesquisas, fez uma descoberta que tem grande potencial comercial. Em outros tempos, o gerente do laboratório faria contato com outro departamento, o qual tomaria a cargo a tarefa de desenvolver um produto a partir da idéia. Mas a antiga estrutura não existe mais, e atribuiu-se a Susan a tarefa de chefiar uma nova equipe de desenvolvimento de produto.

De um lado, a chefia da equipe dá a Susan a oportunidade de não perder a sua idéia de vista e ajudar a determinar o modo pelo qual ela será aproveitada nos produtos da empresa. É, além disso, o reconhecimento da importância e da qualidade do seu trabalho. Susan fica em dúvida, porém, quando percebe que ser uma especialista e comandar uma equipe de produção são duas tarefas bastante diferentes. O papel do técnico em materiais é um território conhecido, no qual ela habitualmente passa de cinqüenta a sessenta horas por semana. Ser líder, por outro lado, é uma tarefa meio obscura e imprevisível.

Ela conversou com outras pessoas que já haviam assumido esse tipo de responsabilidade e elas reclamaram da necessidade de fazer duas ou mais coisas ao mesmo tempo, da tensão e da frustração de ser pressionado por um monte de gente, cada qual querendo uma coisa. A maior de todas as preocupações, entretanto, é a sensação que Susan tem de que irá perder o pé como cientista pelo fato de ficar longe do laboratório por muito tempo. Este é o momento em que ela mais tem necessidade de apoio e orientação. A escolha entre o comando e o cargo técnico não só não a alivia como também não supre as necessidades da empresa. O que ajudaria tanto a Susan quanto à companhia seria um exame de como ela poderia equilibrar seu conhecimento especializado com a responsabilidade de liderança.

Como Susan, também outras pessoas motivadas pela necessidade de realização individual e pelo desejo de atingir uma grande profundidade técnica ou profissional numa determinada especialidade podem ser perturbadas pela mudança do panorama estrutural das empresas. As pessoas que já detêm posições de liderança têm a tarefa de ajudar os especialistas importantes a remodelar sua maneira de ver a liderança e a se preparar para ela.

Como Vencer o Desafio

A história de Susan não acaba aí. Ela decidiu aceitar o papel de líder da equipe de desenvolvimento do produto. A experiência não foi tão frustrante quanto ela imaginou. É verdade que houve alguns dias bem tumultuados, em que ela teve de se dedicar a diversas coisas diferentes, mas houve também os dias em que soluções geniais surgiram em função do trabalho árduo da equipe. Embora tivesse de reduzir suas horas no laboratório, ela tem a opção de voltar a se concentrar nas pesquisas assim que acabar o trabalho da equipe de produção. A maior surpresa dessa experiência é que as novas perspectivas com que Susan entrou em contato deram-lhe algumas idéias que ela pretende pesquisar no laboratório.

Para que as empresas de fato possam assumir uma estrutura organizativa mais horizontal e homogênea, cada pessoa que trabalha nelas terá de mudar o seu modo pessoal de encarar o trabalho. As pessoas precisam aprender a ajudar umas às outras e a remodelar seus papéis à medida que vão cuidando das suas tarefas.

Uma das dificuldades é não opor o interesse pela realização pessoal e a especialização técnica ou profissional aos requisitos do verdadeiro líder. Talvez as escolas, os cursos técnicos e profissionalizantes e as universidades devam passar a divulgar essa imagem do especialista eficiente que tenha ao mesmo tempo o amor pela excelência pessoal e o desejo de voltar-se para fora, para organizar e influenciar os que o rodeiam. Ao longo da sua formação educacional, as pessoas formam uma idéia de como elas podem dar algo de si ao mundo; essa idéia molda as expectativas que os estudantes têm quando terminam a educação formal e assumem responsabilidades no trabalho e na vida pessoal. A mensagem mudaria de "seja o melhor que você puder e seja melhor que todos os outros naquilo que você faz" para "seja o melhor que você puder e integre seu conhecimento com o de outras pessoas, que possuem pedaços diferentes do grande quebra-cabeças que precisamos montar todos juntos". Isso não é algo a ser simplesmente dito pelo professor. A mudança de filosofia precisa se refletir na forma pela qual os problemas são apresentados aos estudantes e no modo pelo qual estes são avaliados de acordo com as respostas que dão a esses problemas.

Hoje em dia, os alunos saem das faculdades técnico-científicas com a convicção de que, ao ingressar no primeiro emprego, alguém lhes entregará um problema já estruturado, talhado segundo o seu conhecimento específico, e para o qual existe uma única resposta que eles podem descobrir por conta própria e pela qual receberão nota dez. A realidade é bem diferente. Os problemas no trabalho são totalmente não-estruturados. À medida que as organizações técnico-científicas vão enfrentando problemas de complexidade cada vez maior, eles não podem se estruturar sem a contribuição de técnicos projetistas, de analistas financeiros, de engenheiros de produção e, além de tudo, sem o ponto de vista do cliente. Ademais, quase sempre há diversas soluções com seus prós e seus contras, nenhuma das quais é perfeita. Isso significa que a pessoa precisa ser capaz de examinar a fundo cada opção e discutir todas as suas conseqüências, de modo que a solução ótima seja formulada e escolhida.

Se os estudantes não aprendem isso durante sua educação formal, então cabe às empresas ajudar os técnicos recém-contratados a perceber que, além da exigência de que eles utilizem e aprimorem seus conhecimentos individuais, tem-se também como certo que eles vão colaborar para a integração dos esforços de pessoas com diferentes especializações e pontos de vista. O desempenho individual de fato é importante. Mas, na maioria das empresas, essa é a única exigência que se faz aos novos empregados na área técnico-científica. Além disso, é só o aspecto mais primário do desempenho que é avaliado e recompensado. Em lugar de dar a impressão de só exigir um nível de desempenho — a execução individual de uma tarefa —, a empresa poderia informar aos empregados recém-admitidos que ela exige um bom desempenho em três áreas ou categorias: a realização individual (o que você faz por você mesmo), o modo de estruturar os problemas e integrar as contribuições de outras pessoas para chegar a certos resultados (administração do trabalho) e a capacidade de se comunicar a respeito do quadro mais amplo e motivar outros a abraçar um certo objetivo (liderança).

Uma vez assumida a idéia de que até mesmo um especialista inicialmente tem o direito e o dever de contribuir para a liderança da empresa, o segundo desafio é o de formular uma idéia referencial sobre o que seja a liderança naquele nível. Quando as pessoas falam a respeito da liderança numa empresa, há dois fenômenos muito interessantes que contribuem para gerar confusão a respeito desse conceito. Primeiro, as pessoas geralmente mudam a noção que têm de liderança de acordo com a qualidade que elas entendem como a mais necessária para enfrentar a situação que está em pauta. Segundo, quando querem dar uma metáfora da boa liderança, elas tendem a citar como exemplo as ações de uma pessoa, o que dá a impressão de que há sempre um que comanda e outros que o seguem.

Definição de Liderança

Quando a moral está baixa, o líder eficaz é definido como aquele que é capaz de inspirar a todos. Quando a empresa está numa encruzilhada, define-se o líder como aquele que toma as decisões difíceis. Quando a concorrência acaba de lançar um produto um ano antes de você, o líder eficaz é a pessoa que encoraja todos a correr riscos para atingir uma velocidade sobre-humana. Parece que o conceito de liderança é uma tela gigantesca na qual as pessoas projetam aquilo que mais as preocupa no momento; e existe por trás disso a crença de que nós precisamos de alguém que personifique essa preocupação e que nos conduza.

Esse modo de falar a respeito de liderança é muito confuso e torna difícil para o indivíduo traduzir a mensagem em algo que ele possa tentar praticar constantemente. Além do mais, ele reforça a idéia de que a liderança é uma função à parte que uma única pessoa exerce sobre as outras, em lugar de apoiar a visão de que a liderança é uma questão sistêmica que só se viabiliza quando muitas pessoas desempenham o seu papel.

Existe uma forma alternativa de falar sobre a liderança. Segundo essa outra formulação, há algumas coisas que as pessoas podem fazer sempre que trabalham em conjunto a fim de contribuir para que o grupo inteiro tenha uma experiência de liderança. Uma dessas coisas é ter a capacidade e o desejo de enxergar não só os detalhes como também o quadro mais amplo. Outra coisa é ter a capacidade e o desejo de buscar e dar prioridade à base ou aos objetivos comuns que as pessoas têm quando se esforçam para atingir determinado resultado e à medida que se dedicam ao árduo processo de descobrir e resolver as diferenças. Em vez de haver uma única pessoa responsável por liderar os outros, por que não tentar fazer com que todos se tornem não apenas colaboradores individuais, mas também responsáveis pela liderança do grupo no qual trabalham? É mais difícil fazer as pessoas entenderem liderança dessa maneira, pois ela vai contra o modo pelo qual nós normalmente nos referimos ao conceito de liderança.

O desafio final é o de ajudar as pessoas a aprender não apenas as habilidades associadas ao trabalho, ao gerenciamento e ao comando, mas também a "metacapacidade" de saber equilibrar essas três áreas de atenção e mover-se livremente entre os três tipos de contribuição. Para isso é preciso "sair" do próprio cargo e descobrir o que é necessário, em vez de simplesmente avançar com uma visão única e inflexível da situação. Quando uma pessoa não é capaz de liderar um grupo por estar extremamente presa aos detalhes, a percepção do que está acontecendo ajuda os outros a dizê-lo em alto e bom som. A pessoa concentrada nos detalhes pode então apoiar conscientemente e confiar na capacidade de liderança dos outros membros do grupo para, dessa forma, ajudar a equipe a atingir os objetivos desejados.

Como em qualquer discussão acerca da necessidade de mudança, é mais fácil falar sobre o que deve ser feito do que fazê-lo propriamente. Em lugar de pensar no que exatamente se deve fazer, talvez o melhor seja começar a formular essas idéias — como, enfim, um técnico especializado pode contribuir para a liderança de um grupo ou até mesmo de toda uma empresa — procurando uni-las num conjunto. O desafio a ser enfrentado por cada um é o de não ver esses dois modos de ser como mutuamente exclusivos, mas vislumbrar o modo pelo qual os dois tipos de contribuição podem se integrar. Quanto menos essas duas noções forem separadas na fala, tanto mais crível será a idéia de que a especialização técnica e a liderança eficaz se combinam de modo natural.

7

Liderança por Equipe de Executivos

Charles F. Kiefer

CHARLES F. KIEFER é fundador e presidente da Innovation Associates, Inc., firma de consultoria e treinamento especializada em habilitar as empresas a criar ativamente o próprio futuro. Ajudou inúmeros clientes a melhorar sua eficiência organizativa com novas estratégias de alto desempenho, aprendizagem e criatividade. Atualmente, sua firma desenvolve projetos com a Gillette, a Inland Steel, a Procter & Gamble, a Sematech e o Norwest Bank, entre outros.

Kiefer, junto com Peter Senge e Robert Fritz, foi um dos criadores do programa Leadership & Mastery, que se tornou um dos mais conhecidos cursos de formação para a liderança dirigidos aos executivos de alto escalão nos Estados Unidos. Formado pelo Massachusetts Institute of Technology em física e administração, Kiefer ocupou cargos administrativos e de pesquisa no próprio MIT e, além disso, integrou e equipe de assessoria administrativa do Senado dos Estados Unidos. Já deu inúmeras palestras e assinou diversos artigos para a *Fortune*, a *Industry Week* e várias outras revistas da indústrias e comércio.

Este ensaio é adaptação de um artigo escrito para o *The Fifth Discipline Fieldbook,* publicado este ano pela Doubleday/Currency.

Ao longo dos últimos quinze anos, as empresas ficaram mais interessadas em estimular as equipes de trabalho de alta patente. Muitas organizações estão operando mudanças significativas nos seus níveis hierárquicos mais elevados. Embora a imprensa e Wall Street continuem dando toda a importância aos grandes diretores-executivos de personalidade heróica, essas organizações estão rejeitando o modelo de liderança baseado no "grande indivíduo" e cultivando a idéia da liderança por uma *equipe* de executivos. Essa nova liderança às vezes se formaliza em estruturas como o "Gabinete do Presidente" ou

"Gabinete do Diretor-Executivo". O "gabinete", na verdade, é uma equipe decisória composta por quatro a nove pessoas. Na General Electric, por exemplo, o miolo da empresa é o "Gabinete do Diretor-Executivo", formado por Jack Welch e seus três principais vice-presidentes. Estruturas semelhantes foram implantadas na Electronic Data Systems, na Dayton-Hudson e na Polaroid, para citar só algumas.

Mesmo quando uma equipe de executivos não é formalmente constituída dessa maneira, a pessoa que ocupa o topo da pirâmide quase nunca é o único líder. Na maioria das vezes o que se vê é um grupo de pessoas com a mesma responsabilidade e atribuições claramente definidas, que formulam juntas as estratégias, tomam decisões por consenso, coordenam a implementação dos projetos e, em geral, desempenham muitas, se não todas, as funções até então desempenhadas pelo Diretor-Executivo. Por meio dessa "liderança por equipe de executivos", essas empresas buscam uma forma de aproveitar plenamente os talentos e a inteligência dos funcionários mais graduados.

Há pelo menos duas boas razões pelas quais a liderança por equipe de executivos está em ascensão. Em primeiro lugar, os problemas que nossas empresas enfrentam hoje em dia são extremamente complexos e em geral têm significativas repercussões políticas dentro da própria empresa. Os assuntos mais difíceis que uma equipe de executivos enfrenta são, com freqüência, multidisciplinares ou multifuncionais e exigem um profundo conhecimento de certos temas específicos, complementado por uma visão clara da inter-relação entre as funções. Os problemas que põem em cheque o "grupo" ou a equipe de executivos da empresa podem ser ainda mais surpreendentes. Poucos indivíduos, se é que existem alguns, têm inteligência e experiência suficiente para lidar por conta própria com esse tipo de complexidade. No entanto, é preciso resolver os problemas. Em conseqüência, são necessárias grandes inovações na formação da equipe e na inteligência organizativa.

Em segundo lugar, na década passada o gerenciamento das organizações sofreu uma mudança gradual, mas completa. Os administradores passaram a conceber a si mesmos como arautos de uma visão aberta e de novas estratégias, e dão agora a seus subordinados mais poder de planejar e implementar. Nesse contexto, as ordens que chegam de cima, mesmo as que vêm dos líderes mais carismáticos (cada vez mais difíceis de encontrar), podem até ser cumpridas, mas em última análise inibem a iniciativa e o envolvimento. Nas organizações em que o comando se faz por influência, as pessoas se convencem e se comovem quando percebem que lá em cima há um grupo de pessoas que de fato compartilham da mesma visão e investem na mesma estratégia; então, modelam-se no comportamento desse grupo. Quando estão ausentes o envolvimento e a coerência dos executivos, diminuem a confiança e o envolvimento nos outros níveis da organização.

A criação de uma equipe de executivos competente e aberta à aprendizagem é um campo novo na administração, e um campo bem exigente, que pode até vir a se constituir numa disciplina autônoma. A liderança coletiva é uma liderança diferente da individual, assim como o aprendizado coletivo é diferente do individual. O domínio da liderança em equipe é o domínio sobre um programa de aprendizado maior e mais complexo, muitas vezes sob circunstâncias mais difíceis do que as de qualquer outra equipe em toda a empresa.

O Programa de Aprendizado da Equipe de Executivos

A equipe de executivos precisa, por exemplo, tornar-se perita nos pontos fundamentais que qualquer equipe precisa dominar. Eis uma pequena lista desses pontos: assumir uma visão comum a todos; ser capaz de coordenar bem as reuniões; estimular discussões honestas e sem preconceitos; estabelecer metas bem claras; determinar as responsabilidades e as atribuições; e facilitar a manifestação do conhecimento coletivo. Esse programa genérico não é nada fácil. Como desenvolver a capacidade de pensar coletivamente e aumentar o QI da equipe? É incrível o potencial de uma equipe cujos membros sejam capazes de sustentar pontos de vista diferentes e falar coerentemente acerca deles. Esse potencial é maior ainda no caso das equipes de executivos em que é grande a experiência e a inteligência individual. A capacidade de propiciar um diálogo aberto e verdadeiro também é altamente promissora. Infelizmente, com demasiada freqüência surgem pontos de vista divergentes, que se manifestam em tensões e conflitos mudos. A capacidade de lidar com esses conflitos e tensões de forma construtiva deve ser uma das características da equipe, cujo potencial, caso contrário, jamais será plenamente conhecido.

O programa de aprendizado da equipe de executivos é muito mais amplo e inclui o desenvolvimento de habilidades e capacidades que os membros provavelmente nunca tiveram de usar antes. O programa não será fácil para muitos administradores da equipe, uma vez que suas equipes anteriores exigiam poucas ou nenhuma dessas capacidades. Assim, é grande o número de executivos que não tiveram a oportunidade de desenvolvê-las. Não obstante, cada um desses elementos é importante e cada um deles exigirá um trabalho consciente, tanto por parte dos membros da atual equipe de executivos quanto das pessoas que no futuro irão sucedê-los.

Eis um programa para a equipe de executivos:

O Programa da Equipe de Executivos
- Construção de uma Visão Comum
- Avaliação da Empresa
- Formulação de Estratégia
- Estratégia Institucional
- Comando da Mudança Empresarial

Construção de uma Visão Comum. Se, por um lado, qualquer equipe precisa desenvolver sua própria visão, a equipe de executivos precisa criar intenções e propósitos que sejam comuns à empresa inteira. Para que a maioria dos empregados se comprometa a caminhar rumo a um novo futuro, é preciso tempo e, em geral, muita atenção e trabalho. Com demasiada freqüência, as equipes de executivos voltam de um seminário de três dias para a "criação de uma visão" e orgulhosamente divulgam o seu trabalho pela empresa inteira de uma forma que lembra uma campanha de relações públicas. Na melhor das hipóteses, eles se contentam com a submissão que esse processo gera e não buscam o verdadeiro envolvimento que de outra maneira seria possível. Entretanto, para obter um envolvimento verdadeiro, é indispensável um processo baseado em participação e escolha; é impossível conquistar o envolvimento por um processo fundamentalmente coercivo, por melhor que seja a intenção com que isso é feito. A participação exige mais do que a comunicação de mão única; a escolha requer atenção ao indivíduo.

Avaliação da Empresa. Talvez uma das tarefas mais difíceis para uma equipe de executivos seja a de saber com exatidão o que se passa na empresa. Os mecanismos de obtenção de informações de que dispomos hoje em dia parecem ter evoluído de um modo tal que a parte mais alta do sistema tem uma compreensão limitada, incompleta e até distorcida da realidade. É preciso desenvolver métodos que clareiem e corrijam esses mecanismos de maneira que, por exemplo, os executivos menores não se sintam tentados a transmitir aos chefes somente as boas notícias. É preciso desenvolver profundamente a comunicação face a face e de mão dupla na empresa, e é preciso estabelecer como norma que a verdade seja trazida à baila e comunicada da maneira mais completa possível, e sempre com grande responsabilidade.

Formulação de Estratégia. A "estratégia desenvolvida em decorrência do aprendizado da equipe" é bem diferente da "estratégia desenvolvida pelos especialistas", mesmo uma equipe de especialistas. A melhor espécie de formulação de estratégia concebe uma nova noção da empresa e do ambiente em que esta opera, ao mesmo tempo em que elabora novos modelos mentais e uma nova inteligência para a organização. Muitas vezes isso é identificado com uma nova "linguagem" a ser usada na empresa, mais condizente com a nova estratégia. A estratégia formulada por um processo de aprendizado tende a dar uma visão mais sólida e precisa do futuro, mas exige que todos os membros da equipe (e muitos outros elementos-chave) realmente vejam a vida de modo diferente. Um bom exemplo desse tipo de estratégia é a invenção da administração de marcas pela Procter & Gamble. Ela reformulou completamente a maneira pela qual os fabricantes de bens não-duráveis conduz seus negócios.

Além da formulação da estratégia, o processo que mais tem a ensinar à equipe é a verificação da estratégia, que consiste em examinar e pôr à prova a estratégia para que se manifestem todas as possíveis incoerências internas, desenvolver experiências-piloto no mercado e promover a modelagem computadorizada de certos elementos da estratégia. À medida que se formam novos modelos mentais e se cria uma nova linguagem para disseminar esses modelos, os processos de pensamento da equipe central e da empresa inteira evoluem e se fortalecem. A inteligência floresce na empresa. É aqui que a nova disciplina do "pensamento sistêmico" mostra a que veio. Como se relacionam na verdade os vários elementos da estratégia? Será que a estratégia é inerentemente íntegra e internamente coerente? Ou será que as ações tomadas em favor de certos elementos têm conseqüências contraproducentes e imprevistas em outros elementos?

Estratégia Institucional. Durante a formulação e a verificação da estratégia, o aspecto institucional muitas vezes é passado para trás. O pressuposto costumeiro é o de que, uma vez estabelecida a nova estratégia, a instituição empresarial vai se reconfigurar fácil e automaticamente, garantindo o bom êxito. Mas isso nunca acontece. Inúmeras estratégias brilhantes fracassam durante a implantação, pelo simples fato de que a instituição empresarial não estava adequadamente configurada para realizá-las. A "restruturação" óbvia que em geral acompanha a nova estratégia não leva em conta os elementos mais profundos que determinam o bom êxito estratégico. Muitas vezes os hábitos e a cultura institucional não são "adequados" à nova estratégia. É preciso mudar radicalmente os sistemas de compensação e informação, os sistemas de recrutamento e os padrões e sistemas de avaliação. Por isso, a equipe de executivos precisa se ocupar de responder com clareza à seguinte pergunta: quais as características institucionais necessárias para a implementação da nossa nova estratégia empresarial? Em suma, não basta mexer no organograma; a competência organizativa e institucional da equipe precisa ir muito além disso.

Comando da Mudança Empresarial. A esta altura, a equipe de executivos está apenas começando. É preciso agora dominar a administração da mudança da empresa – projeto, estrutura e implementação. Qual é o caminho mais econômico e confiável que a empresa pode seguir para ir de onde está agora até o estado planejado? Como já dissemos, isso deve ser feito por métodos que garantam a participação e o envolvimento de toda a empresa, tanto em favor da visão comum como da rigorosa busca da verdade. Muitas vezes, é indispensável que todos os membros da organização se dediquem um bom tanto ao seu desenvolvimento pessoal. No mundo dos negócios de hoje em dia, muita gente não está acostumada a assumir um compromisso verdadeiro com a empresa em que trabalha, e pode até ver isso como uma ameaça. Porém, do outro lado dessa ameaça, que pode e deve ser superada, a pessoa encontra um grande poder e satisfação pessoal. Ajudar os outros a fazer essa transição pessoal e comandar esse processo na empresa como um todo é tarefa difícil, mas altamente gratificante.

Problemas Específicos de Aprendizado da Equipe de Executivos

A equipe de executivos também tem certas coisas que lhe serão especialmente difíceis de aprender. Em primeiro lugar, para o membro da equipe de executivos, a vida é agora muito mais um "jogo de soma zero" do que era antes. Em fases anteriores da carreira do executivo, em equipes inferiores na empresa, ele podia progredir sem necessariamente "ganhar" às custas de outro membro da equipe. Em geral, isso não se aplica à equipe de executivos. O progresso de um normalmente significa que outro ficou para trás, fenômeno particularmente evidente no que diz respeito à sucessão. "Palavras amigas" à parte, essa dinâmica é uma realidade em muitas equipes de executivos.

Em segundo lugar, na equipe de executivos em geral não existe um tribunal de apelação — não há sistema de desempate ou corte suprema. Na maioria das outras equipes que existem na empresa, se um indivíduo entra em conflito com o chefe ou se a equipe cai num esquema de operação contraproducente, o chefe do líder da equipe pode contribuir com uma terceira opinião. Qual é o conselho que presta esse serviço a um diretor-executivo? Em outras palavras, os superiores do diretor-executivo não agem com ele como ele mesmo agiria com um dos seus vice-presidentes. O diretor-executivo ou o líder da equipe de executivos, que nunca pode permanecer na imparcialidade, toma a decisão final sem que o subordinado possa fazer nada, e todos sabem disso!

Em terceiro lugar, a composição das equipes de executivos é em si e por si mesma um desafio. Elas são quase sempre compostas por "chefinhos" agressivos que estão acostumados a conseguir o que querem e a fazer aquilo a que se propõem. Por ironia, a disposição de "pôr o grupo em primeiro lugar" geralmente é menos desenvolvida na equipe de executivos do que em qualquer outra equipe na empresa. Essa disposição não costuma ser muito reconhecida nas equipes de executivos.

Finalmente, se você faz parte de uma típica equipe de executivos, o ambiente geral em que você opera é particularmente pouco disposto a perdoar. A empresa anseia ainda por um líder heróico, desejo esse bastante arraigado e do qual é extraordinariamente difícil se livrar. As pessoas são intolerantes com os executivos quando eles cometem erros ou quando não alcançam o objetivo de fazer da sua equipe uma equipe-modelo, por mais sinceros e bem elaborados que tenham sido os seus esforços nesse sentido. Embora sejam vestígios indesejáveis de uma cultura antiga, esses hábitos ainda estão arraigados. Quando um executivo comete um erro, os subordinados são particularmente rápidos e impiedosos em seguir o hábito muito humano de pôr a culpa em alguém.

No conjunto, essas circunstâncias constituem um desafio tremendo, que muitas equipes não conseguem enfrentar. Infelizmente, o defeito principal costuma residir na dinâmica interpessoal da própria equipe, que muitas vezes é péssima e se assemelha ao comportamento de famílias problemáticas. Se não supera essas dificuldades, a equipe se vê bloqueada e seu potencial fica irrealizado. O bloqueio resultante é em geral muito pior para a empresa do que se o grupo abandonasse a idéia de se tornar uma "equipe de aprendizagem" e, ao contrário, operasse no estilo antigo, rígido, hierárquico e não-colaborativo.

Programa de Aprendizado da Equipe

Qual o primeiro passo e como projetar um programa para o aprendizado? Eis aqui algumas sugestões de como proceder:

- Tenham uma conversa franca a respeito do que vocês realmente querem, tanto no que diz respeito aos resultados comerciais quanto à forma pela qual vocês gostariam de trabalhar juntos. Não se limitem a perguntas e respostas padronizadas. Falem acerca do que realmente é importante para vocês.
- Em seguida, tenham uma discussão franca e honesta a respeito da distância que separa a realidade atual daquelas aspirações. Não se limitem aos problemas; incluam as coisas boas também! Prestem cuidadosa atenção ao que vocês podem e ao que *não podem* discutir. Existem assuntos que "não se pode discutir"? Vocês podem falar a verdade em qualquer circunstância? Se não podem, vocês são ao menos capazes de reconhecer que nem sempre é fácil falar a verdade? Em seguida, concebam um plano para ir de onde vocês estão para onde querem chegar.
- Identifiquem as áreas em que o conhecimento ou a capacidade da equipe são deficientes e criem métodos de aprendizado para cada uma dessas áreas. Examinem o plano que vocês fizeram. Qualquer ponto que vocês não saibam ao certo como atingir pode ser um desses focos de deficiência.
- Verifiquem se a equipe de fato tem apetite e determinação para aprender. Em caso afirmativo, procurem ver como vocês podem reelaborar as coisas que vocês já vêm fazendo de modo a transformá-las em atividades de aprendizagem. Tentem ver os problemas, os erros e os defeitos como momentos particularmente propícios à aprendizagem.
- Criem alguns princípios de comportamento e comprometam-se a pô-los em prática, para que vocês não saiam do caminho.

É difícil criar e firmar novos hábitos, particularmente entre os executivos. Certa vez Tod White, presidente do conselho da Blessing/White, fez comigo o seguinte comentário acerca do desenvolvimento e da mudança nos executivos: "É muito raro que uma pessoa com quatro ases na mão peça novas cartas."

No mínimo, vocês devem considerar a hipótese de nomear um membro da equipe para coordenar sessões de avaliação periódicas, de modo a não se enganarem quanto ao progresso que vocês estiverem fazendo. Pode ser necessário ou desejável contratar para esse tipo de tarefa um especialista de fora, sobretudo se vocês encontrarem dificuldades na dinâmica da equipe. Esse investimento se justifica em vista da melhoria do desempenho empresarial que acontece quando a equipe de executivos realiza todo o seu potencial.

À semelhança de tantas outras coisas importantes para a vida empresarial, o aprendizado da equipe de executivos é um campo no qual as opiniões alheias pouco ou nada significam. A equipe de executivos que aprende sozinha e que de fato aprende realmente a liderar não pode ser clonada ou copiada de outra equipe em outra empresa nem pode ser decalcada do modelo exposto no manual de um consultor. É preciso que a própria equipe crie a si mesma.

PARTE DOIS

A Nova Responsabilidade do Líder

Piloto da Mudança:
O Líder como
Diretor da Transformação
Warren Bennis

Natural Leadership™
(Liderança Natural)
Kate Steichen

Uma Responsabilidade Sagrada
Barbara Shipka

Liderar de Dentro para Fora:
Um Salto no Escuro
Tina Rasmussen

Já lá se vão os dias em que os líderes se apoiavam no título ou na posição que ocupavam na empresa para "exercer o poder" sobre seus funcionários. Os líderes do amanhã tiram a sua autoridade de dentro de si e precisam contar muito mais com as qualidades internas de liderança do que com as "dignidades" exteriores do ofício.

Com essa interioridade, esses líderes adquirem também uma nova responsabilidade. Novas atribuições aguardam esses homens e mulheres à medida que eles vão assumindo os seus papéis de comando.

Quatro autores examinam vários aspectos dessa nova responsabilidade. O famoso escritor Warren Bennis (*Leaders* e *On Becoming a Leader*) fala sobre o novo papel dos líderes nas empresas como diretores de transformação, em lugar do atual diretor-executivo. Kate Steichen, especialista em liderança e criatividade, demonstra o quanto a pessoa que pretende ser autêntica precisa compreender a sua verdadeira natureza e as leis que a governam.

Barbara Shipka, consultora empresarial, co-autora de *When the Canary Stops Singing: Women's Perspectives on Transforming Business,* vê a nova responsabilidade do líder como "sagrada", uma vez que abrange uma nova consciência. A executiva Tina Rasmussen aborda diretamente a interioridade do líder em seu ensaio a respeito de como "liderar de dentro para fora". Tanto Shipka quanto Rasmussen, para ilustrar e reforçar suas idéias, nos contam casos que elas mesmas viveram.

A nova responsabilidade do novo líder propõe um grande desafio para todos os que atualmente detêm o poder: o desafio de acolher a incerteza, de aceitar o paradoxo e de assumir a verdadeira responsabilidade pelo "todo" — a empresa, seus empregados, os acionistas e a comunidade.

8

Piloto da Mudança:
O Líder como
Diretor da Transformação

Warren Bennis

WARREN BENNIS é professor universitário e professor emérito de administração de empresas na University of South California e presidente do conselho do School's Leadership Institute, da mesma universidade, fundado em 1991. Especialista em processos de mudança nas organizações empresariais, Bennis empreendeu extensas pesquisas sobre a liderança, em especial no que diz respeito à mística que envolve os superlíderes e os donos do poder nas grandes empresas.

É autor de vinte e um livros, dos quais os mais recentes são *Learning to Lead: A Workbook On Becoming a Leader* (com Joan Goldsmith), *An Invented Life: Reflections on Leadership and Change,* e *Why Leaders Can't Lead.* Em 1987, Bennis recebeu o Prêmio Dow Jones Award da Assembléia Norte-Americana de Faculdades de Administração por suas marcantes contribuições ao campo da formação universitária em administração e negócios. É ex-presidente da Universidade de Cincinnati e atualmente dá consultoria a muitas empresas e aos governos de vários Estados. Bennis recebeu seu PhD do Massachusetts Institute of Technology.

Este ensaio foi publicado pela primeira vez na *USC Business* (Inverno/ Primavera, 1992) e serviu de base para o prefácio que Bennis escreveu para *Leaders on Leadership: Interviews with Top Executives.*

A súbita ascensão dos Estados Unidos ao posto de maior devedor do mundo, do Japão à dignidade de maior credor do globo e da antiga União Soviética à condição de mais ardente defensora do pacifismo parece, para muitos norte-americanos, ter colocado o mundo de ponta-cabeça, levantando dúvidas quanto a se os Estados Unidos podem ou devem continuar assumindo uma posição de liderança. *The Washington Post* aconselha seus leitores norte-americanos a dar "adeus ao número um".

O ritmo e a complexidade crescentes da mudança que vem acontecendo à nossa volta só faz aumentar as dúvidas que muitos norte-americanos percebem neles mesmos. Atualmente a única coisa previsível é a imprevisibilidade. O chique atual é o chique do caos. A batidíssima frase do Iogue Berra é perfeita: "O futuro não é mais o que era antigamente."

O mundo parece ter-se transformado da noite para o dia e, além disso, parece na iminência de se transformar de novo amanhã de manhã.

É inevitável que essas mudanças globais tenham repercussões nas grandes empresas. Muitas companhias norte-americanas, por exemplo, não sabem o que fazer quando se vêem perdendo terreno para novas concorrentes de outros países.

Um Jogo que se Transforma

Se há razão para desesperar e para cerrar fileiras com os arautos do desastre, tremendo de medo e arrancando os cabelos, isso acontece porque os administradores tradicionais norte-americanos foram educados em tempos mais simples, quando tudo o que tinham a fazer era construir as melhores ratoeiras e o mundo vinha correndo bater em sua porta. "A liderança numa empresa norte-americana tradicional", diz R. B. Horton, diretor-executivo da British Petroleum America, "consistia em criar uma administração capaz de enfrentar concorrentes que jogavam todos com o mesmo baralho de cartas econômicas." E, além disso, era um jogo exclusivamente norte-americano. A competição podia até ser dura, mas era compreensível. Quem jogasse direito de fato podia vencer.

Mas esse jogo mudou — drasticamente — e novas e estranhas regras surgiram. As cartas foram reembaralhadas e novos curingas foram acrescentados. Nunca antes o mundo empresarial norte-americano enfrentou tantos desafios. As incertezas e as complexidades se acumulam.

A mudança constante perturba os administradores. Isso sempre foi assim e sempre será. A observação de Maquiavel segundo a qual "ninguém gosta da mudança" continua válida. No livro *Adhocracy: The Power to Change,* Bob Waterman nos diz que a maioria das pessoas se parece com os personagens da peça *Os Fantasmas,* de Ibsen. "Somos controlados por idéias e normas que subsistem depois de terem perdido a sua utilidade, que são apenas fantasmas, mas que ainda têm tanta influência sobre a nossa vida como teriam se estivessem vivas. As idéias de homens como Henry Ford, Frederick Taylor e Max Weber são os fantasmas que assombram a nossa administração."

A maioria dos administradores se formou em empresas dominadas pelos pensamentos e ações de Fords, Taylors e Webers, pais do sistema burocrático clássico. E a burocracia foi uma esplêndida invenção social em sua época — o século XIX. Em seu estilo imortal (e mortífero), o sociólogo alemão Max Weber foi o primeiro a chamar a atenção do mundo para o fato de que o modelo burocrático e mecânico era ideal para a utilização dos recursos humanos e materiais da Revolução Industrial. Até hoje, muitas empresas conservam a mentalidade do machão, do tirano, inseparável desse modelo surrado. Na verdade, é possível resumir o estado de espírito criado por esse paradigma obsoleto em três palavras: *controle, ordem e previsão,* ou pelo acrônimo COP.

Essa mentalidade se encarnou no que veio a ser o modelo de liderança de toda uma geração de executivos — o modelo militar. Para muitos dos hierarcas empresariais de hoje, o modelo militar de administração por eles absorvido enquanto serviam na Segunda Guerra Mundial e na Guerra da Coréia foi tomado como princípio orientador de comportamento no mundo dos negócios. Era a pirâmide do exército, a hierarquia, as linhas de comando e a divisão de trabalho. Era "a posição tem seus privilégios" ou "o comando é uma posição solitária".

Mas não estamos mais no mundo das décadas de 50, 60, 70 ou mesmo de 80. A força de trabalho mudou e o mundo mudou. E apesar de a *Business Week* ter há pouco tempo escrito sobre uma nova safra de chefes "durões", eu vejo surgir um líder empresarial diametralmente oposto, um líder substancialmente diferente do comandante militar ditatorial do passado.

John Sculley, diretor-executivo da Apple, me disse: "Se você examinar a época do segundo pós-guerra, quando ocupávamos o centro da economia mundial durante a era industrial, verá que as organizações eram muito hierarquizadas. Esse modelo não é mais adequado. O novo modelo é uma rede interdependente de escala global. Por isso, o novo líder é posto à prova de maneira nova; por exemplo, como encontrar uma forma de liderar pessoas que não lhe estão subordinadas — empregados de outras empresas, no Japão ou na Europa, ou até mesmo concorrentes? Como comandar nesse ambiente em que as idéias e a interdependência têm grande importância? Isso exige um conjunto completamente diferente de capacidades, baseado nas idéias, nos valores e nas habilidades das pessoas. Uma grande mudança ocorreu nos últimos dez anos. Os líderes tradicionais estão tendo grande dificuldade para explicar o que está acontecendo no mundo porque eles ainda estão baseando as explicações na experiência que têm do paradigma antigo." Sculley previu ainda que o piloto de caça da Segunda Guerra Mundial (principal experiência formadora de muitos chefes de grandes empresas, bem como do Presidente Bush) não seria mais o modelo supremo do líder.

Durante os últimos dez anos entrevistei mais de cem diretores-executivos das maiores empresas. Apesar de os estilos pessoais dos executivos serem bastante diferentes, chamou a minha atenção o número de temas comuns a todos e que diziam respeito às mudanças e ao modo pelo qual o conceito de liderança está se transformando.

Se o mundo fosse um lugar estável, calmo e previsível, no qual as regras de cinco ou dez anos atrás continuassem válidas hoje em dia, suspeito que todos os diretores-executivos diriam: "Ótimo! Vamos ficar com o modelo COP." Mas a mensagem que se destaca com toda a clareza das conversas com executivos é a de que se faz necessário um novo modelo de liderança.

Esses diretores-executivos são exemplos vivos da época em que vivem, forçados a lidar não apenas com as exigências de suas próprias empresas, mas também com uma nova realidade social. Eles compreendem que, em decorrência da globalização dos mercados, do capital, do trabalho e da informática, as empresas contemporâneas defrontam com fontes de concorrência em número cada vez maior e cada vez menos conhecidas.

Entre os fatores principais que determinam todas as decisões incluem-se a velocidade e a complexidade cada vez maiores da mudança, o surgimento de novas tecnologias, insólitas modificações demográficas e a globalização. Para mim, um único incidente reflete tudo isso. Vários anos atrás, convidei o Dalai Lama para participar de uma reunião de líderes na USC. A encarnação viva de milhares de anos de sabedoria espiritual tibetana, com toda a cortesia, recusou — via fax.

As Empresas do Futuro

As empresas do futuro serão redes, aglomerados, equipes interdisciplinares, sistemas temporários, forças de trabalho constituídas para fins específicos, treliças, módulos, matrizes — tudo menos pirâmides. Nós nem sabemos ainda ao certo como chamar essas novas configurações, mas sabemos que só sobreviverão as menos hierarquizadas, cujos vínculos internos forem mais baseados em metas comuns do que nas relações tradicionais de subordinação. É provável também que as empresas bem-sucedidas venham a encarnar aquilo que Rosabeth Moss Kanter chama de os 5Fs: *fast, focused, flexible, friendly, and fun.*[1]

Para ter êxito, essas empresas precisam ter uma estrutura flexível que lhes permita reagir prontamente às exigências do consumidor e se adaptar às mudanças no ambiente competitivo. As novas empresas precisam ser mais "enxutas", com menos camadas hierárquicas; e precisam ter a capacidade de se engajar em fusões e alianças transnacionais e não-tradicionais. Além de tudo, precisam compreender as práticas comerciais, os consumidores e as culturas de vários países e povos, em todo o mundo.

O surgimento das federações

Um dos temas mais provocativos que vieram à tona em algumas das minhas entrevistas, em especial nas observações de Percy Barnevik, presidente e diretor-executivo da Asea Brown Boveri (ABB), gira em torno das alianças não-tradicionais. Em específico, a idéia de uma federação vem se impondo como a única estrutura capaz de equilibrar dois movimentos aparentemente incompatíveis: a vontade de cooperação global e a profunda identificação com as raízes locais. Esse paradoxo é evidente na política mundial, em que fortes

---

1. Impossível manter a mesma série de "Fs" em português; para nós essas características seriam: veloz, concentrado, flexível, amigo e divertido. (NT)

identidades étnicas e nacionais coexistem com o fato amplamente aceito de que novas alianças econômicas e políticas precisam ser feitas além-fronteiras. A idéia de federação vem se disseminando também na área política; os países estão formando comunidades tais como a Comunidade Européia ou a Comunidade dos Estados Independentes.

Estou convicto de que a palavra "federação" será o lema dos anos 90. E consigo até imaginar uma época em que empresas como a ABB, que são ao mesmo tempo globais e profundamente arraigadas nas culturas locais, servirão como modelo para as nações que aspiram tanto à sobrevivência numa economia internacional quanto à expressão das suas características nacionais.

O perigo está nas empresas que pretendem permanecer sempre iguais e manter o *status quo*. Durante uma recente conversa com Alvin Toffler, o eterno guru da mudança cujo livro *Future Shock* [O Choque do Futuro], publicado em 1970, praticamente precipitou uma mudança de paradigma, tentamos encontrar uma empresa que, no ambiente de hoje, manteve-se imune à mudança e mesmo assim permanece próspera e estável. Não conseguimos encontrar nenhuma.

Pensem nisso: quarenta e sete por cento das empresas que faziam parte das 500 da *Fortune* em 1979 não estavam mais na lista em 1989.

De Diretor-Executivo a Diretor de Transformação

A pergunta que todos os líderes entrevistados estão procurando responder — e parece que com algum sucesso — é: como mudar empresas relativamente bem-sucedidas que, se continuarem a funcionar hoje como funcionavam há dez ou mesmo cinco anos atrás, tenderão a desaparecer no futuro?

Parece-me que o que os diretores-executivos querem nos dizer é que o diretor-executivo precisa tornar-se um diretor de transformação. Cada um dos diretores-executivos entrevistados descobriu que a própria cultura da sua empresa precisa mudar porque, tal como é hoje, essa cultura está mais voltada para o próprio umbigo do que para enfrentar novos desafios.

No entanto, transformar a cultura de uma empresa inteira é tarefa dificílima. Robert Haas, presidente do conselho e diretor-executivo da Levi Strauss & Co., afirma que a mudança não é fácil, mesmo para aqueles que a buscam. "É difícil 'desaprender' a fazer certas coisas que nos deram sucesso no passado: falar mais do que ouvir; dar mais valor às pessoas iguais a você do que às pessoas de outro sexo e outras culturas; fazer tudo sozinho em vez de colaborar; tomar as decisões por si em vez de pedir a opinião de diversas pessoas. Há todo um conjunto de modos de agir que foram bastante eficientes na antiga organização hierárquica, mas que são totalmente errados nas organizações mais horizontais, mais ágeis e fortalecidas que estamos procurando criar."

A condução da mudança empresarial nesse contexto turbulento exige líderes — líderes, não gerentes. Trata-se de uma distinção importante. Jack Welch, presidente e diretor-executivo da General Electric, previu (acertadamente, creio):

"O mundo da década de 90 e o que vem depois não pertencerá aos *administradores* ou àqueles que fazem a dança dos números, como costumamos dizer, nem aos versados naquele economês ou jargão que nós usamos para parecer sabidos. O mundo pertencerá aos *líderes* motivados e apaixonados — pessoas que não só dispõem de grande quantidade de energia, mas que também são capazes de energizar aqueles por eles liderados."

A atividade da administração é fazer com que as pessoas façam o que precisa ser feito, a da liderança é fazer com que as pessoas queiram fazer o que precisa ser feito. Os administradores empurram; os líderes puxam. Os administradores ordenam; os líderes comunicam.

Trilogia para uma Nova Liderança

Além do surgimento do diretor de transformação no lugar do diretor-executivo, o que os diretores-executivos estão anunciando é que o novo paradigma para o sucesso compõe-se de três elementos: *Direcionar, Criar e Fortalecer*, ou DCF. A liderança eficaz se resume, na verdade, nessa trilogia.

Direcionamento

O líder de hoje precisa *direcionar* os recursos da empresa, em especial os recursos humanos, mostrando que existem objetivos comuns dignos do apoio e até mesmo da dedicação das pessoas. O direcionamento tem muito a ver com o espírito e a sensação de fazer parte de uma equipe. As grandes empresas necessariamente se desenvolvem em torno de uma visão comum. Theodore Vail vislumbrou um sistema telefônico universal cuja implementação levaria cinqüenta anos. Henry Ford anteviu a gente do povo — e não apenas os ricos — dona de seus próprios automóveis. Steven Jobs, Steven Wozniak e seus companheiros fundadores da Apple enxergaram o potencial que os computadores tinham para fortalecer as pessoas. Uma visão comum a todos eleva as aspirações dos indivíduos. O trabalho é englobado na busca de um objetivo maior, o qual se encarna nos produtos ou nos serviços prestados pela empresa.

Criação

O líder atual precisa *criar* uma cultura institucional na qual as idéias circulem sem sofrer estorvos causados por pessoas temorosas. Esse líder se dedica a encontrar problemas, e não apenas a resolvê-los. Ele acolhe o erro e até mesmo o fracasso total, porque sabe que vai aprender mais com isso do que com os êxitos. Norman Lear certa vez me disse: "Se eu tropeço em alguma coisa, é nesse lugar que está o tesouro."

Os líderes eficientes criam organizações adaptativas, criativas e dispostas a aprender. Essas organizações têm a capacidade de identificar os problemas, por mais complicados que sejam, antes que eles se transformem numa crise; são capazes de levantar rapidamente as informações e idéias necessárias para solucionar esses problemas; não se recusam a experimentar soluções possíveis, por meio, talvez, de um programa-piloto em algum setor da empresa; e, por fim, as organizações dispostas a aprender oferecem oportunidades para que as pessoas reflitam sobre os procedimentos e decisões passadas e os avaliem. Isso se transforma numa "roda de aprendizagem", para usar a feliz expressão de Charles Handy.

Fortalecimento

Esse termo, criado nos anos 60 e já pisado e repisado, se refere àquele sentimento que as pessoas têm de estar no centro dos acontecimentos, e não na periferia. Numa empresa bem conduzida, todos sentem que estão contribuindo para o sucesso dela. Os indivíduos fortalecidos acreditam que suas ações possuem significado e importância. Eles têm sua opinião, mas também têm obrigações. Vivem num meio que preza o respeito, no qual podem cumprir suas tarefas sem precisar da autorização de uma figura paterna. As empresas fortalecidas se caracterizam pela confiança e por um sistema de comunicação que engloba todas e cada uma das partes da instituição.

O que quer que aconteça no futuro, só sobreviverão à assustadora década de 90 as empresas que levarem a sério — e o comprovarem na ação — a crença de que a chave da vitória sobre a concorrência é o desenvolvimento e o aprimoramento das pessoas que as compõem. E ainda que algumas empresas continuem a fazer essas observações apenas da boca para fora, as caracterizadas pelo sucesso e pela liderança dinâmica lhes darão muita atenção e agirão realmente de acordo com elas.

Os homens e mulheres à frente dessas empresas serão diferentes dos líderes que atualmente conhecemos. Serão maestros, e não senhores. Serão técnicos, e não generais.

No mundo pós-burocrático, as honras irão para o líder que encoraja a dissidência saudável e valoriza os seguidores corajosos o bastante para dizer não. O líder bem-sucedido terá, não a voz mais alta, mas o ouvido mais atento. E seu verdadeiro gênio não residirá em suas realizações pessoais, mas sim na capacidade de nutrir e desencadear o talento de outros.

9

Natural Leadership™
(Liderança Natural)

Kate Steichen

KATE STEICHEN dá consultoria em liderança e criatividade para empresas como a 3M, General Mills, a DowBrands, a Lintas: New York, a Clorax Company e a Polaroid Corporation. Ao longo dos últimos dez anos, dedicou-se à formação de indivíduos e equipes empresariais em visão estratégica, liderança, renovação, construção de comunidades e desenvolvimento de novos produtos. Foi vice-presidente da IdeaScope Associates, empresa dedicada ao desenvolvimento de novos produtos, e gerente de *marketing* da Parker Brothers, subsidiária da General Mills. Atuou também como guia de excursões pela natureza, orientadora psicológica, diretora de uma escola de arte, projetista gráfica e fotógrafa.

Em 1992, Steichen lançou o programa Natural Leadership™ para executivos. É mestre em administração de empresas pela Harvard Business School e formada em belas-artes, com especialização em pintura e impressão, pela Universidade de Illinois.

Como prosperar nesses tempos turbulentos de mudança, em que as principais estruturas econômicas, sociais, políticas, psicológicas e físicas estão desmoronando ao nosso redor? A nova ciência nos ensina que a mudança é uma dinâmica saudável e criativa dos sistemas e campos estáveis, mas mesmo assim nós resistimos à mudança, em especial às mudanças que não podemos controlar. Lutamos para aprender... a ser o melhor líder possível... a criar uma instituição empresarial disposta ao aprendizado... a construir uma comunidade nesse contexto incessantemente mutável.

É Preciso Lembrar...

Não é preciso lutar. É preciso parar e lembrar da nossa verdadeira natureza, lembrar das leis naturais. Nós as conhecemos um dia, mas já as esquecemos.

Foi pela minha experiência pessoal, pelo contato direto com a natureza, que comecei a me lembrar das leis naturais. Essas leis são o Tao da vida, determinam e exprimem o modo pelo qual as coisas funcionam. Representam o fluxo natural e os ciclos da vida, os benefícios de viver e trabalhar seguindo esse fluxo e as conseqüências do ir contra ele. Não fui eu que inventei essas leis. Elas nos foram lembradas ao longo dos tempos por praticamente todas as culturas e religiões e, mais recentemente, pela nova ciência.

Durante milhares de anos, a antiga sabedoria taoísta, budista e védica ensinou a doutrina da Unicidade. Os Upanishads dizem: "Se alguém no mundo está com fome, tu estás com fome. Se alguém está sofrendo, tu estás sofrendo." O cristianismo fala da fraternidade e das conseqüências da lei natural: "Tu és o guardião do teu irmão." "O que o homem semear, isso também colherá." O budismo zen ensina que "a separação é uma ilusão". Recentes descobertas da física e da biologia confirmam esses conhecimentos. O Teorema de Bell, da física quântica, dá a entender que nada ocorre no universo sem afetar profundamente todo o resto do universo. A Teoria dos Sistemas diz que a vida é composta dinamicamente de sistemas auto-reguladores cuja estabilidade é sustentada pelos seus relacionamentos.

Mas ao mesmo tempo em que a nova ciência está começando a explicar essas leis naturais, muitos povos antigos estão rompendo o seu tradicional silêncio para nos dizer que o Ocidente violou as leis naturais a um tal ponto que a Terra agora está em perigo. A tribo kogi, de Colúmbia, por exemplo, nos adverte de que a menos que o Ocidente pare de violar a lei natural, o mundo tal como o conhecemos, o mundo que nos acolhe e sustenta, vai acabar. Esses Guardiães da Sabedoria querem nos lembrar das leis naturais e das suas conseqüências, que brotam da íntima inter-relação que nos liga a todos os

seres. Eles ensinam, por exemplo, que sempre que nós retiramos algo da terra, devemos dar-lhe algo em troca.

Como chegamos a nos afastar tanto das leis naturais a ponto de pôr em risco até a nossa sobrevivência na Terra? Fizemos isso quando nos afastamos da própria Terra. Os povos antigos sabem que a maior fonte de poder e cura que se nos oferece é a ligação íntima com a natureza.

"É por isso que o antigo índio se senta sobre a terra em vez de se apoiar em outra coisa, afastando-se das forças vivificantes. Para ele, o ato de sentar-se ou deitar-se no solo o capacita a pensar com mais clareza e sentir mais intensamente."

— Luther Urso-em-Pé
Chefe lakota

O ato de sentar-se ou deitar-se na terra desencadeia a recordação nos níveis celulares do nosso ser, facilita a lembrança de o que significa ser um ser humano na Terra. Nós esquecemos o que significa *ser* e esquecemos o que significa *ser humano*. As visões e idéias podem até ser inspiradoras, mas elas não vão se manifestar, não vão se tornar realidade se não forem integradas ao nosso corpo e ao nosso verdadeiro ser. A mente pode mentir, mas o corpo não mente. A inteligência interior do nosso corpo reflete a sabedoria do universo. O corpo é um holograma do universo, e em suas células estão registradas toda a memória do cosmos e a sua mecânica de funcionamento. O corpo físico precisa estar perto da Terra para sentir a sabedoria dela, e a mente precisa estar em silêncio para se unir ao coração e ao espírito.

Herbert deu a seguinte explicação: "Nós somos como pés de milho, com um caule muito comprido e fino encimado por uma espiga gigantesca. Se a 'cabeça' se torna muito grande, o caule não pode suportá-la. As universidades só dão atenção às cabeças e não dão atenção nenhuma aos caules. É o caule que leva o espírito para a cabeça."
— Carl A. Hammerschlag, MD
The Dancing Healers

Somos Líderes por Natureza...

Os requisitos do líder natural já estão em nós. Só é preciso lembrá-los. É preciso lembrar no nível celular do nosso ser, lembrar o que os nossos ancestrais sabiam... lembrar o que significa ser um ser humano... o que significa comandar... o que significa ser um dos lados de um relacionamento, participar de um sistema e influenciá-lo em vez de controlá-lo... lembrar de levar em conta o todo, a atmosfera, o sentimento, antes de sentar-se para resolver um problema. Os líderes naturais lembram-se do que significa desistir de lutar... lembram-se do que é rir, brincar e trabalhar, tudo ao mesmo tempo... lembram-se da alegria e do amor... lembram-se de quem realmente são.

O que é a Ecologia da Liderança?

Os Líderes Naturais compreendem que a ecologia da liderança se manifesta em ações concordes com as leis da natureza. Pergunte à Terra o que ela faria em tais e tais circunstâncias e em seguida encontre o meio de ação mais adequado para responder. Que tipo de tecnologia a Terra projetaria para nós? Que tipo de empresa ou equipe a Terra montaria para nós? A Terra pode nos dar pistas a respeito das conseqüências últimas das nossas ações, mesmo que essas conseqüências escapem à nossa experiência ou só venham a ocorrer num futuro distante.

Nós estamos agora interessados em aprender a respeito das propriedades de "auto-renovação" de qualquer organização, quer se trate de uma grande empresa, de um micróbio ou de uma estrutura química aparentemente inerte... Um dos princípios gerais da investigação científica é o de que, em todos os níveis, a natureza é semelhante a si mesma... Se a natureza se vale de certos princípios para criar uma diversidade infinita, é altamente provável que esses mesmos princípios se apliquem às organizações humanas.

— Margaret J. Wheatley
Leadership and the New Science

Os ciclos são um aspecto intrínseco da ecologia da natureza. A que grau a comunidade empresarial poderia influenciar o mundo se aplicássemos esses princípios cíclicos à *ecologia da liderança*?

Visão, Ação e Renovação

O modelo ecológico que nasceu da minha própria experiência direta com a vida, o trabalho e a natureza é uma espécie de homenagem às etapas cíclicas e naturais do crescimento e da mudança. Os verdadeiros líderes naturais intuitivamente conhecem e reverenciam essa *dinâmica criativa de visão, ação e renovação*. Os três elementos inter-relacionados e fluentes que compõem esse modelo ecológico são igualmente necessários para sustentar um ser humano ou uma organização institucional humana.

Visão...

O inverno que flui para a nova vida da primavera é uma imagem da visão. Harrison Owen define a visão como o "Espírito brotando em formas novas e poderosas". A visão inspirada é repleta de novas esperanças, de vivacidade, de coração e de alma. A visão institucional esclarece quais são os objetivos e a direção do movimento e inclui os valores, as normas e os modos de conduta.

Nos últimos vinte anos, mais ou menos, a visão passou a influenciar e orientar a atividade empresarial de maneira mais consciente. Mas se, por um

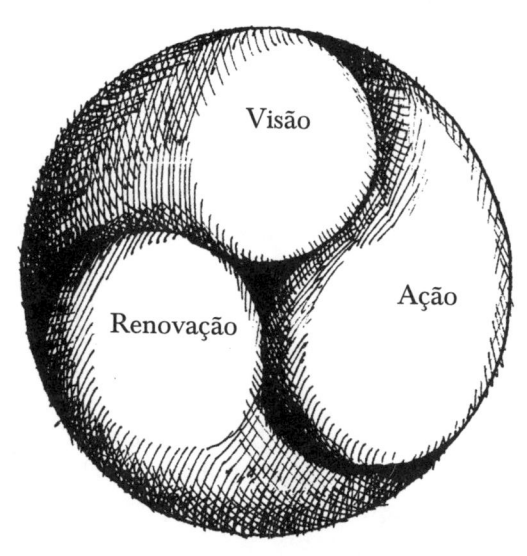

lado, a apreciação e a compreensão de o que é a visão vêm crescendo no mundo empresarial, por outro lado essa noção ainda não é aceita por todos. Durante a última campanha presidencial, o presidente Bush fez uma observação depreciativa sobre "aquele papo de 'visão'". Essa reticência talvez se explique em parte por uma compreensão linear de o que seja "visão", como algo a ser atingido no futuro, algo muito distante do lugar onde estamos e da pessoa que somos agora.

Margaret Wheatley introduz a noção de *campos de força,* que ela vai buscar na nova ciência, e propõe que a visão empresarial seja compreendida como "um campo — uma força de conexões invisíveis que influencia o comportamento dos empregados — e não como uma mensagem que evoca um estado que se almeja alcançar no futuro". Um processo iroquês de tomada de decisões por consenso, descrito por Paula Underwood Spencer, cria um tipo semelhante de campo: "Um círculo dentro do qual está todo o Povo."

As empresas aprenderam que os administradores não se deixam seduzir por um plano ou visão a menos que eles tenham participado da criação dessa visão. É preciso trabalhar com uma nova visão, questioná-la, mudá-la ou aperfeiçoá-la para que ela seja mesmo nossa, para que ela se integre ao nosso ser, do mesmo modo que o solo tem de ser lavrado antes que as sementes possam ser plantadas na primavera.

A visão não pode ser apenas uma idéia; ela tem de corresponder àquilo que nós somos, ao que valorizamos, ao que fazemos. A visão de um rio, por exemplo, é a própria essência desse rio. A visão de um rio é fluir. Essa visão permite uma grande liberdade no que diz respeito à forma específica. Por exemplo, se uma rocha bloqueia o seu caminho, o rio simplesmente a contorna. Se as margens se estreitam, o rio ganha impulso. Quando a temperatura cai, o rio congela, mas não perde a capacidade de voltar a fluir quando a temperatura subir novamente. O rio é tão adaptável que ele nem desperdiça energia nem hesita em face das mudanças necessárias. Os líderes naturais compreendem a visão como a essência de suas empresas e acolhem de bom grado as mudanças — internas, externas ou do mercado — que podem exigir que a organização assuma uma nova forma.

> Viver com espírito evolutivo é se relacionar de todo o coração e sem nenhuma reserva com a estrutura do presente, e ainda assim soltar-se e deixar-se fluir rumo a uma nova estrutura quando chegar a hora certa.
>
> — Erich Jantsch
> *The Self-Organizing Universe*

Ação...

O verão é um período de calor, abundância e ação. É a época de produzir, de crescer e de ter. A ação produz resultados — alguns desejados e outros indesejados. A ação inspirada é repleta do espírito da visão, tem bases firmes e é sempre autêntica. A ação é a realidade que o mundo empresarial mais reconhece, incentiva e pratica. O Ocidente é o senhor da ação no mundo inteiro, embora grande parte dessas ações não sejam benéficas; não estejam em sintonia com as leis da natureza nem com o nosso próprio ser. O mecanicismo de que estamos imbuídos costuma valorizar a tecnologia por si mesma, por menos adequada que seja ao sistema, à cultura ou aos recursos aos quais se aplica. Pode-se dizer que nós fazemos as coisas direitinho, mas não sabemos o que é certo e o que é errado fazer. Um líder natural só dá apoio à ação adequada.

Renovação...

A renovação ocorre na natureza no final do outono e no inverno, quando as folhas caem das árvores e a vida parece parar. A renovação é o tempo propício para nos lembrarmos da nossa verdadeira natureza. Como fazer isso? A pessoa se lembra de quem realmente é quando se transforma numa testemunha silenciosa e se dedica a *ser* em lugar de *agir*. A renovação é o tempo de ser um *ser* humano. Se a visão é a inspiração e a ação é a expiração, a renovação é o intervalo entre os ciclos de respiração. É o tempo de se desapegar e abrir espaço para que uma visão nova ou renovada possa surgir, de modo que o ciclo possa começar novamente.

A renovação é necessária quando a visão perde o seu poder de inspirar ou as ações não estão mais de acordo com a visão. É o tempo que temos para avaliar o nosso trabalho dentro do seu contexto e no contexto da nossa vida e dos nossos objetivos. A renovação indaga: "O que realmente é importante agora?", e é mais a hora de dizer a verdade e de fazer perguntas do que a de dar as respostas. As respostas fortalecem os preconceitos; as perguntas nos abrem, libertam e fortalecem.

A renovação é o momento de dizer a verdade a respeito do que se passa e, depois, de enfrentar essa verdade. É o tempo de curar o nosso Eu; de lembrar quem somos. E, quando nos lembramos, o nosso eu verdadeiro toma a dianteira.

A renovação é o tempo de abandonar o que não é mais útil. Ela muitas vezes se parece com a morte, uma vez que o desapego pode acarretar a renúncia a um modo de pensar ou de agir, o fim de uma linha de produtos, o fechamento de uma fábrica, o abandonar de um sonho. O próprio ato de renovação é uma renúncia a agir. A renovação pode ou não ser vivida como uma luta, dependendo do nosso grau de apego àquilo que não nos é mais útil. Edith Weiner, em *Six Principles for Revitalizing Your Planning*, esclarece que "a chave inicial do bom pensamento estratégico não é o aprendizado, mas sim o esquecimento. É indispensável desaprender e se livrar de pressupostos antigos e equivocados".

Quando nos desapegamos de algo sentimo-nos aliviados e revigorados. Experimentamos também uma sensação de vazio. A tentação, muitas vezes irresistível, é a de preencher esse espaço imediatamente, pois *não* saber pode ser extremamente desagradável. O melhor é usar o vazio como um tempo de questionamento e pura observação. Esse vazio pode durar um instante, uma semana, vários meses ou mais. Ele é o terreno rico e fértil do qual brota a verdadeira visão.

O espaço de renovação também é o solo do qual poderão nascer bem fortes o consenso e a dedicação. Há pouco tempo, eu orientei uma das divisões de uma grande empresa no processo de eleger e assumir uma estratégia mercadológica que vai orientar as filiais dessa divisão no mundo inteiro. Uma vez completado um longo processo de elaboração de visões estratégicas, o grupo executivo reuniu-se de novo para decidir por uma dessas visões, cada uma delas possuindo os seus pontos fortes e justificativas racionais próprias. Embora tivéssemos reservado dois dias e meio para completar esse processo, o chefe da divisão, excepcionalmente sábio, surpreendeu a mim e aos doze executivos ali presentes, vindos de todos os pontos do continente, ao declarar: "Vamos ficar aqui o tempo que for necessário. Se não chegarmos a um consenso no tempo de que dispomos, vamos programar um novo encontro e nos reuniremos novamente."

Essa abertura pouco comum nos deu a todos o espaço necessário para que a clareza e a verdadeira renovação pudessem se manifestar. Cada pessoa teve tempo para examinar a questão pessoalmente, ainda que para alguns isso não fosse nada agradável. Dedicamos todo um dia para conversar; para tanto, adotamos deliberadamente um esquema de conselho, no qual uma pessoa falava de cada vez e a equipe aprendia mais por ouvir do que por discutir. Criamos, com toda a calma, o "*círculo dentro do qual está todo o Povo*". O que precisava aparecer apareceu naturalmente: conflitos, medos, rivalidades e intuições. O diretor da divisão me fez depois a seguinte observação: "Ficou evidente que uma das estratégias era a mais adequada, mesmo para aqueles que de início eram os mais relutantes. E depois daquela sessão, vi que a equipe começou a trabalhar com uma energia e um envolvimento que antes não existiam!" Esse chefe de divisão é um líder natural.

Os Dons da Natureza

Uma executiva sênior da área de publicidade, depois de concluir o meu curso de cinco dias *Natural Leadership*™, observou que ela se sentia "renovada e adquirira uma simplicidade na forma de encarar a vida... Vou usar a estratégia do 'desista ou faça' como maneira de encarar meu trabalho [e não ficar em cima do muro]. Aprendi a me renovar e com o tempo vou poder usar isso para renovar os outros".

A Natureza Desperta a Nossa Memória...

Se, por um lado, é possível aprender e se orientar mediante metáforas tiradas da natureza, a verdade é que a renovação profunda e o verdadeiro despertar ocorrem com grande naturalidade quando estamos fisicamente presentes e a sós num ambiente natural. Uma cliente observou que embora a sua família "ame a natureza e tente dar importância a ela... nos esquecemos completamente de como entrar em contato profundo com ela. Quando vamos à praia, escalamos uma montanha, etc., fazemos isso em grupo... não sozinhos. Realmente nos esquecemos do que é ficar sozinho num nível 'celular'". Na natureza, é possível literalmente *sentir* o espírito, sentir a presença de influências invisíveis que facilitam o processo criativo. A natureza não apenas nos guia e ilumina os nossos pensamentos; ela também nos revela a nós mesmos, revela-nos o nosso núcleo mais profundo, de forma a curar e rejuvenescer até as células do nosso ser. A natureza nos liga de novo ao nosso eu instintivo e sábio.

A Natureza nos Guia na Caminhada...

Minha caminhada pessoal despertou o líder natural que há em mim e sustentou o meu trabalho de consultoria e de criação, no qual eu uso a natureza como metáfora, mestra e médica. Comecei a me lembrar de mim mesma dez anos atrás, quando, meio desconfiada e de mochila nas costas, parti para uma viagem pelo deserto de Gila, no sul do Novo México. Toda a minha vida até então girara em torno de grandes metrópoles. Eu gozava até a última gota a vida de executiva à qual me acostumara. Adorava voar para cá e para lá, ser tratada como uma rainha em hotéis de luxo e ter assessores com os quais dividir a carga de trabalho. Hoje eu me rio da relutância que tive em abandonar essas comodidades para me lembrar da minha humanidade.

Depois de alguns anos e diversas férias passadas em ambiente selvagem, eu fiquei pela primeira vez totalmente sozinha por uma semana, numa praia do deserto. Não foi uma viagem exteriorizante como as outras, nas quais eu escalava montanhas ou descia a correnteza furiosa de um rio num caiaque. Eu não podia me aventurar para muito longe, pois invadiria o território de algum outro eremita temporário. E tinham me desencorajado de levar comigo as minhas distrações externas, como relógio, rádio, livros ou máquina fotográfica.

Fui forçada a explorar o ambiente interior. No início, aborreci-me muito. Senti-me presa pela perspectiva de morar sete dias e sete noites num lugar incrivelmente bonito, mas pequeno e muito remoto. Com o tempo, e eu o tinha à vontade, comecei a me acalmar e a relaxar, fundindo-me com o quanto me cercava. Fiquei surpresa de ser capaz de ficar a sós por tanto tempo sem jamais me sentir solitária. Certa tarde, andei vagarosamente pela praia e encontrei um rochedo enorme bem na beira d'água. Perguntei ao rochedo o que ele significava e ele me respondeu: "Represento a firmeza numa opinião." Percebi então como aquela rocha ignorava a força das ondas do oceano, os ventos fortes e a areia. Ela agüentava os pássaros e até mesmo o peso do meu corpo sem vacilar nem mudar de posição. Isso sim, era um ser comprometido com uma idéia!

À medida que a semana prosseguia, fui despertando cada vez mais. Observei, por exemplo, que um determinado cacto se destacava de maneira mais bela devido à relação que mantinha com todas as outras plantas que o cercavam. Intuí diretamente a interdependência de todas as formas de vida. Percebi a unicidade e sua companheira, a diversidade. Comecei a ter inúmeras intuições a respeito da vida, do trabalho, do que de fato me importava e das coisas com as quais eu realmente estava disposta a me comprometer. De forma paradoxal, quanto mais profundamente eu me entregava ao âmago de meu ser, mais o meu corpo, o meu coração e a minha alma sentiam-se nutridos e curados por esse deserto quente, seco e inóspito.

A natureza continuou a me chamar até que, três anos atrás, abandonei o burburinho intelectual, psicológico, artístico e empresarial de Cambridge, Massachusetts, e fui morar numa pequena e remota comunidade localizada numa montanha no sul do Colorado. Minhas únicas ligações com a civilização que eu conhecia eram o telefone, uma máquina de fax e um pequeno aeroporto rural a cerca de oitenta quilômetros de distância. Eu não sabia conscientemente (ou, antes, não era capaz de me *lembrar*) por que eu tinha de mudar para lá. Sentia apenas que precisava aprender do contato direto com a terra e que precisava estar sozinha para fazer isso.

Os primeiros dois anos que passei aqui foram cheios de decepções, de solidão e de grandes provações. Eu aprendi a observar, a esperar e a me desapegar das coisas em níveis cada vez mais profundos do meu ser. Aprendi a dizer "não" às oportunidades, porque, por mais difícil que fosse, eu sabia que precisava estar a sós comigo mesma.

Com o passar do tempo, esses momentos de solidão começaram a me preencher de uma sensação de absoluta alegria, de espontaneidade... de visão e de descoberta, de profundo conhecimento interior e de cura em nível celular. Despertei em muitas manhãs com um sorriso no rosto e uma canção vibrando na alma. Muitas vezes olhei para fora pela janela do meu quarto bem a tempo de ver o sol nascer e as montanhas fortes e poderosas incandescentes sob um halo suave, em tom rosa-salmão.

Eu precisava reencontrar minhas raízes e as descobri aqui, neste deserto montanhoso e áspero, seco e rude, mas espetacularmente belo. Minhas raízes estão aqui, naquilo que o Correio qualifica como uma área "remota", uma comunidade de excluídos voluntários da sociedade: artistas, escritores, rebeldes dos anos 60, ermitões e monges. Minhas raízes estão aqui, num lugar ao qual os xamãs nativos se dirigem há séculos para agradecer e se renovar. Mas minhas raízes estão também nas cidades e no mundo das idéias, da imaginação e da velocidade. Esse mundo eu já conhecia. Eu precisava me lembrar do mundo natural.

A Natureza Traz à Tona os Líderes Naturais...

Estou em boa companhia. Ao longo dos tempos, a melhor maneira de sustentar ou criar uma integração, de se renovar, sempre foi o retomar o contato direto com a natureza. Cristo, Buda, Thoreau, Gandhi, Anne Lindberg, Walt Whitman, Rachel Carson, John Muir... até mesmo Teddy Roosevelt, que começou como um garoto doente de Nova York, voltou periodicamente à natureza ao longo da sua ilustre vida e, como presidente, protegeu todas as Florestas Nacionais, para onde cada um de nós pode voltar de tempos em tempos para se lembrar de como trazer à tona os líderes naturais que somos.

A natureza é o que há de mais diferente e distante do mundo de vidro e aço das grandes empresas. Ela nos fornece a oportunidade perfeita de abandonar o paradigma habitual para observá-lo de fora e talvez mudar algo naquilo que molda a nossa vida e o nosso trabalho. É preciso se acalmar e abrir espaços para que o espírito possa se revelar... para ter tempo de integrar e digerir... para ter tempo de se curar. A natureza é o campo onde a cura acontece, onde o corpo, a mente, o coração e o espírito se integram. Ela é o campo onde os líderes naturais crescem e se fortalecem.

10

Uma Responsabilidade Sagrada

Barbara Shipka

BARBARA SHIPKA é consultora e se interessa primordialmente pela criação de uma consciência global, pela preparação para uma interdependência cada vez maior, pela facilitação do crescimento e da mudança, pelo trabalho com as diferenças e a diversidade e pelo desenvolvimento de encargos flexíveis no trabalho. Entre seus clientes acham-se empresas de primeira linha, como a Alliant Techsystems, a Cray Research, a Honeywell, a IDS Financial Services, a Medtronic, The Pillsbury Company e a Wilson Learning.

Shipka faz parte do Conselho Diretor da World Business Academy e fundou a Sessão de Minnesota. Trabalhou não só com grandes empresas, mas também nas Nações Unidas, no governo, em instituições sem fins lucrativos e na área da educação. Morou e trabalhou no Líbano, na República Dominicana, na Somália, na Etiópia, no Sudão, na Checoslováquia e na Suíça.

Colaborou para a antologia *When The Canary Stops Singing: Women's Perspectives on Transforming Business* e teve seu perfil traçado por Jim Leibig em *Merchants of Vision* e por Margaret Lulic em *Who We Could Be At Work*.

Estávamos no meio da tarde, o sol brilhava inclemente e tínhamos passado horas caminhando no esplendor dos templos de Lúxor. Sentíamos o calor e o cansaço e por isso decidimos alugar um carro puxado a cavalo para voltar ao hotel. As duas pessoas com as quais eu viajava eram ambas libanesas e nós três lecionávamos juntos na mesma escola em Beirute. Enquanto avançávamos rumo ao sul, ao longo do rio, meus amigos e o cocheiro começaram a conversar animadamente. Embora eu habitualmente gostasse de exercitar os meus rudimentos de árabe, nessa ocasião eu dormi. Mais tarde, com muita alegria, eles me contaram do que tinham falado.

Eles acharam especialmente engraçado o fato de o cocheiro ter perguntado qual era a largura do Nilo no lugar de onde eu vinha. Eles disseram que o

Nilo não corria por lá. Ele ficou espantado e mal conseguiu acreditar nisso. Perguntava: "Mas como as pessoas podem *viver* sem o Nilo?"

Mais tarde, pensando naquilo, percebi que, para onde quer que ele caminhasse a partir de onde estávamos, ele chegaria ou a um deserto inóspito ou a oásis viçosos, povoamentos verdejantes como o que abrigava a sua casa. Todo o mundo dele vivia graças ao Nilo e morreria se o Nilo não existisse.

Pessoas do mundo inteiro vão visitar Lúxor, sempre muito animadas. A maioria dos turistas que o nosso cocheiro encontrava, em especial os que — como eu — não se pareciam com ele, não falavam árabe e ele só falava essa língua. Por isso, não é de admirar que ele só tivesse um contato bastante limitado com a noção de um mundo mais amplo. Aliás, com tanta gente visitando Lúxor, ele podia até concluir que estava no centro do universo. Afinal, todos vinham até onde ele morava. Mas ele não é o único a ter essa opinião, a qual não tem relação nenhuma com o nível econômico ou o grau de educação. De minha parte, percebo que, mesmo tendo experiência muito maior do que a dele com coisas como mapas, fusos horários, distâncias e culturas, eu também ajo como se o lugar onde eu estou num determinado momento fosse o centro de tudo o que existe, a menos que eu coincidentemente volte a minha atenção para uma realidade mais ampla.

Ampliar o Contexto

O fato de acreditar que Lúxor é o centro do universo talvez explique parte do esquema mental do cocheiro. Mas e quanto aos nossos esquemas mentais? Se tivéssemos sido capazes de olhar para a intenção que se ocultava por trás das palavras dele — se tivéssemos sido capazes de ampliar o contexto —, teríamolo ouvido perguntar algo como: "Qual é a fonte de água que sustenta a vida lá de onde ela vem?" Pois, na verdade, era essa a sua pergunta.

Ampliar o contexto é aumentar a escala dentro da qual vivemos no dia-a-dia, reconhecendo que o centro do universo é maior do que o nosso endereço e os caminhos que percorremos na nossa rotina diária. Em *New World, New Mind*, Robert Ornstein e Paul Ehrlich escrevem: "(...) o sistema mental humano não está conseguindo compreender o mundo moderno." Em outras palavras, eles opinam que a evolução da nossa mente não acompanhou o desenvolvimento das nossas criações. A melhor imagem que os autores dão do estado atual da nossa mente é o dito de que nós ainda não ultrapassamos o estágio de identificar a idéia de "perigo" com o urso na porta da caverna. Nossa tendência ainda é a de só reagir ao que há de mais imediato. Por exemplo, o interesse público é facilmente atraído por duas baleias em apuros no Oceano Ártico, mas é muito mais difícil manter a atenção e o interesse voltados para a situação difícil da vida em geral. Assim, ampliar o contexto é tomar a decisão consciente de enxergar além dos acontecimentos individuais; é exercitar diariamente a atitude de prestar atenção à natureza sistêmica do nosso mundo e aos processos que estão se desenvolvendo dentro dele.

Em Busca da Essência

A ampliação do contexto também é uma busca da essência e do sentido sob o verniz do nosso transe cultural, que é muitas vezes hipnótico. É sair do transe, e não apenas passar de um transe a outro.

Nos últimos anos muito se tem dito a respeito do "novo paradigma" no mundo dos negócios. Tenho muito respeito pelas corajosas tentativas de organizar numa formulação única os novos métodos e acontecimentos. Eu digo corajosas porque, por definição, os resultados de uma mudança transformadora são desconhecidos durante os seus primórdios. Mas há um fenômeno que me aborrece. Vários autores — entre eles Michael Ray em *New Traditions in Business* e Marilyn Ferguson em *The New Paradigm in Business* — desenvolveram esquemas que têm uma coluna da esquerda, que em geral enumera os aspectos mórbidos e sombrios do antigo, e uma outra coluna, do lado direito, que em geral enumera os aspectos luminosos e visionários do novo. Essas concepções, embora sedutoras, podem ser enganosas. Em primeiro lugar, elas são expostas sob a forma do "antigo paradigma". Em segundo lugar, consciente ou inconscientemente, qualquer pessoa sensata gostaria de se identificar mais com o lado direito do que com o esquerdo. Como via de regra acontece na nossa cultura do descartável, há todo um movimento em favor de descartar o "antigo paradigma", trocando-o pelo "novo paradigma". Mas dividir o mundo em dois, de forma assim tão radical e linear, também é uma atitude "antiga".

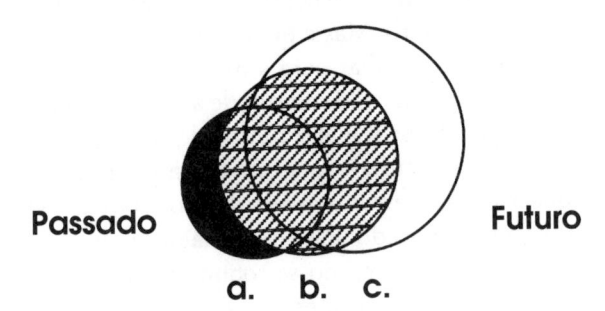

Passado   Futuro

a. b. c.

Um modelo alternativo que nos ajuda a visualizar a mudança que está ocorrendo é o desenho de uma série de círculos entrelaçados. Num primeiro momento, uma parte do círculo menor, em forma de lua crescente, é deixada para trás (a). Depois, o círculo seguinte é maior porque o potencial das coisas que estão surgindo e evoluindo é maior do que o que existia até então (b). Outro círculo cresce a partir do segundo (c), e assim por diante. Outro aspecto crítico é a área onde os círculos se sobrepõem. Essa intersecção é um ponto de atração espiritual e emocional, semelhante ao que a força da gravidade é para o corpo.

Em vez de trocar o "velho" pelo "novo", precisamos procurar a essência em toda parte — no antigo e no novo, olhando para a escuridão e expondo-nos à luz, deixando entrar o que está fora e sair o que está dentro, vivendo no presente mas pensando também nas sete gerações seguintes, sabendo que aquilo que fazemos "aqui" produz efeitos por toda parte, desempenhando o nosso papel individual sem perder de vista a estrutura de um todo muito mais amplo.

Global não se Resume à Geografia

Um exame da linguagem pode nos dar informações importantes sobre as mudanças culturais, porque a linguagem não apenas expressa a nossa realidade como também a constitui. Nós usamos atualmente a palavra "global" no sentido de "mundial", o que equivale ao modo pelo qual o cocheiro usava a palavra "Nilo". Em algum ponto, bem no fundo, nós sabemos que o "global" não se limita à geografia.

Até pouco tempo atrás, as empresas se referiam a si mesmas como "internacionais" ou "multinacionais". A preferência pelo uso do termo "global", embora sutil, é de grande significado, porque as palavras têm significados e implicações bastante diferentes. Tanto "internacional" quanto "multinacional" se baseiam na atual estrutura governamental de Estados nacionais e se referem a relacionamentos baseados em nações. "Global", por outro lado, não tem particularmente a ver com a idéia de nação. Os significados da palavra são, entre outros, "universal" ou "que diz respeito a um todo".

Para as empresas que realmente têm a intenção de serem globais, a expansão da mente e do coração humanos é mais do que uma simples expansão geográfica. Assim como por trás do uso que o cocheiro fazia da palavra "Nilo" estava a noção mais profunda e essencial da água que sustenta a vida, assim também sob o uso habitual que nós fazemos de "global" está a noção mais profunda e essencial de totalidade. Uma empresa global, portanto, é uma empresa que — seja em âmbito mundial ou não — tem o objetivo de buscar a totalidade — para si mesma, para as pessoas que a compõem, para o mundo como um todo.

A Liderança não se Resume ao Poder Institucional

Mas o que tudo isso tem a ver com a liderança e, em especial, com a liderança empresarial? Em primeiro lugar, nesse contexto, a definição de liderança vai muito além do poder conferido pela posição ocupada na instituição. No mundo de hoje, qualquer indivíduo com tempo, dinheiro e energia bastantes para ler este livro tem de reconhecer em si mesmo um líder global em potencial. Retomando o caso do cocheiro, percebe-se que ele é capaz de compreender num nível local ou visceral os vínculos que unem o destino de todos os seres humanos, mas não possui o quadro de referência indispensável para compreender a totalidade das mudanças que estão ocorrendo na Terra. E ele até que vive relativamente bem. A grande maioria dos nossos semelhantes só conhece do mundo uns poucos quilômetros quadrados e só tem garantida a refeição de amanhã, talvez depois — se tiver sorte.

Em segundo lugar, neste momento da história da humanidade, os negócios são a instituição mais importante e poderosa que existe sobre a Terra; essa instituição é uma infra-estrutura interligada que se prolifera e se espalha pela Terra e, em sua maior parte, funciona bem. Em virtude do lugar de destaque que os negócios ocupam, as pessoas dotadas de poder, autoridade e responsabilidade para tomar decisões no mundo empresarial participam com grande peso na determinação do nosso futuro coletivo — tenham eles ou não consciência disso. Assim, quanto mais nós decidirmos coincidentemente agir em prol da totalidade do nosso sistema planetário, tanto mais facilmente nos poderemos dar ao privilégio de buscar a essência e o sentido de todas as formas — seja no nível individual, seja no coletivo.

O Preço da Riqueza

Aqui nos Estados Unidos, nós temos um preço meio-amargo a pagar pelo fato de nos contarmos entre os indivíduos mais ricos da Terra e por participar da alta roda do mundo dos negócios. Esse preço é a consciência.

Lembro-me de um dia no Quênia em que paramos o carro na beira da estrada para descansar um pouco — a savana repousava em silêncio absoluto, rompido apenas pelo assobio do vento. A distância, vi um pastor com suas ovelhas. A vida dele me deu uma sensação romântica — tão idílica, tão pacífica. E percebi então que eu não poderia jamais ser igual a ele — em função do meu quadro de referências, das minhas experiências. Por outro lado, também me lembro de ter visto mulheres etíopes saindo de madrugada de um acampamento de refugiados no Sudão para passar o dia todo caminhando em busca de pedaços de lenha que lhes permitissem cozinhar a refeição da tarde — tão desesperador, tão trabalhoso! Percebi que eu não queria ser igual a elas — e que eu estava, neste caso, muito grata por ter o meu quadro de referências, as minhas experiências.

Uma Responsabilidade Sagrada

A consciência é um preço bem alto a pagar, mas não é necessariamente um sacrifício. É uma responsabilidade sagrada por todas as formas de vida. Isso não diz respeito ao ego. É assim e pronto. Quando nos dispomos a pagar o preço, recebemos de brinde uma dádiva de valor inestimável: a dádiva da evolução e da cura espiritual, da ampliação da percepção e da consciência.

A responsabilidade sagrada vai além da responsabilidade social. Os indivíduos e empresas que envergam o manto da responsabilidade o introduzem num novo nível de evolução e o mantêm de maneira nova. Eles reconhecem que a única razão de estarmos juntos de maneira coletiva é a perpetuação da vida e a evolução da consciência. Com essa convicção, o lucro continua sendo essencial para a viabilidade dos negócios, mas o seu papel e a sua importância mudam. A lucratividade da empresa deixa de ser um fim em si mesma e passa a ser um meio pelo qual um grupo de seres humanos pode crescer, agir a partir do seu mais profundo objetivo de vida e expressar sua força vital ou vitalidade criativa e geradora.

Três Perguntas

A essa altura, três perguntas nos vêm à mente. Primeira: por que considerar a idéia de romper de maneira tão radical com as noções convencionalmente aceitas nos dias de hoje? Segunda: como encarar o conceito de liderança global como uma responsabilidade sagrada? E terceira: que resultado podemos esperar disso?

1. Por que considerar a hipótese de encarar a liderança global como uma responsabilidade sagrada?

Em virtude de estarmos vivos na Terra nos tempos atuais, os problemas que enfrentamos têm uma natureza e uma magnitude desconhecidas até agora. Em primeiro lugar, os componentes locais da nossa aldeia global não podem mais viver sem se relacionar uns com os outros. Estamos todos inextricavelmente ligados. Quando examinamos os diversos sintomas da doença que acomete o organismo mundial, verificamos que problemas como o terrorismo, a pobreza e os conflitos étnicos ou políticos parecem estar sempre se fortalecendo.

Em segundo lugar, os negócios não podem continuar a crescer quantitativamente. Quando pomos o consumismo de um lado da equação e as limitações planetárias do outro, os únicos resultados possíveis são a implosão ou a extinção.

Em terceiro lugar, um dos maiores obstáculos com os quais deparamos é o medo. Como o medo é incômodo, ele nos leva a negar a realidade evidente. O medo e a negação da evidência aparentemente nascem de uma semiconsciência do fato de que nós não sabemos o que fazer nem como controlar aquilo com que deparamos. É verdade que nós não sabemos o que fazer — chegamos ao máximo da incompetência coletiva; também não controlamos os acontecimentos. Mas a verdade é que nós nunca controlamos nada. A única diferença agora é que a ilusão do controle está se desfazendo. Em vez de nos iludir com a idéia de que somos nós que desencadeamos e manipulamos as forças que agem no mundo, precisamos, isso sim, aprender a nos equilibrar, influenciar e prosperar criativamente no contexto da mudança.

2. Como encarar a liderança global como uma responsabilidade sagrada?

O primeiro passo é decidir por isso, ou seja, responder afirmativamente às seguintes perguntas: "Quero me dedicar realmente a expandir o centro do meu universo, ampliar o contexto em que vivo e realizar todo o meu potencial?" "Estou disposto a pagar o preço da responsabilidade, que é a consciência?" Uma vez tendo optado por seguir avante, as possibilidades são inumeráveis. Eu sugiro três:

- Desenvolver um pensamento sistêmico
- Negar a concepção atual do crescimento
- Encarar com coragem a vida na Terra no fim do século XX

Desenvolver um Pensamento Sistêmico

Há pouco tempo, eu entrevistei alguns funcionários de uma grande empresa. Um dos aspectos da visão que orienta a divisão em que eles trabalham é a distribuição do poder e a criação de uma estrutura na qual as pessoas possam desenvolver melhor seu potencial. Para fazer isso, eles optaram por se reestruturar em equipes "autogeridas". Mas os empregados confundem "autogestão" com "autonomia" ou liberdade completa de agir por conta própria, ao passo que, na verdade, a interdependência de objetivos exige que as pessoas se inter-relacionem mais e dependam mais umas das outras. "Grande coisa", diz um dos líderes. "Vamos mudar o nome e seguir em frente!"

Mas não é uma questão de nome. Ainda que se mude o nome, o problema básico permanece. Nessa divisão, a hierarquia continua existindo mais ou menos como sempre existiu. A única diferença é que ela foi maquiada com a idéia de "equipe". A mudança de uma estrutura que predomina pelo menos desde a época das legiões romanas não é objetivo fácil, pequeno ou rápido de atingir.

Não é possível mudar os sistemas humanos mediante um tratamento dos sintomas — nesse caso, revestindo a forma antiga de uma aparência nova. Para que a mudança seja profunda, é preciso de início uma mudança da mentalidade coletiva. As mudanças estruturais seguir-se-ão naturalmente. A mudança dos pressupostos básicos pode surgir quando nós procuramos formar modelos mentais sobre várias coisas; as mudanças que vêm acontecendo no mundo, o modo pelo qual as mudanças afetam as pessoas e o potencial humano de ação, as formas alternativas que nós já conhecemos um pouco, o espaço de que dispomos para criar alternativas ainda não descobertas. Em outras palavras, as pessoas precisam fazer experiências inovadoras, não só no que diz respeito aos trabalhos que estão fazendo como também à forma pela qual elas se relacionam no trabalho.

Quando nos reunimos para investigar como nós nos relacionamos — seja no trabalho, seja fora dele —, passamos a conhecer cada vez mais não só os sistemas específicos nos quais vivemos como também a natureza dos sistemas em geral.

Negar a nossa Concepção Atual do Crescimento

O trânsito é pior do que nos meus mais terríveis pesadelos! Meus anfitriões, amigos dos tempos da África, me contam sobre a vida cotidiana em Bangcoc. Char me diz que leva um livro consigo sempre que vai pegar um táxi, porque o trânsito pode transformar uma corrida de vinte minutos num suplício de quase três horas. Terry fala que a verticalização imobiliária deixou a cidade à beira de uma catástrofe — enquanto se constroem prédios de mais de quinze andares, os equipamentos de combate a incêndio só chegam ao quinto andar. Ao caminhar pelas ruas, minha queixa é a de que ao fim de uns poucos quarteirões eu não consigo mais respirar. Os pulmões me doem! Embora não seja mais que meio-dia, o sol está vermelho. O ar é o pior que eu já respirei — quer dentro de casa, quer ao ar livre. A menos que certos hábitos fundamentais sejam alterados, Bangcoc é o protótipo do que será, em pouco tempo, a comum vida urbana sobre a Terra. Mas as coisas não precisam ser assim.

Certa vez, enquanto almoçava com um amigo e sua família na Indonésia, ele me contou que pouco tempo atrás o conselho da aldeia — os anciãos — avaliara seriamente a possibilidade de comprar um trator. Por um lado, diziam, ele seria muito mais eficiente do que um búfalo indiano e eles se tornariam uma aldeia moderna. "Mas por outro lado", ponderaram, "teríamos de comprar gasolina e alguns dos nossos perderiam o seu meio de subsistência." No fim, a decisão dos anciãos foi a de *não* comprar o trator. O raciocínio deles era o de que todos já estavam trabalhando e comendo, vivendo e amando. Eles não tinham a intenção de conquistar a aldeia vizinha. Concluíram então que um trator tenderia mais a pôr em risco o equilíbrio da comunidade do que a desenvolvê-la.

A idéia de um crescimento econômico de X% ao ano, ano após ano, rumo a um futuro interminável, é, quando paramos para pensar nela, uma idéia bastante estranha — exceto pelo fato de que nos acostumamos tanto a esse raciocínio que, em geral, nós não o questionamos nem avaliamos mais. Enquanto crença coletiva, esse raciocínio é fascinante, porque ele não reflete o que nós entendemos por "saúde" nos organismos vivos. Reflete, isto sim, os organismos que nós não podemos controlar e que podem nos destruir — como o câncer, por exemplo.

É indispensável compreender que se a indústria, o comércio e os serviços pretendem continuar a ter um mundo viável no qual operar, eles precisam buscar alternativas de crescimento que não se limitem às habituais taxas adicionais de X% ao ano. É muito útil considerar o padrão de crescimento das formas naturais e saudáveis nas quais, depois de um certo tempo, o crescimento é mais qualitativo do que quantitativo.

Encarar com Coragem a Vida na Terra no Fim do Século XX

Finalmente, estou na Índia! É o prêmio que dou a mim mesma depois de passar um ano difícil e interminável na Somália. Ao chegar, instalei-me no hotel mais caro e elegante de Nova Delhi — por tempo suficiente para usufruir do serviço de quarto, passear numa loja de presentes, comprar alguns livros em inglês, assistir alguns vídeos, fruir um pouco do luxo e da ociosidade. Foi um alívio, uma forma de relaxar. Parecia-se mais com a minha casa do que qualquer outro lugar onde eu pusera os pés no decorrer do ano anterior. Eu compreendia as regras e conseguia obter não só tudo o que eu precisava, mas tudo o que eu queria. Dois dias depois, parti para conhecer a verdadeira Índia.

Já no trem tive uma boa amostra das pessoas, aldeias e campos da planície indiana num dia quente do mês de junho. Bem ao longe, vi uma grande torre de resfriamento como as que se vêem com freqüência nas usinas nucleares. Numa estrada que ia da estrada de ferro à torre, vi um homem conduzindo um carro de bois. Na hora, me ocorreu o pensamento de que a Índia é mesmo um país de contrastes — antigos carros de boi ao lado de torres de resfriamento de alta tecnologia. Em seguida, essa justaposição serviu como uma chave para abrir as portas para um pensamento mais profundo.

O que me ocorreu então foi que, com exceções como as do hotel em Nova Delhi e pondo à parte os elementos culturais específicos como a língua e os costumes, a Somália e a Índia eram incrivelmente semelhantes. Comecei a imaginar um ser de outro planeta mandando um relatório à "nave-mãe", fornecendo observações genéricas e básicas a respeito da vida humana na Terra. Um tal ser descreveria a Somália e a Índia de forma bastante semelhante. Por exemplo, os meios de transporte são quase todos movidos pelo próprio homem ou por animais de carga; a comida é simples, sem enfeites, sempre igual — e muitos não dispõem do suficiente; a maioria das pessoas nasce, vive e morre sem jamais sair de perto de casa.

O relatório também chamaria a atenção para uma anomalia que abarca uma área bastante pequena da Terra e uma quantidade de pessoas bem reduzida, mas cujo poder é enorme. "Sabe-se que essa anomalia tem o nome de 'mundo industrializado'", diria o relatório. "Ela se manifesta também em alguns pequenos enclaves isolados aqui e ali, onde as pessoas vivem no mesmo estilo anômalo." Como o hotel em Nova Delhi.

Alguns anos atrás, li um artigo escrito por Robert W. Fox na *National Geographic* intitulado "The World's Urban Explosion" ["A Explosão Urbana do Mundo"]. As estatísticas do que talvez nos aguarde nas próximas décadas me deixaram com medo. Quando comentei o artigo com uma amiga, ela me disse algo do tipo "Não se preocupe. Eles vão acabar dando um jeito. É sempre assim." Em outra ocasião, outra pessoa disse: "Eu mal posso cuidar da minha vida, quanto mais tomar conta do mundo inteiro! Nem quero ouvir falar nisso."

Dois terços da população mundial vivem em aldeias. Já faz tempo que eu bolei uma atividade que acredito seria muito útil para todos aqueles que se preparam para assumir postos de liderança no mundo empresarial. Recomendo que essas pessoas passem duas semanas numa dessas aldeias nas quais vivem os dois terços da população, trabalhando com as pessoas do lugar e convivendo com elas segundo seus costumes. A idéia é a de que dessa brevíssima imersão resulte um enorme benefício, de efeito duradouro. Segundo creio, uma experiência dessas pode transformar os "pontos de vista" individuais em "campos de vista" muito mais amplos.

3. O que Esperar como Resultado?

No nível individual, aqueles que embarcam nessa jornada vão aprimorar qualidades naturais e intrínsecas tais como a curiosidade, a paciência e a capacidade de ver o que está logo além da curva; vão cultivar uma mente sempre aberta, tratando de encarar-se com bom humor e exercitando a capacidade de escutar em profundidade; vão buscar a abertura para examinar e alterar crenças sustentadas de há muito, desenvolvendo um *campo* de vista em vez de um *ponto* de vista, encarando a recuperação como algo mais importante do que a perfeição... Essas são as qualidades que se fortalecem quando se concebe a liderança como uma responsabilidade sagrada. São qualidades que vivem no interior de todas as culturas, mas que também as transcendem.

Já no plano coletivo, a questão de o que se pode esperar não é tão fácil de responder. Já há mudanças profundas em processo de gestação. Nossa tarefa atual é a de fazer o parto. E quem já viu ou ouviu falar de parto natural sem dor? Ao lado da mãe, a parteira também investe uma enorme energia nesse processo. Não, a tarefa não é fácil e não se completará tão cedo. E, no entanto, pelo simples fato de se ver a liderança de modo global ou holístico, ou seja, sagrado, o mundo se transforma. Ainda não se vêem os resultados concretos no mundo exterior, mas, enquanto isso, os dons que recebemos nos dão a oportunidade de nos dedicarmos consciente e profundamente ao processo global de mudança, rompendo com o automatismo cultural e as crenças limitadoras e criando uma nova esperança para o nosso futuro.

11

Liderar de Dentro para Fora: Um Salto no Escuro

Tina Rasmussen

TINA RASMUSSEN atua como coordenadora de grupos, consultora interna e instrutora na função de gerente de desenvolvimento administrativo na Nestlé Beverage Company, subsidiária da maior empresa de alimentos do mundo.

Tem mais de dez anos de experiência em auxiliar executivos e administradores na tarefa de desenvolver métodos humanísticos de liderança empresarial nos setores de alta tecnologia, comércio varejista, serviços financeiros e bens de consumo. Foi também repórter de jornal e autora de uma coluna diária.

Rasmussen considera o seu papel na empresa como um veículo para a disseminação dos valores humanísticos. Já desenvolveu projetos específicos nas áreas de diversidade, satisfação do consumidor e visão e missão empresariais baseadas nos valores e ligadas ao planejamento estratégico.

Rasmussen é também candidata a PhD. no Fielding Institute e está terminando uma dissertação de doutoramento sobre a liderança.

"Na teoria é bom, mas na prática é muito mole." "Tudo bem, eu quero ser fiel aos meus princípios. Mas aqui trata-se de negócios. É coisa totalmente diferente." "Preciso *pegá-los* antes que eles *me peguem.*" "Sou um administrador, não um santo." Esses são os comentários que nós sempre ouvimos quando a conversa gira em torno de formas mais humanísticas de fazer negócios.

Minha experiência com administradores e líderes me levou a crer que, em sua maioria, eles são pessoas boas, pessoas que acreditam nos códigos morais que tentam manter como baliza da sua vida "pessoal", ou seja, com a família e os amigos. Infelizmente, esses mesmos líderes muitas vezes pensam que os princípios que tanto prezam não se aplicam ao mundo dos negócios. Eles se dividem em dois, adotando uma filosofia no trabalho e outra em casa. Essa divisão realça um tema crítico nesta sociedade: a falta de integração dos nossos valores básicos, do que resulta a fragmentação. Alguns acreditam que essa tendência resulta da falta de sentido que as pessoas encontram na vida moderna, em especial no trabalho. Victor Frankl, autor de *Man's Search for Meaning* [O Homem em Busca de Sentido], chama isso de "vazio existencial".

Com freqüência, as pessoas acreditam que a única maneira de agir nos negócios é "jogar segundo as regras", e deixam os seus valores e as crenças pessoais do lado de fora da porta quando entram no escritório. Acreditam que, se sempre agissem com bondade e honestidade no trabalho, seriam "engolidas vivas" pela concorrência, pelos colegas, pelo chefe e até mesmo pelos subordinados. Por melhores que sejam as suas intenções, as pessoas se condicionam a "adaptar" seus próprios valores.

A maioria de nós passa trabalhando mais da metade do tempo em que estamos acordados. É comum passarmos mais tempo no trabalho do que com a família e os amigos. O comércio tornou-se a força dominante na sociedade industrializada e vem rapidamente tomando o lugar do governo como instituição principal. Já de há muito suplantou a Igreja, que durante séculos foi a maior força organizada da sociedade. Mesmo assim, a todo momento alguém diz em tom de reclamação: "Quando eu morrer, de uma coisa eu tenho certeza: ninguém vai poder me acusar de ter trabalhado pouco." É uma tragédia para o espírito humano que as pessoas estejam dispostas a passar parte tão grande da vida fazendo algo tão sem significado.

Em reação a esse fato, o mundo empresarial vai tendendo a um tipo mais brando — será que eu ousaria dizer "amoroso"? — de liderança. Como já se observou no número de junho de 1993 da revista *Training*, "em um ambiente atormentado pelo *stress*, pela insegurança, pelas decisões difíceis e por semanas de sessenta horas, o que se espera é o reaparecimento de um modelo de administração baseado no *Príncipe* de Maquiavel, em Leona Helmsley ou em algum outro expoente da Teoria X. Ao contrário, as coisas começam a caminhar na direção oposta: uma enxurrada de livros, artigos e reflexões a respeito de administração tentam achar algum sentido no caos atual propondo um modelo administrativo repleto de coração — e alma". Além disso, um número de 1990 da revista *Fortune* listava "as idéias mais poderosas, encorajadoras e às vezes perturbadoras que influenciarão a nossa vida e o nosso ganha-pão". Uma das idéias encorajadoras mencionada no artigo era a de um novo altruísmo e uma "espiritualização" do trabalho.

Um pequeno número de escritores e praticantes dessa nova liderança, como Max DePree e Jim Autry, registraram por escrito suas idéias e o sucesso resultante. Os livros deles, entretanto, são escritos primordialmente sob o ponto de vista do líder. E o que significa ser um seguidor de um desses novos líderes? Como se sentiria um membro das maiorias silenciosas?

Como profissional de desenvolvimento administrativo — administradora de nível médio que vem trabalhando com líderes há muitos anos —, eu posso ter um ponto de vista diferente daquele do empregado padrão. Eu me identifico com os líderes porque compreendo as grandes pressões que eles enfrentam e sei o quanto esse tipo de trabalho pode ser ingrato. Por outro lado, o meu ponto de vista pode ser ainda mais cético e crítico do que o do empregado médio, uma vez que eu já testemunhei pessoalmente a influência negativa causada por líderes sem brilho que nada inspiram a não ser medo, revolta ou apatia. Em alguns casos, tive a oportunidade de trabalhar com administradores apenas medíocres, que não faziam nada de mau, mas também não faziam nada de bom. Sempre depositei esperança nesse tipo de gente, porque acredito que eles realmente querem comandar de uma forma diferente, mas não sabem como fazê-lo.

Poucos anos atrás, inesperadamente, tive a sorte de trabalhar com um líder dotado da coragem de acreditar numa nova maneira de liderar. Vou lhes contar a história de um tipo diferente de liderança. Vocês serão testemunhas de como essa maneira de liderar pode influenciar uma empresa por anos e anos. Depois de passarmos em revista esse caso específico, vou identificar o atributo-chave que o distingue de outras formas de liderança.

Quando tiverem terminado, talvez vocês acreditem que os mocinhos *podem* vencer. Eu acredito.

O Caso do Santa Barbara Bank & Trust

Comecei a trabalhar no Santa Barbara Bank & Trust (SBB&T) em 4 de março de 1990. Fui contratada como executiva de desenvolvimento de programas no Departamento de Recursos Educacionais. Eu tinha o dever de analisar as oportunidades existentes para que os funcionários do banco se tornassem mais aptos a buscar os objetivos da empresa, e em seguida comandar equipes que deveriam criar ferramentas e processos para aproveitar essas oportunidades. Minha primeira tarefa foi a de ajudar a transformar o papel dos nossos gerentes de atendimento aos consumidores — de um papel puramente técnico e "mecânico" a um papel de liderança, de serviço ao cliente.

Quando entrei no banco, sabia que ele era uma instituição independente de porte médio com cerca de quinhentos empregados e onze filiais espalhadas ao longo de sessenta quilômetros na parte sul do condado de Santa Barbara, no litoral central da Califórnia. Sabia pouca coisa mais a respeito da empresa e não conhecia praticamente nada da atividade bancária. Minhas especialidades eram o campo do aprendizado de adultos e o desenvolvimento institucional.

Comecei a procurar respostas para a seguinte pergunta: "O que é a administração no Santa Barbara Bank & Trust?" Entrevistei funcionários de todo tipo, em todos os níveis, em diferentes setores da empresa. Trabalhei com o meu gerente, que tinha um estilo muito humanístico. Pesquisei a história e os planos futuros da empresa para descobrir de onde eles vinham e para onde queriam ir.

Comecei a descobrir coisas que me pareciam incríveis. Como eram fatos bastante arraigados na instituição, ninguém dava muita atenção a eles nem pensava que eles fossem "grande coisa".

O Santa Barbara Bank & Trust foi fundado em 1960 por três negociantes locais bem-sucedidos. Eles queriam criar uma instituição financeira que favorecesse o crescimento e a estabilidade econômica dos moradores e empresas da região. Eles fizeram do banco uma instituição de propriedade pública para que ele se tornasse "o banco que pertence a Santa Barbara". Chegaram até a limitar o número de ações que um investidor pode possuir, garantindo assim que o controle permaneça espalhado por toda a comunidade. Fundaram essa modesta instituição com uma única agência bem pequena.

Agora, mais de trinta anos depois, o banco foi identificado pela revista *Money* como um dos dois bancos mais fortes da Califórnia e um dos noventa e sete mais fortes dos Estados Unidos. Sheshunoff, principal órgão de avaliação de bancos do país, vem dando continuamente ao banco as notas mais altas — A ou A+ — pelo fato de ser bem administrado.

Apesar de as ações bancárias em geral não terem subido muito nos últimos anos, o Santa Barbara Bank & Trust vem obtendo resultados impressionantes. Os lucros dos acionistas aumentaram continuamente nos últimos vinte e sete anos, e isto num setor de atividade em que muitos concorrentes fecharam as portas. O patrimônio acionário do SBB&T, que era de U$1,5 milhões em 1960, valia U$70 milhões em 1991.

Há muitos anos que o banco é o líder do mercado em sua região — mesmo tendo concorrentes de porte, como o Bank of America e o Wells Fargo. Em 1992, o número de clientes do Santa Barbara Bank & Trust na região era maior do que o dos outros dois concorrentes *juntos*. Entre 1987 e 1992, o banco *duplicou* seus ativos e sua fatia de mercado. Durante o mesmo período, várias outras instituições financeiras da região, grandes e pequenas, foram vendidas ou assumidas pelo governo federal.

Os habitantes de Santa Barbara o consideram o melhor banco da região. Em 1993, depois de o SBB&T ser eleito o "Melhor Banco" por cinco anos consecutivos, o jornal que fazia a enquete teve de retirá-lo da pesquisa como *hors-concours* e atribuir-lhe o título de "Lenda Viva", porque nenhuma outra instituição tinha chance de ganhar. Às vezes não havia nem adversário. Uma firma de pesquisa de mercado, baseada numa amostra expressiva de clientes, usou uma única palavra para qualificar a reputação do banco: "nobre".

Em 1992, o presidente do conselho do banco, Don Anderson, foi eleito Homem do Ano em Santa Barbara. Esse mesmo prêmio havia sido dado antes a um dos fundadores, Rubin Irvin, que até a época da sua morte, em 1989, com 90 anos de idade, manteve o hábito de ocupar sua escrivaninha no salão principal, de onde cumprimentava os clientes. "Rube" Irvin também trabalhou com mais de trinta organizações cívicas ao longo da sua vida. Praticamen-

te todos os cento e cinqüenta funcionários graduados se ofereceram para trabalhar como voluntários para pelo menos uma instituição sem fins lucrativos.

Como foi possível tanto sucesso? Em 1992, o presidente e diretor-executivo do banco, David Spainhour, foi convidado a dar uma aula aos graduandos
da Pacific Coast Banking School. Pediram que ele falasse a respeito das razões
que tornavam o Santa Barbara Bank & Trust tão bem-sucedido. Ele disse: "Eu
posso até ter uma visão pessoal de como deve ser um bom serviço de atendimento ao cliente, mas ela não vai adiantar muito enquanto não se tornar uma
visão comum a toda a empresa, enquanto outras pessoas não se dispuserem
também a agir com base nela. É por isso que nós buscamos maneiras de
reforçar a nossa cultura, de transformar a visão pessoal de poucos numa visão
comum a muitos."

Mesmo dentro do banco, muitas vezes nos perguntávamos a razão de a
empresa ter tanto sucesso. Não nos considerávamos na "linha de frente" de
todas as tendências empresariais. Alguns chegaram à conclusão de que o sucesso era uma conseqüência do que nós *fazíamos*. O que fazíamos, nós fazíamos mesmo, em vez de ficar só *falando* a respeito. Não precisávamos fazer
nada de muito bombástico, porque tínhamos conseguido algo que poucas
empresas conseguem. Tínhamos reduzido o hiato entre *falar* e *fazer*. Como
diria Chris Argyris, professor em Harvard, as teorias que esposávamos estavam bem perto das teorias que aplicávamos.

Os empregados do SBB&T em geral acreditam que a sua presença no
trabalho faz toda a diferença, que as suas contribuições são importantes. Um
exemplo disso é a forma pela qual se dá o processo de planejamento. Em
primeiro lugar, os gerentes obtêm informações atualizadas e verídicas dos
membros da sua assessoria. Em seguida, representantes de todos os departamentos trabalham em conjunto para criar um plano coeso, integrado, que
abarque e leve em conta todos os setores do banco. Depois de finalizado o
plano, cada gerente coordena uma reunião no seu departamento, com um
vice-presidente sênior presente para responder perguntas. O plano é levado a
um nível de detalhamento no qual cada funcionário pode determinar como o
seu papel específico contribui para o objetivo geral. Essa conclusão é incorpo-
rada à descrição de funções e ao plano de desempenho do cargo de cada funcionário. Eu me lembro de que as pessoas saíam da reunião orgulhosas e
satisfeitas por poder contribuir para algo que elas acreditavam ser de grande
valor. Muitos se surpreendiam com o quanto a empresa se dedicara para que
todos tivessem o direito à palavra e para que o papel de cada um fosse compreendido. Na primeira vez que meus companheiros e eu fomos convidados a
participar ativamente desse processo, senti que aquele gesto não tinha a simples intenção de fazer com que os funcionários se sentissem bem. Por trás dele
havia um verdadeiro interesse em descobrir o que nós acreditávamos ser importante, e, no fim, elementos das nossas idéias passavam a fazer parte do
plano definitivo.

Pessoas de todos os escalões e dos mais diversos departamentos se reuniam com um objetivo comum ou missão específica, produzindo resultados muito criativos. Em um dos projetos, alguém concebeu um novo serviço que nos permitiria abrir contas para novos clientes sem que eles tivessem de ir ao banco anterior. Isso eliminaria um obstáculo, pois algumas pessoas, quando mudam de banco, sentem que estão "traindo" sua antiga instituição. A pessoa que teve essa idéia não sabia como implementá-la, de modo que nós pedimos opiniões e conversamos com os caixas, os encarregados das contas novas, o pessoal das operações de retaguarda e muitos outros desde o escalão mais baixo até os vice-presidentes. Em curto espaço de tempo, tínhamos um novo "produto" viável que nos custou praticamente nada para implementar. Um mês depois, diversos concorrentes estavam tentando copiar o nosso método. O que eles não conseguiam reproduzir era a nossa disposição ao trabalho em equipe, a nossa visão comum e o esquema de delegação de poderes, que nos permitiram implementar o plano com sucesso.

A alegria também é importante no banco. Um dos maiores acontecimentos do ano é o desfile do Dia das Bruxas, que ocorre em frente à matriz do banco. Todos os departamentos e filiais são convidados a participar em alegre competição, na disputa pelas melhores fantasias e pela melhor apresentação. Alguns clientes também participam do concurso. Pessoas de todas as partes da cidade vão assistir ao desfile, e cada filial tem as suas próprias cores, para que os respectivos clientes possam torcer. Na maior parte das vezes, uma estação de rádio local transmite ao vivo a competição. Trata-se de uma atividade excelente para formar equipes, um ritual que estimula o sentimento de comunidade tanto dentro quanto fora do banco e permite que todos compreendam que o equilíbrio entre trabalho e prazer é aceito e valorizado.

Os funcionários respeitam e admiram a administração superior. David Spainhour está no banco desde 1966. Ele não é um especialista em "motivação", como Lou Holt ou Robert Schuller. Jamais poderia ser confundido com um chefe de torcida uniformizada. Mas ele é coerente, calmo e atencioso. Demonstra ter um caráter forte, mas quer saber o que você está pensando. Os funcionários às vezes se impressionam pelo fato de que, quando o encontram no salão, ele faz perguntas e escuta as respostas com atenção. Muitos funcionários ficam pouco à vontade e não sabem o que dizer. Eu sempre me perguntei sobre a razão disso, e acho que a explicação é o fato de ser tão raro hoje em dia *alguém* escutar o que você diz, quanto mais o presidente.

Apesar de Spainhour ser atencioso, não se pode dizer que ele seja "mole". Ele é firme sempre que preciso — mas não de maneira autocrática. Essa firmeza está ligada à confiança de que todos estão dispostos a dar o melhor de si. Os empregados reagem a isso se dispondo a corresponder ao máximo às expectativas dele e às do banco. Eles têm mais medo de decepcionar os outros do que de serem punidos.

E no entanto, apesar disso, o banco não é perfeito. Visto que todos valorizam seus relacionamentos uns com os outros, eles às vezes caem numa mentalidade de "pensamento grupal". Como as colaborações são bem acolhidas e as perspectivas individuais são levadas em conta, as decisões muitas vezes demoram muito tempo para acontecer. De quando em quando, as coisas se travam. Alguns setores da empresa não abraçam a visão com o mesmo empenho que os outros. As pessoas se sentem frustradas porque gostariam de permanecer no banco, mas nem sempre encontram oportunidades para progredir.

É difícil sair do banco. Alguns o fazem; muitos voltam. Uma das minhas decisões mais difíceis foi a de sair do banco, em 1993. Em decorrência do tempo que passei lá, possuo agora um modo de ver que me permitiu identificar essa nova forma de liderar — "liderar de dentro para fora".

Liderar de Dentro para Fora — Um Tipo Diferente de Liderança

A idéia de uma liderança mais humanística não é nova. O abandono dos métodos autocráticos e "científicos" de administração começou muitos anos atrás. O "movimento do potencial humano" teve seus efeitos sobre o mundo dos negócios assim como teve sobre a sociedade em geral. O resultado foi a criação da administração participativa, da idéia de *empowerment* [fortalecimento] e por aí afora.

A liderança de dentro para fora nasce da noção de fortalecimento e da administração participativa. No entanto, é algo muito mais profundo, rico, amplo e pleno.

A liderança de dentro para fora se baseia numa *filosofia* diferente. Ela reflete o âmago do *ser* do líder. Aliás, é primordialmente um *modo de ser*. Para liderar com eficiência, não há dúvida de que é preciso possuir um conjunto robusto de competências fundamentais. As técnicas, entretanto, não definem por si sós a liderança de dentro para fora. Stephen Covey, autor de *Principle Centered Leadership*, faz uma observação interessante. Ele nota que nos primeiros cem anos, os livros escritos nos Estados Unidos que tratavam da realização pessoal davam ênfase ao que ele chama de "ética do caráter". Essa ética inclui princípios como o cumprir promessas, o ser honesto e o exercitar a coragem. Era o *porquê* da eficiência pessoal. Em seguida, cerca de cinqüenta anos atrás, passou-se a sublinhar a "ética da personalidade", que está ligada a técnicas como o emprego das palavras adequadas, a projeção de uma determinada imagem e a adaptação do estilo pessoal segundo as circunstâncias. Era o *como* da eficiência pessoal. Começamos a nos concentrar tanto no "como" que esquecemos o "porquê". Sabíamos exatamente como levar as pessoas a fazer o que queríamos que elas fizessem, mas paramos de nos preocupar em saber se aquilo estava *certo* ou não. Covey diz que o *como* é muito importante e necessário para a eficiência pessoal. Mas lembra que, sem o *porquê*, o *como* não tem sentido, se manifesta de maneira desequilibrada e pode ser maldirecionado ou até mesmo antiético.

Essa idéia é semelhante a uma afirmação feita pelo consultor de administração britânico Charles Handy em uma palestra dada no Instituto de Liderança da Universidade da Califórnia do Sul em 1992, *Reconceptualizing the Corporation: The Role of Leadership.* Eis o que ele disse sobre o empresariado moderno: "Acho que confundimos um requisito com um objetivo. O lucro é um requisito, sem dúvida, mas não é correto transformar um requisito num objetivo. É preciso comer para viver, mas se você vive para comer você se torna um ser humano anômalo em vários sentidos. É preciso lucrar para sobreviver, mas isso não basta. E acredito que uma das maiores tarefas da liderança é a de perguntar: 'Qual é o objetivo que está por trás desse requisito?'"

A distinção entre o objetivo e os requisitos de um negócio é a chave da liderança de dentro para fora. Liderar de dentro para fora é uma extensão natural da crença pessoal do líder de que os negócios têm um objetivo maior do que o simples ganhar dinheiro.

A atividade bancária costuma ser vista como fria, insensível e até mesmo cruel. O público foi bombardeado com imagens de banqueiros corruptos sendo levados para a cadeia durante a época das falências dos fundos de poupança. Provavelmente, esses banqueiros acreditavam que a maldade e a desonestidade empresarial eram a chave do progresso de um banco. Eles talvez dessem risada se alguém lhes dissesse que a atenção e a dedicação poderiam produzir resultados melhores.

O Santa Barbara Bank & Trust nunca investiu em *junk bonds*[1] ou nos mercados internacionais. Esses investimentos não correspondiam a sua visão, ao seu objetivo maior, que era o de ser um banco forte e seguro que existia para servir à comunidade local. O presidente do conselho, Don Anderson, cuidava para que a empresa não desviasse os olhos daquela missão simples que era incompatível com investimentos no estrangeiro.

E porque o objetivo do Santa Barbara Bank & Trust eleva-se a um plano superior, ele é um lugar caloroso e agradável tanto para os empregados quanto para os clientes. Ele tem *sentido.* A diferença entre o objetivo "economicista" a que estamos acostumados e uma visão e um objetivo superiores pode ser resumida da seguinte maneira:

objetivo economicista	visão e objetivo superiores
• estratégia do "levar vantagem em tudo"	• evoca valores mais elevados
• não significa muito para os empregados	• aplica-se pessoalmente a cada empregado
• frio e impessoal	• inspirador
• a atenção se volta para os relatórios	• a atenção se volta para extrair o melhor das pessoas

---

[1] *Junk Bonds* é o termo utilizado no mercado financeiro para designar títulos de pouca liquidez, que são negociados em geral com grandes deságios. São os "títulos podres". [NT]

- resultados a curto prazo
- termina quando se atinge um valor estipulado

- resultados a longo prazo
- continua para sempre

O segredo para liderar de dentro para fora e alcançar esse objetivo superior é simples, embora seja mais complicado de implementar do que qualquer lista de competências. Vamos examinar o princípio central da liderança de dentro para fora.

O Salto no Escuro

Muitos líderes tentaram formular a "visão da empresa" em frases bonitas e edificantes; a maioria delas, porém, termina pendurada na parede sem que ninguém as tenha lido. Em função das ações do líder, todos sabem que devem se concentrar mesmo é no lucro final, ainda que para isso tenham de contrariar ou ignorar a visão anunciada. Como, pois, alguns líderes foram capazes de aliar palavra e ação em vez de recair nos velhos hábitos em épocas de dificuldade? Como alguns conseguiram até dar a volta por cima, obtendo uma rentabilidade *ainda maior?* Ao responder a essas perguntas, chegamos ao atributo fundamental da liderança de dentro para fora. Esse ingrediente secreto e indefinível é a *disposição de dar um salto no escuro.*

Os líderes precisam acreditar no seu pessoal, nos seus planos empresariais, na sua intuição e nos seus clientes; precisam acreditar o suficiente para dizer: "Sei que o que estamos fazendo é certo. Estamos oferecendo um produto ou serviço de qualidade aos nossos clientes a um preço justo. Se buscarmos fazer a coisa certa, com a máxima eficácia e eficiência, atingiremos a excelência." Os líderes que não têm fé nos produtos da sua empresa e nas idéias do seu pessoal não têm a disposição de dar o necessário salto no escuro, ainda que, ao ativar o potencial humano da empresa, isso talvez pudesse levá-la a atingir boa rentabilidade a longo prazo.

Nós nunca duvidamos de que uma planta de jardim sabe como ser uma planta. Não arrancamos a semente toda semana para ver se as raízes estão crescendo. Se o fizéssemos, a planta nunca cresceria. Os líderes precisam acreditar que, uma vez que se estabeleça uma direção inspiradora para a empresa e se armem os empregados com os recursos necessários, todos se dedicarão a realizar aquela visão. Em vez de estar sempre pondo os empregados à prova com perguntas do tipo: "Você fez o que eu mandei?", as pessoas que lideram de dentro para fora perguntam: "Como posso ajudá-lo a atingir o seu objetivo?" Max DePree, ex-diretor-executivo da Herman Miller, escreve em seu livro *Leadership is an Art*: "A primeira responsabilidade do líder é a de definir a realidade. A última é a de dizer 'obrigado'. No intervalo entre as duas, o líder deve fazer de si mesmo um servo e um devedor."

É na tentativa de dar esse salto no escuro que as crenças pessoais do líder se tornam importantes. Quando estudamos as pessoas que lideram de dentro para fora, constatamos a existência de uma característica comum. É a dedicação delas às suas crenças espirituais pessoais que lhes dá uma base de fé e confiança no universo e na bondade fundamental do ser humano. Neste caso, o termo "espiritual" não significa "religioso". Significa a força animadora e vivificante que há no interior do ser humano; a realidade para além daquilo que se pode ver ou tocar.

Essa confiança no bem me lembra de uma anedota a respeito do grande artista Michelangelo. Quando lhe perguntaram como ele era capaz de criar uma escultura magnífica a partir de um bloco de mármore, ele respondeu que a estátua já estava contida no mármore. Tudo o que ele fazia era retirar o excesso de rocha — ou seja, as partes que não faziam parte da estátua.

Do mesmo modo, essa idéia se reflete no trabalho do notável psicólogo Carl Rogers, que acreditava que o ser humano tende por natureza a caminhar numa direção positiva. De acordo com Rogers, os elementos que desencadeiam essa força energética são a criação de relacionamentos e um ambiente no qual a expressão natural da pessoa tenha liberdade para se manifestar.

O Salto no Escuro

Nos tempos antigos, erguiam-se os campanários.
Que inspiravam respeito nos peregrinos
Que vinham de terras longínquas
com os braços abertos, mas o coração abatido.

Nos tempos modernos, erguem-se os arranha-céus
dominando e penetrando o azul.
Eles são tão altos que nós nos sentimos minúsculos.
E quando entramos em seus grandes salões
nossa sensação de vazio fica reforçada
pelos objetivos ocos e imensos relatórios.

Quem sou eu nesse grandioso esquema?
O que tudo isso tem a ver comigo? O que significa?
Os títulos pomposos em cartões de visita
fazem com que eu me sinta frio e endurecido.

Os campanários de hoje dominam nosso destino.
Esperemos apenas que não seja tarde demais
para trazer à existência o que antes sabíamos
ser bom, belo e verdadeiro.

E quando entramos bem dentro de nós
e vamos além do nosso orgulho egoísta,
Percebemos que também nós o podemos fazer,
pois a fé nos conduzirá nesse salto no escuro.

— Tina Rasmussen

Para as pessoas que lideram de dentro para fora, o salto no escuro é um produto natural de suas crenças mais íntimas e profundas, quer assumam elas a forma do cristianismo, quer a do judaísmo, de religiões orientais, de práticas da Nova Era, da meditação ou da psicologia. Esses líderes acreditam que eles e suas empresas estão na Terra para fazer algo de bom e não apenas para auferir lucros; para atingir esses objetivos, eles dependem tanto da confiança nas pessoas e na visão que têm quanto das práticas duras, frias e racionais dos negócios.

Não é fácil dar esse salto no escuro. Um líder me contou de uma vez em que ele deu esse salto. Disse-me que estava agora numa posição bastante frágil, pois seus funcionários — que eram também clientes — ficaram responsáveis por estabelecer a taxa que iram pagar à empresa-matriz, da qual ele era o presidente. Ao se lembrar do momento em que sentiu a tentação de voltar à situação anterior, ele disse que de alguma forma foi capaz de parar e dizer a si mesmo: "Deixe o negócio correr; lembre-se do que tudo isso significa." Seu compromisso com os valores e a visão que esposava era mais forte do que o medo.

Algumas pessoas que lideram de dentro para fora descobriram que a ideologia do líder-servo, baseada no trabalho do falecido Robert K. Greenleaf, coaduna-se com os seus valores. Vários autores atribuem o início dessa nova espiritualidade no ambiente de trabalho a Greenleaf, que publicou seu primeiro ensaio, *The Servant as Leader* ["O Servo como Líder"], em 1977. O livro de Greenleaf passou silenciosamente pelas mãos de diversos líderes empresariais influentes e agora vem sendo citado em livros e revistas de administração lidos por milhares de homens de negócios no mundo inteiro. Muitos que se esforçam por atingir o ideal do líder-servo têm histórias tão impressionantes quanto a de Dave Spainhour.

Talvez não haja no mundo um número grande de pessoas que praticam esse tipo de liderança, mas provavelmente há muitos que estão chegando cada vez mais perto da liderança de dentro para fora. Você, que está lendo esse livro, talvez já acredite que uma forma diferente de liderar seja possível e até mesmo financeiramente viável. Talvez você já tenha tido alguns vislumbres dessa noção; talvez até já a tenha posto em prática. Se assim for, espero que esse ensaio tenha lhe dado provas mais concretas de que ela realmente *funciona*, bem como algumas idéias de como ela toma forma numa empresa. E, mais importante, definimos o elemento básico que permite que isso aconteça. Que você tenha fé e coragem para *dar o seu próprio salto no escuro.*

PARTE TRÊS

A Liderança na Era do Paradoxo

O Líder-Servo: Rumo a uma Nova Era de Dedicação e Amor ao Próximo
Larry C. Spears

O Líder Inocente: A Aceitação do Paradoxo
Elemer Magaziner

O Pensamento do Tanto Quanto: O Comando da Mudança num Mundo de Paradoxo
Susan M. Campbell

O *Koan* da Liderança
Robert Rabbin

Os novos líderes terão de enfrentar um desafio dos mais difíceis: aprender a conviver com o paradoxo. O Ocidente se acostumou a dividir o mundo num lado preto e num lado branco — certo ou errado, bom ou mau, positivo ou negativo — que não se confundem de modo algum. Atribuímos um valor extremo à "resposta única e definitiva" e achamos difícil ou impossível aceitar realidades ou soluções aparentemente contraditórias.

O desafio do paradoxo é abordado pelos quatro autores responsáveis por esta parte do livro, começando com o diretor-executivo Larry C. Spears. Ele escreve a respeito do líder-servo, conceito que pode parecer contraditório para muitos tradicionalistas. O consultor Elemer Magaziner defende a postura do "líder inocente", cujo poder reside na capacidade de permitir a existência dos opostos, sem impor uma resolução pela força.

Susan M. Campbell, autora de cinco livros (entre os quais *Survival Strategies for the New Workplace* [Estratégias de Sobrevivência para o Novo Ambiente de Trabalho], ainda a ser lançado), prescreve o "pensamento do tanto quanto" como uma estratégia para comandar a mudança nesta época de paradoxos.

Robert Rabbin, especialista em lucidez, defende o autoconhecimento como chave para que os novos líderes tenham também um pensamento novo.

Cada um a seu modo, os autores previnem os líderes desta nova era de que terão de deparar com uma nova aceitação, um novo desafio — o paradoxo, o Koan, o aparente conflito de opostos. Sem dúvida, esta é uma época muito interessante para se viver!

12

O Líder-Servo: Rumo a uma Nova Era de Dedicação e Amor ao Próximo

Larry C. Spears

LARRY C. SPEARS é diretor-executivo do Robert K. Greenleaf Center for Servant-Leadership, uma sociedade internacional, sem fins lucrativos sediada em Indianápolis. Além de ter quinze anos de experiência em administração e liderança, Spears também é escritor e se dedica à área editorial. Já foi entrevistado por vários jornais e revistas, entre os quais *Fortune, The Philadelphia Inquirer, Training, The Indianapolis Business Journal, Mother Jones* e a Rádio Pública Nacional. Spears é formado pela DePauw University e vem dando palestras por todos os Estados Unidos.

O Greenleaf Center ampliou muitíssimo as suas atividades e programas de estudos desde a nomeação de Spears como diretor-executivo, em 1990. O Centro oferece uma variedade de seminários, oficinas e outros recursos educacionais acerca do tema do "servo como líder".

A dedicação ao próximo, os mais capazes e os menos capazes servindo uns aos outros, é a rocha sobre a qual se constrói uma boa sociedade.
— Robert K. Greenleaf

Nossa sociedade anseia profundamente, e cada vez mais, por um mundo no qual as pessoas realmente se preocupem umas com as outras. Queremos um mundo no qual as pessoas de fato sejam tratadas como seres humanos e estimuladas em seu crescimento pessoal; um mundo cujas instituições empresariais tratem seus empregados e clientes com justiça; um mundo cujos líderes não frustrem a nossa confiança e de fato se dediquem a atender às necessidades de muitos, e não de poucos.

Além disso, cada vez mais se reconhece a existência de uma crise de liderança e de dedicação em diversos setores. No governo, no mundo dos negócios, na educação e em outras áreas da vida pública, percebe-se que é cada vez mais difícil encontrar um líder eficiente e verdadeiramente dedicado aos outros. Com demasiada freqüência, parece que as pessoas em posição de liderança são motivadas primordialmente pelo desejo de poder, de *status* ou de riqueza — e não pelo desejo de atender às necessidades dos outros.

À medida que nos aproximamos do século XXI, começamos a perceber que os modos tradicionais de liderança, hierárquicos e autocráticos, pouco a pouco vão cedendo lugar a um novo modelo, baseado no trabalho em equipe e na comunhão. Esse novo modo de liderança busca envolver a todos nas tomadas de decisão. Tem suas raízes na ética e numa conduta atenciosa; procura estimular o crescimento pessoal dos trabalhadores e, ao mesmo tempo, aprimorar a qualidade e a força de dedicação das diversas instituições. Esse novo modo de ver a liderança e a dedicação ao próximo é chamado de "liderança do servo".

Em geral se consideram as palavras "servo" e "líder" como opostas. Quando dois opostos se unem de forma criativa e significativa, surge um paradoxo. É por isso que as palavras "servo" e "líder" foram unidas para criar a idéia paradoxal da liderança do servo. Nos últimos dez anos, assistimos ao surgimento de algo que se transformou num movimento social cada vez mais centrado no paradoxo do servo líder.

Robert K. Greenleaf

A despeito de todo o falatório sobre as modernas técnicas de liderança, ninguém conhece o assunto melhor do que Greenleaf.
— Revista *Working Women*

A expressão "liderança do servo" foi cunhada por Robert K. Greenleaf (1904-1990) e apareceu pela primeira vez em um ensaio publicado em 1970 sob o título de *The Servant as Leader* ["O Servo como Líder"]. Greenleaf, nascido em Terre Haute, Indiana, passou a maior parte de sua vida profissional no departamento de pesquisa, desenvolvimento e educação administrativa da AT&T. Depois de uma carreira de quarenta anos na gigantesca empresa de telecomunicações, Greenleaf encetou uma segunda carreira que durou vinte e cinco anos. Nesse período ele atuou como influente consultor em várias instituições de porte, como a Universidade de Ohio, o M.I.T., a Fundação Ford, a Fundação R. K. Mellon, a Mead Corporation, a American Foundation for Management Research e a Lilly Endowment Inc. Em 1964 Greenleaf fundou também o Centro de Ética Aplicada, que em 1985 foi rebatizado com o nome de Centro Robert K. Greenleaf e está sediado agora em Indianápolis.

Depois de toda uma vida dedicada a estudar a forma pela qual as coisas acontecem nas empresas e outras instituições, Greenleaf destilou suas observações numa série de ensaios e livros a respeito do tema do "Servo como Líder". Seu objetivo era o de estimular o pensamento e a ação para a construção de uma sociedade melhor e mais humana.

A Idéia do Servo Como Líder

A idéia do servo como líder nasceu, em parte, da experiência pessoal de Greenleaf, que dedicou meio século de sua vida ao trabalho de modelar grandes instituições. O acontecimento que cristalizou o pensamento de Greenleaf, entretanto, foi a leitura, em 1960, de um pequeno romance de Herman Hesse, *Viagem ao Oriente,* que relata uma viagem mítica empreendida por um grupo de pessoas que se dedicavam à busca espiritual. A figura central do livro é Leo, que acompanha o grupo na qualidade de servo e o sustenta com seu espírito dedicado. Tudo vai bem na expedição até o dia em que Leo desaparece. O grupo rapidamente se desorganiza e seus membros desistem da viagem. Eles descobrem que não são capazes de realizá-la sem Leo, o criado. Depois de uma busca de muitos anos, o narrador da história encontra Leo e é aceito pela ordem religiosa que havia patrocinado a viagem inicial. Ali ele descobre que Leo, que de início conhecera como servo, era na verdade o chefe da ordem, seu espírito-guia — um líder grande e nobre.

Depois de ler essa história, Greenleaf conclui que seu significado principal era o de que um grande líder se forma com a prática de servir aos outros, e que esse fato muito simples é fundamental para a sua grandeza. A verdadeira liderança se manifesta naqueles cuja motivação primordial é um profundo desejo de ajudar os outros.

Em 1970, com 66 anos de idade, Greenleaf publicou *The Servant as Leader*, o primogênito de doze livros e ensaios a respeito do líder-servo. Desde então, mais de meio milhão de exemplares de seus livros e ensaios foram vendidos no mundo todo. A passo lento mas seguro, os escritos de Greenleaf a respeito do líder-servo vão provocando impressão profunda e duradoura em líderes, educadores e muitos outros que se dedicam a pensar e praticar a liderança, a administração, a dedicação ao próximo e o crescimento pessoal.

O que é a Liderança do Servo?

Em todos esses trabalhos, Greenleaf discute a necessidade de um novo modelo de liderança, um modelo que proponha a dedicação ao próximo — entre os quais os empregados, os clientes e a comunidade — como prioridade principal. A liderança do servo está ligada a uma maior dedicação aos outros, a um conceito holístico do trabalho, à promoção da idéia de comunidade e à partilha do poder no que diz respeito à tomada de decisões.

Quem é o líder-servo? Segundo Greenleaf, o líder-servo é aquele que de livre e espontânea vontade se faz servo. Em *The Servant as Leader* ele escreveu: "Tudo começa com o sentimento natural que a pessoa tem de querer servir, de servir de livre e espontânea vontade, em troca de nada. Em seguida, uma decisão consciente a leva a aspirar à liderança. A diferença se manifesta no cuidado tomado pelo servo — que livremente se pôs nessa posição — em ter certeza de que as necessidades prioritárias das outras pessoas vêm sendo bem atendidas. Eis a melhor prova disso: será que aqueles que estão sendo servidos estão crescendo enquanto pessoas? Será que eles, à medida que são servidos, estão se tornando mais saudáveis, mais sábios, mais livres, mais autônomos, mais dispostos a fazerem de si mesmos novos servos?"

É importante ressaltar que a liderança do servo *não* é um tapa-buracos, não pretende ser uma solução imediata nem é algo que se possa introduzir rapidamente numa instituição. Em essência, a liderança do servo é um modo amplo e profundo de ver a vida e o trabalho — em suma, uma maneira de ser — que, a longo prazo, tem o potencial de criar mudanças positivas em todas as faixas do tecido social.

Dez Características do Líder-Servo

A liderança do servo trata da realidade do poder na vida diária — sua legitimidade, as limitações éticas a que deve se submeter e os resultados benéficos que podem ser obtidos pelo uso adequado de seu poder.
— *The New York Times*

Depois de estudar cuidadosamente os escritos de Greenleaf por alguns anos, identifiquei um conjunto de dez características do líder-servo que, na minha opinião, são de importância fundamental. As características enumeradas a seguir são as que me parecem indispensáveis para o desenvolvimento de um líder-servo.

1. *Escutar.* Os líderes sempre foram valorizados pela capacidade de comunicação e de tomar decisões. É verdade que essas capacidades também são importantes para o líder-servo, mas elas precisam ser reforçadas pela profunda disposição de ouvir atentamente o que os outros têm a dizer. O líder-servo busca identificar a vontade de um grupo e ajuda a esclarecê-la e trazê-la à tona. Ele busca escutar de forma receptiva aquilo que lhe está sendo dito (e também aquilo que não está). A escuta também inclui entrar em contato com a própria voz interior e buscar compreender o que o corpo, o espírito e a mente procuram comunicar. A escuta, intercalada com períodos regulares de reflexão, é essencial para o crescimento do líder-servo.

2. *Empatia.* O líder-servo se esforça para desenvolver a empatia e compreender os outros. Cada pessoa tem um espírito só seu, e precisa vê-lo aceito e reconhecido. É preciso ter como certo que os companheiros de trabalho têm boas intenções; mesmo quando se é forçado a recusar ou não aceitar a conduta ou o desempenho deles, não se pode rejeitá-los como pessoas. Os líderes-servos de maior sucesso são os que se tornaram peritos na escuta e na empatia. É interessante observar que Robert Greenleaf, nos anos 50, desenvolveu um curso de "escuta receptiva" para a Wainwright House em Nova York. Esse curso continua a ser oferecido até hoje.

3. *Cura.* A cura é um poderoso fator de transformação e integração. Uma das grandes forças do líder-servo é o seu potencial de curar a si mesmo e aos

outros. Muita gente tem o espírito alquebrado e abatido por uma grande variedade de feridas emocionais. Embora isso seja um *sine qua non* da condição de
ser humano, o líder-servo percebe que tem a oportunidade de "ajudar a consertar" aqueles com os quais entra em contato. Em *The Servant as Leader*,
Greenleaf escreve: "Algo de muito sutil se comunica à pessoa que está sendo
servida e comandada se, implícita na relação entre líder-servo e liderado, estiver a compreensão de que a busca pela totalidade é algo de que eles compartilham."

4. *Consciência*. Uma consciência genérica e, em especial, a consciência de
si mesmo, são fatores que fortalecem o líder-servo. O empenho em desenvolver cada vez mais a consciência pode meter medo — você nunca sabe o que
vai descobrir! Mas a consciência também ajuda a compreender questões que
envolvem ética e valores. Ela permite que a pessoa se torne capaz de ver a
maioria das situações a partir de uma posição mais integrada e holística.
Greenleaf observou: "A consciência por si só não é um consolo — muito pelo
contrário. Ela perturba e faz despertar. Os líderes mais capazes tendem a estar
sempre plenamente despertos e um pouco incomodados. Eles não se empenham em buscar consolações. Têm a sua própria serenidade interior."

5. *Persuasão*. Outra característica do líder-servo é a tendência a se apoiar
mais na persuasão do que na autoridade hierárquica ao tomar decisões dentro
da empresa. O líder-servo busca convencer os outros e não forçar a cumplici-
dade. Este elemento, em especial, é um dos pontos em que fica mais nítida a
distinção entre o modelo autoritário tradicional e o modelo da liderança do
servo. O líder-servo é hábil em promover o consenso dentro de um grupo.
Essa preferência pela persuasão em relação à coerção provavelmente deriva
das crenças da Sociedade Religiosa de Amigos (os quacres) — igreja com a
qual o próprio Robert Greenleaf era mais intimamente relacionado.

6. *Conceitualização*. O líder-servo busca alimentar a própria capacidade de
"sonhar grandes sonhos". A capacidade de encarar um problema (ou a própria empresa) sob o ponto de vista da conceitualização é, em suma, a capacidade de pensar além das realidades do dia-a-dia. Para muitos administradores,
essa é uma característica que exige disciplina e prática. O administrador tradicional é premido pela necessidade de atingir objetivos operacionais de curto
prazo. O administrador que também quer ser um líder-servo precisa alargar
seu pensamento de forma a incluir nele um pensamento conceitual de bases
mais amplas. No contexto empresarial, a conceitualização é, por sua própria
natureza, a função própria dos conselhos de curadores ou diretores. Infelizmente, os conselhos muitas vezes se envolvem nas operações do dia-a-dia (algo
que deveria ser sempre desestimulado!) e deixam de fornecer o conceito visionário para a instituição. Os curadores precisam voltar a sua atenção sobretudo
para o plano conceitual; as assessorias, sobretudo para o plano operacional; e
os administradores e diretores-executivos mais eficientes provavelmente são

os que desenvolvem ambas as perspectivas. Os líderes-servos são chamados a buscar um delicado equilíbrio entre o pensamento conceitual e a concentração no dia-a-dia.

7. *Antevisão* — A capacidade de antever o resultado provável de uma situação está muito ligada à conceitualização. Ela é difícil de definir, mas fácil de identificar; quando estamos diante dela, nós a reconhecemos! A antevisão é a característica que permite ao líder-servo compreender as lições do passado, as realidades do presente e as possíveis conseqüências futuras de uma decisão. Ela lança raízes profundas na mente intuitiva. Por isso pode-se dizer, a título de hipótese, que a antevisão é a única característica inata do líder-servo. Todas as outras características podem ser desenvolvidas conscientemente. Pouco se escreveu a respeito da antevisão. Ela continua sendo um território inexplorado nos estudos sobre a liderança, mas certamente merece uma atenção cuidadosa.

8. *Curadoria [stewardship]*. Peter Block (autor de *Stewardship* e *The Empowered Manager*) definiu o curador [*steward*] como aquele que "cuida de algo em nome de outra pessoa". Segundo o ponto de vista de Robert Greenleaf, em todas as instituições, os diretores-executivos, funcionários graduados e membros do conselho cuidam da instituição e administram-na em nome da sociedade e para o bem desta. O líder-servo, como um curador, assume em primeiro lugar e acima de tudo o compromisso de atender e zelar pelas necessidades e interesses dos outros. Isto também está ligado à abertura e à preferência pela persuasão sobre o autoritarismo.

9. *Compromisso com o crescimento das pessoas.* Os líderes-servos acreditam que cada pessoa tem um valor intrínseco que ultrapassa em muito as realizações tangíveis dela enquanto funcionária. Sendo assim, o líder-servo se empenha com todas as forças pelo crescimento de cada um dos indivíduos que integram a sua instituição. Ele percebe e toma sobre si uma responsabilidade tremenda, a de fazer tudo o que estiver ao seu alcance para estimular o crescimento pessoal, profissional e espiritual dos empregados. Na prática, isso pode se manifestar (embora não se restrinja a isso) em ações concretas como destinar fundos para o desenvolvimento pessoal e profissional, demonstrar um interesse pessoal pelas idéias e sugestões de todos, encorajar o trabalhador a se envolver na tomada de decisões e ajudar ativamente os trabalhadores dispensados a encontrar outro emprego.

10. *Construção da comunidade.* O líder-servo sente que muita coisa se perdeu na história recente da humanidade pelo fato de as grandes instituições terem assumido o lugar das pequenas comunidades no papel de principais modeladores da vida humana. Essa consciência faz com que o líder-servo procure encontrar meios de construir uma comunidade com as pessoas que trabalham numa dada instituição. O ideal do líder-servo postula que é possível criar uma verdadeira comunidade entre aqueles que trabalham no mundo dos negócios e em outras instituições. Greenleaf dizia: "Tudo o que é preciso para

reabilitar a comunidade como forma viável de organização para grandes quantidades de pessoas é haver um número suficiente de líderes-servos que indiquem o caminho. Eles não farão isso por meio de movimentos de massa, mas demonstrando, cada um deles, a sua disposição ilimitada de dar o melhor de si em prol do bem de um grupo bem específico, que se organiza em comunidade."

Essas dez características da liderança do servo não esgotam de forma alguma a questão. Acredito, entretanto, que elas manifestam a força desse conceito e tudo o que ele promete àqueles que se abrem ao seu fascínio e às suas exigências.

Aplicações da Liderança do Servo

A liderança do servo se firmou como uma das filosofias que mais são debatidas no mundo hoje em dia.

— *Indianapolis Business Journal*

Há seis setores principais nos quais os princípios da liderança do servo são aplicados de forma significativa.

1. *A liderança do servo atravessa todas as fronteiras e vem sendo aplicada por grande variedade de pessoas que trabalham em empresas comerciais, associações sem fins lucrativos, igrejas, universidades e fundações.*

Nos últimos anos, diversas instituições abandonaram o antigo modelo hierárquico, substituindo-o pelo conceito de liderança do servo. A liderança do servo preconiza uma estratégia grupal de análise e tomada de decisões como forma de fortalecer as instituições e melhorar a sociedade. Sublinha também o poder da persuasão e da busca de consenso em detrimento da antiga forma de liderança "de cima para baixo". Há quem tenha visto nisso uma forma de virar de ponta-cabeça a pirâmide da hierarquia. A liderança do servo defende a idéia de que o objetivo principal de uma empresa não deve ser o lucro por si só, mas a criação de transformações positivas em seus empregados e na comunidade.

Muitos indivíduos abraçaram a liderança do servo como a filosofia orientadora do seu trabalho dentro das instituições. Ao mesmo tempo, um número cada vez maior de companhias vem adotando a liderança do servo como parte de sua filosofia empresarial ou como base teórica da sua declaração de missão. Entre elas acham-se a AT&T Consumer Products Education (Parsippany, NJ), a Herman Miller Company (Zeeland, MI) e a Schmidt Associates Architects Inc. (Indianapolis, IN). Algumas instituições foram ainda mais longe e chegaram mesmo a reorganizar toda a sua estrutura empresarial segundo o modelo de liderança do servo do "primus inter pares", ou primeiro-entre-iguais. Entre as que tomavam essa medida, podemos citar a Schneider Engineering Company (Indianapolis, IN), a Townsend & Bottum Family of Companies (Ann Arbor, MI) e a TDIndustries (Dallas, TX).

A TDIndustries, uma das primeiras a praticar a liderança do servo num contexto empresarial, é uma empreiteira de Dallas especializada em trabalhos de encanamento e aquecimento. Há pouco tempo, figurou no livro de Robert Levering e Milton Moskowitz *The 100 Best Companies to Work for in America*. Os autores examinam a influência que a idéia da liderança do servo há muito tempo exerce sobre a empresa. O fundador da TDI, Jack Lowe pai, deparou com o ensaio *The Servant as Leader* no início dos anos 1970 e começou a distribuir cópias dele aos seus empregados. Ele os convidava a ler por inteiro o ensaio e em seguida a se reunirem em pequenos grupos para discutir o significado do texto. A convicção de que os administradores devem servir seus empregados tornou-se um dos princípios da TDIndustries.

Vinte anos depois, Jack Lowe Jr. continua a adotar a liderança do servo como filosofia de trabalho na TDI. Levering e Moskowitz observam: "Ainda hoje, qualquer TDPartner [funcionário graduado da empresa] que supervisiona pelo menos uma pessoa deve passar por um treinamento em liderança do servo." Acrescente-se a isso que todos os novos funcionários da TDI continuam a receber uma cópia do ensaio *The Servant as Leader*.

A liderança do servo influenciou diversos líderes, pensadores e escritores famosos. Max DePree, presidente da Herman Miller Company e autor de *Leadership is an Art* e *Leadership Jazz*, afirmou: "A servidão da liderança é algo que se deve sentir, compreender, crer e praticar." E Peter Senge, autor de *The Fifth Discipline*, disse que ele insiste com as pessoas para que "não se preocupem em ler nenhum outro livro a respeito de liderança até que tenham lido o livro de Robert Greenleaf, *Servant Leadership*. Dos escritos sobre liderança que chegaram ao meu conhecimento, acredito que seja esse o mais útil e o mais notável". Nos últimos anos, um número cada vez maior de líderes e leitores vem "redescobrindo" os escritos do próprio Robert Greenleaf por intermédio dos livros de DePree e de Senge.

2. *Educação e formação dos curadores de associações sem fins lucrativos*. Uma segunda grande aplicação da liderança do servo é o seu papel destacado como base ética e teórica para a "formação de curadores". Greenleaf escreveu bastante a respeito de como a liderança do servo se aplica às funções dos conselhos de diretores e curadores dentro das instituições. Seus ensaios acerca dessas aplicações foram amplamente divulgados entre os diretores de organizações com ou sem fins lucrativos. No ensaio *Trustees as Servants*, Greenleaf insiste com os curadores para que eles se façam duas perguntas básicas: "A quem eu sirvo?" e "Com que objetivo?"

A liderança do servo exige que os conselhos de curadores mudem profundamente a maneira pela qual eles encaram o seu papel. Os curadores que buscam agir como líderes-servos podem ajudar a criar instituições de grande peso e qualidade. No decorrer da última década, duas das maiores fundações beneficentes (a Lilly Endowment Inc. e a W.K. Kellogg Foundation) procuraram estimular o desenvolvimento de programas destinados a educar e formar conselhos de curadores de associações sem fins lucrativos segundo a filosofia do líder-servo.

3. *Programas de liderança comunitária.* A terceira aplicação da liderança do servo está ligada ao papel cada vez mais essencial que ela desempenha nas associações de liderança comunitária de todo o país. Um número cada vez maior de grupos de liderança comunitária usa os recursos do Greenleaf Center para auxiliar seus próprios esforços de formação e educação. Alguns vêm fazendo isso há mais de quinze anos.

A National Association for Community Leadership [Associação Nacional de Liderança Comunitária] adotou a liderança do servo como uma de suas filosofias diretoras. Recentemente, a NACL concedeu a Robert Greenleaf — postumamente — o Prêmio Nacional de Liderança Comunitária. Esse prêmio é dado anualmente para homenagear um indivíduo cujo trabalho tem ressonâncias importantes para o desenvolvimento da liderança comunitária em escala mundial.

M. Scott Peck, que escreveu a respeito da importância da associação dos indivíduos em verdadeiras comunidades, diz o seguinte em *A World Waiting to be Born*: "Em seu trabalho acerca da liderança do servo, Greenleaf afirma que o mundo será salvo se conseguir construir três grandes conjuntos de instituições verdadeiramente bem administradas — um no setor privado, um no setor público e um no setor sem fins lucrativos. Ele tinha a crença — e eu tenho a certeza — de que essa excelência administrativa será atingida por uma cultura institucional de civilidade que se estruture fundamentalmente segundo o modo comunitário."

4. *Programas educacionais para aprender a servir.* A quarta aplicação envolve a combinação entre a educação prática e o conceito de liderança do servo. Durante os últimos vinte anos, os mais diversos programas de educação prática foram implantados em quase todas as faculdades e universidades — e, cada vez mais, também nas escolas secundárias. A educação prática, o "aprender fazendo", agora faz parte da experiência educacional da maioria dos estudantes.

Por volta de 1980, alguns educadores começaram a escrever a respeito da ligação existente entre o conceito de líder-servo e a aprendizagem prática, e cunharam uma expressão nova: o "aprender-a-servir"*. Este último conceito tornou-se o objeto principal dos programas de educação prática nos últimos anos.

A National Society for Experimental Education [Sociedade Nacional de Educação Prática — NSEE] fez do aprender-a-servir uma de suas áreas prioritárias

---

* *Service-learning.* Especialmente no inglês norte-americano, a palavra *service* tem uma conotação de "serviço livremente prestado para o bem do próximo"; não é uma simples tarefa da qual a pessoa se desincumbe, mas uma obra de caridade. Leve-se isso em conta para apreciar devidamente, neste texto, as palavras "service" e "servant". (N.T.).

de atuação. A NSEE publicou um trabalho extenso em três volumes chamado *Combining Service and Learning* [A União do Servir e do Aprender] que reúne um grande número de artigos e opúsculos acerca do aprender-a-servir — dezenas dos quais apresentam a idéia do líder-servo como a base filosófica dos programas de aprendizagem prática.

5. *Educação para a Liderança.* A quinta aplicação da liderança do servo é o seu uso nos programas de educação e estudo, tanto formais quanto informais. Isso vem acontecendo nos cursos de liderança e administração dados em faculdades e universidades e nos programas de estudo patrocinados pelas empresas. Grande número de cursos de graduação ou pós-graduação nas áreas de administração e liderança incorporam a liderança do servo em seus currículos. Muitas faculdades e universidades oferecem agora cursos específicos de liderança do servo. Além disso, um número considerável de escritores cuja opinião sobre o tema da liderança é reconhecida, entre eles Peter Block, Ken Blanchard, Max DePree e Peter Senge, aclamou o conceito do líder-servo como uma estrutura conceitual que sanciona e reforça outros modelos de liderança e administração, tais como o Total Quality Management [Administração de Qualidade Total], Learning Organizations [Empresa Aprendiz] e Community-Building [Organização Comunitária].

Nos programas educacionais e de estudos fornecidos pelas empresas, dezenas de consultores em administração e liderança utilizam agora materiais da liderança do servo como parte de seu trabalho rotineiro. Isso ocorre em empresas como a AT&T, a Mead Corporation e a Gulf Oil of Canada. Grande número de consultores e educadores estão avaliando benefícios que adviriam de se implantar a estratégia de Administração de Qualidade Total sobre uma base firme de liderança do servo. Por meio dos seus programas internos de educação e treinamento, as empresas aos poucos vão descobrindo que a idéia de liderança do servo pode realmente aprimorar a forma pela qual os negócios se desenvolvem e são conduzidos, sem afetar minimamente a obtenção de lucros.

6. *Transformação pessoal.* A sexta aplicação da liderança do servo é o seu uso em programas de transformação e crescimento pessoal. A liderança do servo funciona tanto no nível institucional quanto no pessoal. Para os indivíduos, ela é um caminho de crescimento espiritual, profissional e intelectual. Tem vínculos com as idéias de M. Scott Peck (*The Road Less Traveled*), Parker Palmer (*The Active Life*), Ann McGee-Cooper (*You Don't Have to Go Home from Work Exhausted*) e outros que escreveram acerca da expansão do potencial humano. Um dos pontos fortes da liderança do servo é que ela encoraja todos a buscar ativamente oportunidades de servir e liderar os outros, criando assim um potencial para a melhora da qualidade de vida em toda a sociedade. Alguns indivíduos vêm trabalhando para integrar o conceito do líder-servo em vários programas de autoconhecimento desenvolvidos por grupos de homens e de mulheres, ou em programas de doze etapas como o dos Alcoólicos Anô-

nimos. Há pouco tempo, iniciou-se também uma pesquisa que busca ver se o líder-servo não seria um arquétipo junguiano até então não identificado. Essa investigação, em especial, é discutida em um livro de Robert Moore e Douglas Gillete, intitulado *The King Within*.

A Liderança do Servo e o Multiculturalismo

Para algumas pessoas, a palavra "servo" tem de imediato uma ressonância negativa, em função da opressão que muitos trabalhadores — as mulheres em particular, e as pessoas de origem não-européia — sofreram no decorrer da história. Alguns podem demorar algum tempo para admitir o uso positivo dessa palavra. Aqueles, entretanto, que estão dispostos a ir um pouquinho mais fundo logo compreendem o caráter espiritual daquilo que se quer dizer mediante a justaposição das palavras servo e líder. O surpreendente paradoxo do termo "líder-servo" é útil para provocar novos modos de ver.

Em um artigo intitulado "Pluralistic Reflections on Servant-Leardership" ["Reflexões pluralistas acerca da liderança do servo"], Juana Bordas, do Centro de Liderança Criativa, escreve: "Muitas mulheres, pessoas de cor e membros de outras minorias têm, na sua cultura, uma antiqüíssima tradição de liderança do servo. Ela já existia há muito tempo em diversas culturas indígenas que eram holísticas, cooperativas, comunais, intuitivas e espirituais. Essas culturas se caracterizavam por serem guardiãs do futuro e respeitarem os ancestrais que já haviam caminhado sobre a Terra."

As líderes e autoras estão começando a se manifestar, verbalmente e por escrito, a respeito da liderança do servo, considerando-a como uma filosofia de liderança terceiro-milenar e particularmente adequada às mulheres. Patsy Sampson, presidente do Stephens College em Columbia, Missouri, é uma das que pensam assim. Em um ensaio a respeito das mulheres e da liderança do servo, "The Leader as Servant" ["O Líder como Servo"], ela escreve: "As assim chamadas características femininas (voltadas para o bem do próximo) são exatamente concordes com as melhores qualidades da liderança do servo."

A Professora Jill Graham, da Universidade Loyola, publicou um ensaio premiado sob o título "Servant-Leadership in Organizations: Inspirational and Moral" ["A Liderança do Servo nas Empresas: Inspiração e Moral"]. Nesse artigo, ela afirma: "Há um ponto de partida diferente para a concepção da liderança e das relações entre líder e liderado: o ideal de servir, fazer o bem ao próximo. É o líder quem dá o exemplo de caridade quando serve humildemente aos liderados em vez de exigir que eles o sirvam. Nisso reside o paradoxo da liderança do servo."

Um Movimento Cada Vez mais Amplo

A liderança do servo funciona como o método do consenso que deu fama aos japoneses. É verdade que o trabalho de base leva algum tempo:

pede-se a opinião de todos, embora todos compreendam também que o seu ponto de vista pode, ao fim e ao cabo, não prevalecer. Mas uma vez estabelecido o consenso, cuidado! Com todos a bordo, a chamada "implementação" é tiro e queda.

— Revista *Fortune*

O interesse pela filosofia e pela prática da liderança do servo está em alta no momento. Dezenas de artigos sobre a liderança do servo foram publicados em diversos jornais, revistas e outros periódicos informativos ao longo dos últimos dois anos. Vieram a público também outros trinta livros a respeito da liderança que propõem a liderança do servo como um modelo adequado para o presente e para o futuro.

O Greenleaf Center for Servant-Leadership [Centro Greenleaf de Liderança do Servo] é uma associação educativa internacional sem fins lucrativos que se dedica a encorajar a compreensão e a prática da liderança do servo. A missão fundamental do Centro é a de aprimorar as qualidades, em especial a da dedicação ao próximo, de todas as instituições, por meio de uma nova maneira de ver a liderança, a estrutura institucional e o processo decisório.

Nos últimos anos, o Centro Greenleaf se expandiu e cresceu muitíssimo. Eis alguns dos programas e serviços que ele agora oferece: a comercialização em escala mundial de mais de sessenta livros, ensaios e videoteipes a respeito da liderança do servo; um programa de vantagens para os associados; seminários e mesas-redondas; o Projeto Greenleaf de Arquivos; um programa de leitura e diálogo; uma associação de palestrantes; e uma conferência anual acerca da liderança do servo. Diversos membros notáveis do Centro Greenleaf deram palestras em nossas conferências anuais, inclusive vários dos autores mencionados neste capítulo. Cada qual falou a seu modo sobre a enorme influência que o conceito de líder-servo teve sobre o desenvolvimento da sua compreensão do que significa ser um líder.

Um Paradoxo e um Caminho

O logotipo do Centro Greenleaf é uma variação da figura geométrica chamada "faixa de Möbius". Essa figura, representada a seguir, é uma superfície plena de uma só face. É construída a partir de um retângulo: mantém-se fixa uma extremidade, gira-se a extremidade oposta em 180 graus e liga-se a segunda extremidade à primeira, produzindo assim a impressão de uma figura de duas faces. Ela parece ter uma face anterior que se funde à face posterior e em seguida transforma-se novamente na face anterior.

A Faixa de Möbius simboliza, em linguagem visual, o conceito de líder-servo — uma fusão do servir e do liderar que volta para o servir, num fluxo contínuo. Ela reflete também o próprio papel do Centro Greenleaf como instituição que busca tanto servir quanto liderar as pessoas interessadas em assuntos de liderança e caridade.

A vida é repleta de paradoxos curiosos e significativos. A liderança do servo é um desses paradoxos que, lenta mas firmemente, ganhou dezenas de milhares de adeptos ao longo dos últimos vinte e cinco anos. As sementes que foram plantadas começaram a germinar em várias instituições, bem como no coração de muitos homens e mulheres que anseiam por melhorar a condição humana. A liderança do servo é uma matriz conceitual a partir da qual milhares de indivíduos conhecidos e desconhecidos estão ajudando a aprimorar o modo pelo qual são tratados aqueles que trabalham nas mais diversas instituições. A liderança do servo oferece verdadeira esperança e verdadeira orientação para o despontar de uma nova era do desenvolvimento humano.

13

O Líder Inocente: A Aceitação do Paradoxo

Elemer Magaziner

ELEMER MAGAZINER ensina as empresas a usar a linguagem para gerar um contexto favorável ao pensamento lúcido. Desenvolveu uma técnica chamada lingüística projetual, que, nos últimos quinze anos, foi aplicada pelos líderes de diversas empresas, de instituições sem fins lucrativos e do setor governamental. A lingüística projetual é usada para simplificar e esclarecer métodos de projeto, os programas de qualidade, o pensamento estratégico, a compreensão dos desejos do consumidor e a mudança cultural.

Fundou a Project Linguistics International, firma de treinamento e consultoria que atende a clientes como a IBM, o People's Bank, a GE, a Pacific Bell, a Hewlett Packard e a Long's Drugs. A Project Linguistics International oferece também o The Innocent Leadership Program [Programa de Liderança Inocente], seminário voltado para os líderes que querem transitar à vontade entre os diversos paradigmas. Magaziner nasceu em Budapeste, fugiu para o México, obteve um bacharelado em artes liberais no Reed College e um mestrado em matemática na Universidade de Montana. Atualmente, ele é consultor internacional, coordena seminários, é escritor e palestrante.

> Nosso amor e nosso sacrifício tornam-se manifestos, antes de mais nada, pelo nosso não-saber e pela disposição a não saber.
> — M. Scott Peck, autor de *The Road Less Traveled*

A liderança, assim como qualquer outro fenômeno que nós tenhamos a pretensão de compreender, não tem interesse absolutamente nenhum pelo nome que lhe damos, pelo que pensamos dela ou pelo que asseveramos que ela deve ser no século XXI. Assim como não fomos nós que criamos a molécula de DNA, assim também não fomos nós que criamos a liderança. A influência que temos sobre as ações dela é muito menor do que gostaríamos que fosse. Definições grandiloqüentes, explicações e previsões podem dar ao líder o controle sobre as pessoas, mas não sobre o que a liderança realmente é.

A liderança é um aspecto natural da organização — exatamente aquilo que dá coerência às instituições humanas e a outros sistemas complexos. Ela existe nas organizações do mesmo modo que um campo gravitacional existe entre as estrelas e os planetas. Onde quer que haja organização, ela estará presente. Ela não precisa de um líder para se expressar. Aliás, a melhor coisa que o líder pode fazer é procurar seduzi-la e tomar como seus os desejos dela. Assim como os cientistas não determinam a natureza, assim também os líderes não determinam a liderança.

Imagine que você plantou uma semente no jardim. À medida que ela brota, a liderança naturalmente dirige o crescimento e a estrutura da planta segundo a intenção que estava contida dentro da semente. É a liderança quem garante que você vai obter a suculenta melancia que esperava, em vez de um nabo ou um carvalho. É ela quem garante que a organização em desenvolvimento incorpora a possibilidade de futuras gerações. Imagine agora a organização das células que compõem o corpo de um patinador, deslizando graciosamente pelo gelo. A liderança estabelece a coreografia da organização dos elementos vivos, fazendo-os executar uma dança graciosa. Ela combina em medidas exatas o perceber, o gerenciar, o modular, o controlar e o permitir que tornam possível a fluidez dos movimentos.

A liderança é indiferente aos valores humanos e, como também outros fenômenos do universo, não conhece o certo e o errado. Tanto Mahatma Gandhi quanto Adolf Hitler sabiam como usar a força dela com eficiência exemplar. Ela oferece sua energia em silenciosa indiferença ao valor que atribuímos às conseqüências.

Eu tomei contato com a assombrosa energia da liderança antes de ter desenvolvido conceitos que pudessem se sobrepor à experiência. Criança de cinco anos de idade, observei com fascinação um homem levantando o braço e a mão em direção a uma força maior do que ele. A energia invocada começou a se manifestar nele e seus gestos e sua voz foram subindo num *crescendo*. Ele explodiu numa violenta descarga verbal e dezenas de milhares de pessoas ali presentes fizeram eco ao som, cada qual levantando o braço para captar a energia. Era a mesma coisa que assistir a uma tempestade: a energia palpável ia crescendo, crescendo, até que o canal rompia num relâmpago, numa explosão sonora cujos ecos podiam ser ouvidos a distância. Esse homem fascinante tinha um carisma irresistível, uma visão estimulante do futuro da raça humana, a capacidade de inspirar dezenas de milhares de pessoas com a mesma visão e de fazê-las querer caminhar em direção a ela. Seu nome era Adolf Hitler.

Comecei a prestar atenção em outras pessoas que conseguiam manipular essa imensa fonte de energia. Cada uma delas parecia ter a sua maneira de ser e a sua própria visão das coisas, mas a influência que elas exerciam era claramente perceptível. Muito, muito tempo depois, descobri que aquelas pessoas eram chamadas de líderes. Os líderes pareciam ser dutos por onde passava a potência de um princípio natural chamado liderança. Eu os via como canais luminosos que dirigiam um fluxo energético. A energia, como a que se armazena no núcleo de um átomo, pode ser liberada e em seguida dirigida segundo a causa do líder.

Quando especulamos acerca da "liderança na nova era" do século XXI, só o que podemos prever é quais serão os nossos pensamentos a respeito dela. No século que vem, a liderança não será diferente do que foi no século que passou. Nossos conceitos e modelos certamente vão mudar, e, em conseqüência, o nosso relacionamento com ela. Mas, assim como a nova ciência de que fala Margaret Wheatley em *Leadership and the New Science* não diz que no século XXI o universo será diferente, assim também a "nova liderança" não pode afirmar qual será a natureza da liderança. A idéia de que um grupo de gurus e visionários tenha poder para determinar a natureza futura das organizações e da liderança é uma idéia confusa. É como se os astrônomos dissessem que são as suas teorias que fazem com que o universo se contraia ou se expanda.

O Líder Inocente

A premissa, então, é a seguinte: assim como nós percebemos que é importante desistir de controlar os indivíduos que integram uma empresa, assim também a nova era exige que a mente deixe de se preocupar com o que seria a "melhor" liderança ou a estrutura "necessária" da empresa. Os gerentes, líderes, curadores ou como quer que venham a ser chamados no século XXI vão parar de preferir um determinado conceito em relação a outro. Assim como não vão impor às pessoas algo que acham ser "melhor", também não vão impor um tipo de liderança considerado "melhor". Vão, isto sim, procurar o modo mais eficiente de se relacionar com o que a liderança é em si. Não vão acreditar na supremacia da ética do caráter sobre a ética da personalidade; não vão declarar que a "curadoria" tem de substituir a liderança; não se verão premidos a decidir pelo altruísmo em prejuízo do egoísmo, pela aventura em prejuízo da segurança, pela parceria em prejuízo do patriarcado. Vão se aborrecer até a morte quando alguém lhes disser que as hierarquias piramidais são más e as redes achatadas são boas. Não vão considerar as questões estruturais e operacionais como menos fundamentais do que as do espírito; tampouco vão sustentar a idéia de que a liderança espiritual é melhor do que a boa administração. Vão aceitar o fato de que o poder na organização é por natureza tanto centralizado quanto distribuído. Vão se interessar em compreender como os modelos se complementam, e não como fazer com que um tome o lugar do outro. Em suma, serão muito mais abertos e menos dogmáticos quanto ao que é "certo", "melhor" ou "inevitável" para a liderança e a organização empresarial. Terão perdido a vontade de fazer com que o mundo se adapte às mais recentes teorias. Serão tão pouco ciosos do seu próprio pensamento quanto o serão dos objetos do seu pensamento. Eles serão, enfim, aquilo que eu gosto de chamar de *líderes inocentes*, tranqüilos no paradoxo da coexistência dos opostos.

Vamos apresentar alguns indícios que justifiquem essa premissa dos líderes inocentes. E mais: vamos recolher esses indícios nas mesmas fontes que atualmente estão influenciando as idéias a respeito da liderança. Geoffrey Chew, físico tão influente quanto Werner Heisenberg ou Niels Bohr, desenvolveu a *hipótese do bootstrap*, tentativa de unificação da mecânica quântica e da teoria da relatividade. Uma vez que os conceitos quânticos e relativísticos continuam a inspirar as novas teorias acerca da liderança e da organização, a hipótese do *bootstrap* pode nos fornecer informações muito úteis. De acordo com Chew, todos os conceitos e teorias que nós formulamos a respeito do mundo são aproximações. Cada um deles só é válido dentro de certa faixa limitada de condições. Para cada um, é preciso perguntar: por que ele funciona? Quais são os seus limites? Até que ponto são precisas as suas descrições? Sob que condições é válido aplicá-lo?

A nova ciência descobriu que todas as respostas sinceras que se dão a essas perguntas levam sempre à mesma conclusão: a inexistência de uma base sólida, eterna ou absoluta. Não existem princípios fundamentais, elementos básicos e simples ou fórmulas eternas e imutáveis. Chew identificou um aspecto essencial da nossa maneira de pensar o mundo: o fato de que nós não lidamos com a verdade, e sim com aproximações de aplicabilidade limitada. Sua hipótese, sua filosofia da tolerância, admite a coexistência de um número indefinido de modelos, sem que seja necessário preferir um aos outros. Numa entrevista para a televisão inglesa, pediram que Chew procurasse prever qual seria a maior novidade na ciência do futuro. Em vez de falar sobre um ou mais conceitos específicos, ele respondeu: "A aceitação do fato de que todos os conceitos são aproximações." A premissa é a de que isso também vale para o estudo da liderança. A grande novidade para os líderes não será uma nova teoria ou modelo de liderança e organização, mas sim a aceitação, sem favoritismo, de um número indefinido de teorias e modelos.

Se nós nos dispomos a aprender com a nova ciência — e o fato de o livro de Wheatley ter sido escolhido como o melhor livro de administração de 1992 pela *Industry Week* parece comprovar que essa disposição existe —, então Geoffrey Chew tem algo importante a nos dizer. Ele diria que a administração, a liderança, a curadoria, as redes, a hierarquia, o altruísmo, o egoísmo, o lucro, o comando, o ganha-pão, o pensamento de curto prazo, o legado para o futuro, a ética da personalidade, a ética do caráter, etc., são todas idéias válidas e úteis. Mas cada uma por si só é limitada porque aborda apenas uma parte da realidade da pessoa, da liderança e da organização empresarial. Chew nos estimularia a tolerar todas essas idéias sem preferir uma às outras; a usá-las todas juntas para obter uma imagem mais nítida da realidade.

Wheatley faz eco à filosofia de Chew:

> ...não é necessário dividir as coisas em dois pólos diametralmente opostos. Durante anos procurei uma resposta conceitual a uma pergunta que eu julgava muito importante: nas organizações, qual é a influência preponderante sobre a conduta — o sistema ou o indivíduo? A doutrina quântica me respondeu a essa pergunta com um definitivo "depende". Essa pergunta não tem uma resposta única; não há necessidade de decidir entre as duas.

Altruísmo ou egoísmo? Depende. Líder ou curador? Depende. Hierarquia ou rede? Depende. Poder centralizado ou distribuído? Depende. Será *The Fourth Wave* [A Quarta Onda], de Herman Maynard e Susan Mehrtens, o destino inevitável dos negócios no século XXI? Depende — depende do tipo de negócio, da parte do mundo em que ele está, da cultura predominante na empresa, do que vem acontecendo ao redor.

Wheatley mostra o quanto é insuficiente uma concepção maquinal do mundo, de um mundo feito de partes específicas e de fronteiras que as separam. Para ela, nós devemos abandonar essa compartimentalização, deixar de categorizar a realidade segundo variáveis cujos valores separam uma coisa da outra. Maynard e Mehrtens concordam, pregando a necessidade de fluidificação das fronteiras tanto dentro da empresa quanto entre a empresa e o mundo. Não só as empresas, mas também as teorias dos líderes inocentes terão fronteiras fluidas. Ora, *The Fourth Wave* faz uso de certas variáveis para caracterizar o papel das empresas na Segunda, na Terceira e na Quarta Ondas. As variáveis usadas são as seguintes: metas, motivação, valores, grupos de interesse, ponto de vista e domínio. A motivação da Segunda Onda, por exemplo, é a de ganhar dinheiro, ao passo que a da Quarta Onda é deixar um legado precioso para o futuro. A meta da Terceira Onda é criar algo de valor, ao passo que a da Quarta Onda é agir como um administrador confiável dos recursos mundiais; e assim por diante. Os líderes inocentes não vão compartimentalizar as organizações empresariais segundo essas categorias. Como Chew, eles vão reconhecer que esse modelo tem aplicabilidade limitada; não vão tentar fazer com que a organização e a liderança girem em torno de um único conjunto de valores, com uma única lista de variáveis específicas. Vão compreender que a pretensa progressão linear das ondas não é uma imagem exata da realidade, mas apenas uma maneira conveniente de categorizar nossas idéias a respeito da realidade.

Nada de Novo sob o Sol

O antropólogo francês Pierre Clastres se interessa mais pela liderança e a organização aplicadas no passado do que pelas do futuro. Ele estudou os povos nativos das Américas, da África, da Sibéria e das Ilhas do Pacífico Sul e descobriu que esses povos já foram alcançados há muitos séculos por aquilo que nós, só agora, estamos chamando de Quarta Onda. Em *Society Against the State* [Sociedade contra o Estado], ele escreve:

> O chefe é responsável por manter a paz e a harmonia no grupo. Deve apaziguar as querelas e resolver as disputas — não pelo emprego de uma força que ele não possui, mas apoiando-se exclusivamente na autoridade que lhe vem do prestígio, da justiça e da habilidade verbal... os detentores daquilo que em qualquer outro lugar seria chamado de poder na verdade não têm poder; a política é um domínio onde inexistem a coerção e a violência, onde não há subordinação hierárquica e onde não vigora nenhum relacionamento de comando e obediência.

O antropólogo Arthur H. Parker também encontrou no passado a "liderança do século XXI" e organização correspondente. O trecho a seguir é extraído de sua tradução da Constituição da Nação Iroquesa, e foi citado por William Fenton em *Parker on the Iroquois*:

> [Os chefes] serão mentores do povo até o fim dos tempos. A espessura de sua pele será de sete palmos, o que equivale a dizer que eles não deixarão entrar em si o ódio, as ações ofensivas e o espírito de crítica. Seus corações estarão cheios de paz e de boa vontade e suas mentes repletas de um anseio pelo bem-estar dos povos da confederação. Com infinita paciência eles desempenharão suas funções e sua firmeza será temperada por uma ternura pelo povo. Nem a raiva nem a fúria farão morada em suas mentes, e todas as suas palavras e ações serão marcadas pela deliberação calma... [Eles] devem ser honestos em tudo... não devem jamais pensar em si mesmos... Seus olhos e ouvidos devem estar voltados para o bem-estar de todo o povo, e eles terão sempre em mente não apenas o presente mas também as [sete] gerações seguintes, mesmo aqueles cujas faces ainda estão abaixo da superfície do solo, os não-nascidos da futura Nação.

Em 1754, os patriarcas fundadores dos Estados Unidos convidaram quarenta e dois membros do Grande Conselho dos Iroqueses para aconselhá-los no projeto das estruturas confederadas para o Plano de Albany.

Os princípios defendidos em livros como *The Fourth Wave*, ou *Stewardship*, de Peter Block, ou *Reawakening the Spirit in Work*, de Jack Hawley vêm sendo adotados e usados com sucesso desde há milênios em diversas partes do planeta. A liderança e a organização são e continuarão sendo o que sempre foram. Os líderes da nova era vão perceber que a liderança é indiferente não só aos nossos valores como também à nossa noção de tempo, aos limites arbitrários que impusemos ao fluxo da vida e que chamamos de séculos e de ondas. Os líderes inocentes provavelmente não escreverão livros a respeito da "liderança no século XXII".

O Dr. Clare W. Graves foi um psicólogo que, no final da década de 60 e no princípio da de 70, escreveu uma espécie de roteiro para quase todos os livros de liderança que foram escritos nos anos 90. Ele arrolou não apenas os conceitos e valores que esses livros vieram a promover tomando-os emprestados da ciência e da espiritualidade, como também os conceitos e valores que eles vieram a rejeitar. Via esses livros como produtos de uma época, aplicáveis somente a culturas com uma determinada visão de mundo num determinado momento do tempo. Isso acontece, segundo Graves, porque o que um indivíduo, organização ou sociedade crê ser útil depende do que se supõe que sejam os problemas existenciais que precisam ser resolvidos. Os valores são eternos, não porque se apliquem sempre e em toda parte, mas porque estão sempre à disposição do ser humano, esperando para adquirir importância quando surgirem os problemas existenciais correspondentes. Para grande espanto meu, o Dr. Graves previu até mesmo que, vinte anos depois, eu viria a conceber a liderança e a organização como fenômenos naturais que nós podemos aproveitar, e não como construtos humanos a ser empregados como um instrumento ou aprendidos como uma arte ou habilidade. Não, ele não era um profeta. Apenas percebeu que os indivíduos e as culturas adotam exatamente os sistemas axiológicos e as visões de mundo necessárias para lidar com seus problemas específicos. Quando mudam os problemas, muda o sistema de valores.

A teoria gravesiana dos sistemas axiológicos não é muito conhecida, mas tem sido posta em prática como meio de desenvolvimento institucional há cerca de vinte anos, encontrando aplicação em campos como os da saúde, da educação, da política e do desenvolvimento econômico das nações. A teoria afirma que há padrões de pensamento humano que surgem da reação a acontecimentos significativos, como a Era Glacial e a Era da Informática. Esses padrões se transformam em correntes que fluem dentro das culturas, determinando nosso modo de pensar a respeito dos negócios, da família, da política, do sentido da vida e do que poderá acontecer no próximo século. A teoria inclui, e apresenta detalhadamente, certos modos de conceituar a realidade que datam de milhares de anos atrás e continuam a surgir sempre de novo.

A teoria de sistemas de valores de Graves faz coro com a hipótese do *bootstrap* de Chew em nos recomendar que sejam afrouxados os grilhões mentais e evitada a preferência específica por um determinado modelo de liderança e organização.

A Importância do Paradoxo

Robert A. Johnson, aclamado analista junguiano e autor de livros famosos como *He*, *She* e *We*, nos diz que as estruturas de nível pessoal, organizativo e social só vão começar a funcionar quando nós nos libertarmos da idéia de ter de escolher entre coisas aparentemente opostas como o altruísmo e o interesse próprio. Johnson conclui que a psique humana busca sempre o equilíbrio e quer dar idêntica oportunidade de expressão a ambos os lados de uma questão. Isso acontece até mesmo quando uma estrutura pessoal ou organizativa é concebida para conter ou receber somente o lado privilegiado. A expressão do lado "indesejável" é que fornece aos meios de comunicação boa quantidade de escândalos, atrocidades, injustiças e incidentes anti-sociais. A estrutura se rompe porque o sistema, tentando fugir ao desconcertante paradoxo de dar voz a ambos os lados, não fornece nenhum modo razoável de expressar o lado proibido.

A expressão espontânea dos dois lados de uma questão é coisa que acontece sempre, invariavelmente, convidando-nos a compreender a importância do paradoxo. Eis, por exemplo, o que Jack Hawley escreve acerca da liderança espiritual em *Reawakening the Spirit in Work*:

> O homem amoroso vive num mundo amoroso, o homem hostil vive num mundo hostil... As expectativas evocam o mesmo poder profundo que a crença evoca. O que nós achamos que vamos obter é o que nós obtemos. Se você acha que vai obter o melhor, provavelmente você o obterá. Se acha que vai obter o pior, idem.

No mesmo livro, Hawley afirma que as organizações contaminam as pessoas; que os sistemas humanos não nos ajudam a viver uma vida mais pura; que as grandes organizações são, por natureza, prudentes, dissimuladas, astuciosas e sagazes; que as organizações adoram subjugar a nossa força e limitar o nosso poder: "Este é um elemento fundamental da liderança: ser capaz de resistir contra a tendência da sociedade [seja a sociedade da empresa ou a sociedade mais ampla] de comê-lo vivo." Isso quer dizer que o homem amoroso vive num mundo hostil e o homem hostil vive num mundo amoroso. Na verdade, as mais diversas combinações de "amoroso" e "hostil" não só são possíveis como de fato coexistem neste paradoxo que é a realidade.

Em *Owning Your Own Shadow*, Johnson escreve:

> O paradoxo é o poço de sentido de que o mundo moderno tanto precisa... Por uma razão incompreensível, nós muitas vezes negamos a natureza paradoxal da realidade e, num momento de estupidez, acreditamos poder viver fora dela. No momento mesmo em que fazemos isso, representamos o paradoxo de oposição... Nós detestamos o paradoxo porque é difícil permanecer nele; mas o fato é que a experiência do paradoxo é uma experiência muito direta da realidade, que está fora da nossa estrutura habitual de referências e permite algumas das maiores compreensões... Cada uma das virtudes deste mundo é validada pelo seu oposto... Quando transferimos nossas energias da oposição para o paradoxo, damos um enorme salto evolutivo... [que consiste em] atribuir a ambos os lados de uma questão a mesma dignidade e o mesmo valor.

A psicologia compreendeu a profunda importância do paradoxo pela observação da psique, e a nova ciência chegou à mesma conclusão por observações do universo físico.

Lembro-me de que fiquei atônito quando li a seguinte passagem de *A Conspiração Aquariana,* de Marilyn Ferguson:

> No mesmo momento em que a maioria das nossas instituições está vacilando, surge uma versão contemporânea da antiga tribo ou comunidade: a rede (*network*), instrumento do próximo passo da evolução humana... Esse modo orgânico de organização social é mais adaptável sob o ponto de vista biológico, mais eficiente e mais "consciente" do que as estruturas hierárquicas da civilização moderna... O poder aos poucos vai mudando de mãos, saindo das estruturas moribundas e passando para as redes vivas.

Fiquei espantado pelo fato de ela estar atribuindo valor moral a um conceito estrutural e fazendo juízos comparativos a respeito dele.

John Naisbitt aparentemente faz eco a essa interpretação da natureza das organizações. Em *Megatrends*, ele escreve:

> As hierarquias permanecem, mas não a nossa crença na eficácia delas. Aliás, a nossa crença na estrutura piramidal, que nós pensávamos em redesenhar e aprimorar, ruiu de uma só vez, vítima da sua própria estrutura retrógrada de poder, de cima para baixo. Muita gente, estudando o estado atual do mundo, concluiu que os problemas que nos afligem — economia vacilante, inquietação política e uma lista interminável de dilemas sociais insolúveis — não podem ser resolvidos num mundo organizado segundo o princípio da hierarquia. A importância das hierarquias para resolver os problemas da sociedade forçou as pessoas a conversar umas com as outras — e assim começaram as redes.

Vamos examinar um aspecto diferente da discussão sobre as estruturas organizativas. Ervin Laszlo, pioneiro do pensamento sistêmico, escreve em *The Systems View of the World*:

> Uma vez que os esquemas de desenvolvimento em todos os reinos da natureza são análogos, a evolução parece superpor sistema sobre sistema numa hierarquia contínua, que abarca a existência suborgânica, orgânica e supra-orgânica. A organização na natureza parece uma pirâmide complexa, de muitos níveis... Por isso, quer se trate de sistemas físicos, de espécies de organismos vivos ou de sistemas sociais, constatamos que os mais capazes de sobreviver são os que se organizam segundo uma hierarquia.

Toda organização, assuma ela a forma de um corpo humano ou de uma grande empresa, apresenta ao mesmo tempo diversas características estruturais. Pode-se desenhar um diagrama em forma de rede para as interdependências que existem dentro da organização; e pode-se desenhar um diagrama hierárquico para mostrar os relacionamentos de integração que existem entre os seus subsistemas e elementos. Palavras como "hierarquia" e "rede" não são as próprias coisas, mas modos de encarar as coisas. Li em algum lugar que uma grande empresa japonesa usava um organograma para se organizar, e depois o jogava fora. Os líderes inocentes da nova era farão eco a Wheatley: "Pergunto-me por que nos limitamos tão rapidamente a uma única idéia, a uma única estrutura, uma única percepção; pergunto-me por que nos limitamos à idéia de que a 'verdade' só existe sob forma objetiva."

Será bem difícil ser um líder inocente na nova era, no meio de um permanente paradoxo. Na incerteza de um mundo quântico, em face de uma situação que exija de você uma atitude de liderança sobre as pessoas que o rodeiam, como você vai se sentir quando tiver de falar-lhes como se soubesse exatamente o que fazer? Eu invariavelmente sinto um certo mal-estar à medida que as palavras saem. Percebo o quanto estou perto de me convencer do que estou falando e de me identificar com isso. Penso em Peter Block, que escreveu em *Executive Excellence*: "O fato de ser a guardiã de um objeto de valor pede que a pessoa prefira o servir ao controlar; pede que não se exija dos líderes que eles assumam o comando e tomem a iniciativa. A liderança é ocasião de orgulho — ela nos lembra a idéia de estabelecer uma direção." Quando afirmou essa mesma coisa em *Stewardship* e propôs a sua receita como a melhor esperança para o futuro, Block tomou a iniciativa e fez de si mesmo um "paradoxo", estabelecendo uma direção e um caminho a ser seguido pelos outros.

O paradoxo fará com que os líderes do século XXI se lembrem de ignorar as fronteiras entre o verdadeiro e o falso e de abrir a sua visão das coisas. Em vez de jogar um conceito contra o outro, eles vão transitar livremente entre a certeza do saber e a inocência do pensar sem barreiras. Não tentarão estabelecer à força um acordo entre a natureza da liderança e seus próprios projetos para um mundo melhor. Os líderes da nova era vão respeitar a indiferença natural da liderança, permitindo assim que as organizações reajam espontânea e criativamente à imprevisibilidade do futuro.

14

O Pensamento do Tanto Quanto: O Comando da Mudança num Mundo de Paradoxo

Susan M. Campbell

SUSAN M. CAMPBELL é consultora empresarial independente, coordenadora de programas de treinamento e palestrante; tem escritórios em Belvedere e Rohnert Park, Califórnia. Reconhecida em todos os Estados Unidos como especialista em mudança e administração de conflitos, dá assessoria não só a empresas que figuram entre as 500 da *Fortune* como também a empresas menores, tanto do setor público quanto do privado.

Ex-professora do Programa de Pós-Graduação em ciências comportamentais aplicadas da Universidade de Massachusetts, agora é professora-adjunta do Instituto Saybrook, em São Francisco. É autora de cinco livros e diversos programas de estudo em fita cassete, nas áreas de comunicação, liderança, mudança, administração de conflitos, dinâmica de grupo e relacionamentos interpessoais.

Na empresa complexa dos dias de hoje, é preciso ouvir tudo o que todos têm a dizer. Nenhum membro do grupo, nem mesmo o presidente da empresa, é capaz de possuir todas as informações necessárias para guiar as ações do grupo. Para conter na mente vários pontos de vista essencialmente diversos, precisamos desenvolver a capacidade de aprender com as pessoas sem necessariamente concordar com o que elas pensam.

Precisamos ter *tanto* a capacidade de afirmar os nossos pontos de vista *quanto* a de respeitar os pontos de vista das pessoas que discordam de nós. Precisamos saber afirmar e usar os nossos pontos fortes sem ignorar os nossos pontos cegos ou limitações. Precisamos tanto da confiança necessária para expressar nossa capacidade, *quanto* da humildade necessária para aprender com as pessoas que têm mais conhecimento. No novo ambiente profissional, quem convive e trabalha com outras pessoas vai precisar saber como se tornar um receptáculo capaz de conter em si pontos de vista divergentes e aparentes contradições.

E quem se dispuser a liderar, a coordenar ou a tentar aprimorar qualquer sistema humano (inclusive a si próprio) deve compreender que ninguém é absoluto. Não há quem esteja sempre certo ou sempre errado. Nenhuma pessoa, nenhum grupo, é capaz de ter todas as respostas. O lado bom disso é que nós precisamos dos conhecimentos e das contribuições uns dos outros para ter acesso a um panorama completo ou montar o quebra-cabeças. O lado mau é que, muitas vezes, nós não nos conformamos com esse fato. Muitos estão acostumados a pensar que o seu caminho é o caminho certo, e nunca põem isso em questão. A mente inexperiente tende sempre à certeza, à segurança e à arrogância. Isso é mais fácil do que aceitar a incerteza, a necessidade da ajuda alheia e o sentimento de não ter controle sobre as coisas. Nós acreditamos que a certeza e o controle são necessários para o nosso bem-estar.

O fato de lidar diariamente com estilos diferentes e visões antagônicas pode parecer perigoso, mas só será realmente perigoso se a nossa segurança for baseada na necessidade de ter sempre a resposta certa ou, no mínimo, a mais popular. Na nova "empresa disposta a aprender", não podemos nos dar ao luxo de ser míopes a esse ponto. Aprenderemos rapidamente a valorizar pontos de vista diferentes, porque isso amplia os horizontes do nosso conhecimento e da nossa compreensão.

Com o "Pensamento do Tanto Quanto", as pessoas não precisam ter estilos semelhantes ou os mesmos valores para que possam vir a trabalhar bem em conjunto. É preciso, isto sim, haver respeito pelas visões e contribuições do outro; mas não precisamos todos pensar da mesma forma.

O hábito de acolher perspectivas diferentes nos dá o vislumbre de mercados mais amplos e de uma variedade maior de clientes em potencial. As diferenças podem ser um recurso positivo, e não um aborrecimento — mesmo que elas nos façam sentir um certo mal-estar. A maioria das pessoas não aprendeu a ficar à vontade numa sala cheia de gente muito diferente. É incômodo ser minoria. Nós nos sentimos seguros ao lado de pessoas semelhantes a nós. O "Pensamento do Tanto Quanto" ajuda a pessoa a conservar a sensação de segurança e de poder aonde quer que vá, porque o seu objetivo será aprender com as diferenças e não julgar ou sentir que está sendo julgada. Podemos aprender muito com as pessoas que são diferentes de nós, desde que seja essa a nossa intenção.

Você Precisa do "Pensamento do Tanto Quanto"

A capacidade de sustentar a própria posição sem deixar de considerar com seriedade as opiniões alternativas é fundamental para decidir bem no mundo dos negócios. Essa atitude garante que a pessoa não vai ignorar nenhuma informação potencialmente importante só porque não se sente à vontade para lidar com ela. As pessoas incapazes de tolerar a discordância, incapazes de se distanciar do conflito por um tempo suficiente para examinar todas as possibilidades, não vão sobreviver no novo ambiente profissional. Eis uma historinha que mostra como Jerry e Phil, sócios numa pequena empresa de *software*, perderam o negócio em função da incapacidade de utilizar o Pensamento do Tanto Quanto.

Jerry era conhecido pelo gênio forte e pelo estilo arrojado. Phil era mais conciliador, mais tranqüilo e muito disposto a agradar. Certo dia, Jerry entrou no escritório entusiasmado com uma oportunidade de investimento que prometia dobrar os ativos da empresa no prazo de um ano. Phil tinha sérias dúvidas quanto à conveniência de tirar o dinheiro dos fundos de investimento mais seguros em que ele estava aplicado, mas absteve-se de manifestar suas objeções, com medo de criar confusão. No passado, nas vezes em que tentara discordar de Jerry, ele se vira bombardeado por acusações e insultos irados. No fim, Phil aceitou que Jerry aplicasse 90% dos recursos da empresa no tal investimento.

Dois meses depois, o investimento foi por água abaixo e a empresa fechou as portas. Phil e Jerry estavam trabalhando com um modelo mental exclusivista — a idéia de que, quando um vence, o outro perde; ou a de que, se o meu sócio discorda de mim, não podemos trabalhar juntos, de modo que um dos dois precisa ceder imediatamente. Phil agora sabe que se ele tivesse sido capaz de levar a conversa um pouco adiante, trocando idéias com Jerry a respeito de possíveis alternativas, eles poderiam ter desenvolvido um plano viável.

O novo ambiente profissional comporta uma enorme diversidade de linguagens, de estilos pessoais, de valores e de premissas culturais, e essa diversidade está aumentando rapidamente. Se existe um momento propício para se aprender a resolver conflitos e harmonizar interesses divergentes, esse momento é agora.

Há pouco tempo, trabalhei com uma empresa em que um grupo de cinco pessoas do departamento de pesquisa e desenvolvimento estava tentando chegar a um consenso quanto à melhor estratégia de distribuição do pessoal e destinação dos recursos. Faziam parte do grupo um rapaz indiano sikh de 25 anos que usava um turbante branco, uma negra de 43 anos do Alabama, um coronel reformado do exército, branco, de 60 anos, que se apresentava como ex-alcoólatra, um extremo-oriental de 44 anos e uma jovem de 21 anos recém-emigrada da Rússia.

Essas cinco pessoas eram cientistas de formação apurada; todos estavam igualmente comprometidos com os objetivos do grupo e da empresa. Isso era o que eles tinham em comum. Eram também indivíduos com idéias bastante diferentes a respeito de como o dinheiro deveria ser gasto e quem deveria estar no comando. A tensão na sala de reuniões era quase palpável. Eu percebia neles uma frustração cada vez maior e me admirava das valorosas tentativas de manter o autocontrole. Eles escutavam educadamente uns aos outros, mas era evidente que não estavam prestando atenção. Cada um esperava apenas a oportunidade de falar — não sei por quê, uma vez que ninguém estava ouvindo!

Como cumprir uma tarefa nesse ambiente? Sem uma atmosfera de respeito mútuo, as pessoas resistem às iniciativas umas das outras e a capacidade que o sistema tem de aprender com a própria experiência fica prejudicada. Não obstante, os ambientes competitivos e exclusivistas são a regra e não a exceção em muitas empresas. A maioria das pessoas aprendeu a pensar de maneira exclusivista, a dividir o mundo em categorias estanques: esta idéia é boa/aquela idéia é má, ela está motivada/ele não está motivado, eu estou certo/ você está errado, este produto é útil/aquele é inútil. Na infância, o ponto de vista do adulto era correto e a visão infantil, errada. Na adolescência, quem pertencia a um determinado grupo era bom, e quem ficava fora do grupo não era tão bom assim. Na idade adulta, a pessoa é um sucesso ou um fracasso. É difícil conceber que a pessoa possa estar ao mesmo tempo certa e errada, motivada e desmotivada, bem-sucedida em algumas áreas e fracassada em outras. Quando paramos para pensar com um pouco mais de profundidade a respeito das coisas, a idéia do Tanto Quanto faz sentido. Infelizmente, na maior parte das vezes, o nosso pensamento é mais automático do que profundo.

Os problemas complexos com que deparamos nos dias de hoje exigem a estratégia do Tanto Quanto. Quando não compreendemos a totalidade de uma situação, sempre que nós resolvemos um problema acabamos criando outro. A chamada "ação afirmativa" na contratação de profissionais é um caso em pauta. Desde os anos 70, os órgãos governamentais e as instituições financiadas pelo governo foram obrigadas a mostrar que, neles, todos têm "oportunidades iguais" de conseguir emprego. As mulheres e as minorias foram favorecidas com vantagens de contratação que jamais haviam obtido antes. A ação afirmativa é um problema importante, e de fato merece a nossa atenção.

Infelizmente, à medida que esse problema vai sendo resolvido, vai-se criando um outro: como prevenir o ressentimento e a reação daqueles aos quais se negou emprego pelo fato de serem brancos e homens? Precisamos reconhecer que não há grupo capaz de perceber todas as facetas de um problema, e é por essa razão que é preciso examinar o problema tanto a partir do ponto de vista dos brancos quanto do das pessoas de cor, tanto dos homens quanto das mulheres, tanto dos ricos quanto dos pobres. No novo ambiente profissional, será preciso aprender a lidar com os problemas em toda a sua complexidade.

O Mal-Entendido como Ocasião de Aprendizado

É comum ver um homem e uma mulher equivocados quanto às intenções um do outro, em função da diferença de estilo de comunicação causada pela diferença de condicionamento cultural. Rick e Janelle, enquanto planejavam o retiro trimestral do pessoal do departamento, tiveram a seguinte conversa:

— Acho que podíamos fazê-lo em Nova Orleans. É bonito lá nessa época do ano — dizia Rick.

Janelle passa um tempo em silêncio e então responde: — Tudo bem.

Um mês depois, os dois se reúnem para avaliar o retiro. Janelle revela:

— Eu não achava uma boa *idéia* fazer o retiro em Nova Orleans. Por mim, teria sido em Virginia Beach.

— O quê?! — exclama Rick, surpreso. — Pensei que você tinha concordado que é bonito lá nessa época do ano!

Quando os dois tentam esclarecer o mal-entendido, Janelle descobre que Rick propusera Nova Orleans e em seguida aguardara que ela se manifestasse, caso não concordasse com a idéia. É isso que ele mesmo teria feito:

— Por que você não falou que tinha uma outra idéia?

Rick, por sua vez, descobre que Janelle achava que ele lhe pediria a opinião se quisesse ouvi-la:

— Achei que tudo já estava decidido, visto que você não pediu a minha opinião. Sempre peço que a outra pessoa me diga o que pensa depois que eu exponho o que quero — explicou ela.

Levando a conversa adiante, Rick e Janelle percebem que a relação de trabalho estava desagradável para ambos já fazia algum tempo. Janelle muitas vezes se sentia "atropelada" por Rick; Rick muitas vezes se sentia criticado pelo silêncio de Janelle. Essas descobertas levam os dois a uma conversa em que cada qual tenta convencer o outro a comportar-se como ele mesmo se comporta.

— Afirme o que você pensa — disse Rick, censurando-a.

— Por que você não pede a opinião das pessoas, para que elas saibam que você está interessado? — sugeriu Janelle.

Se nós, como observadores desse debate, formos capazes de recuar um pouco e contemplar os dois pontos de vista segundo a idéia do Tanto Quanto, perceberemos que os dois são válidos.

De fato, é verdade que Janelle lucraria muito se aprendesse a dizer o que pensa. E também é verdade que Rick aprenderia muito com o jeito dela de procurar envolver as pessoas na conversa. Se os dois fossem capazes de encarar suas diferenças dessa forma, ambos poderiam aprender coisas muito importantes.

O Pensamento do Tanto Quanto
Inclui as Seguintes Idéias:

- Cada pessoa só pode ter uma visão parcial de uma dada situação. Precisamos da ajuda dos outros para enxergar a realidade por inteiro. O Pensamento do Tanto Quanto possibilita o aprendizado dentro da empresa porque promove o diálogo indispensável para preencher as lacunas existentes no conhecimento de cada trabalhador.

- Todas as coisas e todas as qualidades que existem têm pelo menos dois lados — uma manifestação externa óbvia e um aspecto sutil e oculto. As pessoas, por exemplo, possuem tanto os seus atributos positivos e bem desenvolvidos quanto o seu "lado escuro", muitas vezes oculto, ou seus aspectos menos desenvolvidos. Nós precisamos uns dos outros para nos servir de espelhos que reflitam o nosso lado escuro; e para nos servir de modelos que nos ajudem a superá-lo.

- Visto que todos têm pelo menos "dois lados", nós somos todos ambivalentes, pelo menos até certo ponto. Nada impede que, ao mesmo tempo em que você queira progredir na carreira, não esteja muito disposto a arcar com a responsabilidade que acompanha esse progresso. Ao mesmo tempo em que está disposto a aprender uma nova habilidade, você talvez tenha medo das dificuldades que vai encontrar no processo de aprendizagem — como, por exemplo, o fato de sentir-se desajeitado no início. O melhor é não se identificar exclusivamente com nenhum dos lados, mas, ao contrário, admitir que você está *tão* ávido por aprender *quanto* assustado com essa hipótese.

- Devido ao mal-estar que a ambivalência interior nos causa, muitas vezes nós projetamos os conflitos interiores nos relacionamentos interpessoais. Com freqüência, os conflitos de poder em que uma pessoa se envolve refletem os conflitos interiores que ela tem consigo mesma. Assim, se eu estou indecisa a respeito de como equilibrar o trabalho e o lazer na minha vida, é muito possível que eu me veja envolvida num conflito de relacionamento no qual uma pessoa trabalha em excesso e a outra só se diverte.

- O Pensamento do Tanto Quanto nos propõe um método prático de lidar com pessoas que nós temos dificuldade de suportar. Se eu ando aborrecida com a atitude egocêntrica de um companheiro de trabalho, por exemplo, esse fato pode ser o reflexo de uma luta inconsciente que se trava dentro de mim a respeito dessa característica desagradável. Talvez eu tenha dificuldade para admitir em mim mesma qualquer sentimento que lembre, ainda que remotamente, uma atitude egocêntrica. Por isso, tendo a deixar que as pessoas egocêntricas prevaleçam sobre mim, e é por isso que me é difícil suportá-las. Mas elas também podem me ensinar algumas coisas. Na presença delas, sou forçada a me comportar de modo mais firme para não ser tiranizada.

- É possível trabalhar tanto para o bem do todo (do grupo, da empresa, etc.) quanto para o seu próprio bem, e ao mesmo tempo. Você pode se habituar a ver simultaneamente as partes e o todo. É isso que faz um bom coordenador de grupo ou o árbitro de uma discussão, e é isso que deve fazer um bom líder ou executivo. O líder não se sente bem com o que fez até que todos na equipe se sintam bem. Ele tem a capacidade de manter na mente o "bem do todo" e comportar-se de acordo com isso.

- É possível trabalhar em prol de valores ou metas que se afigurem mutuamente exclusivas ou contraditórias. Eu posso, por exemplo, ser ao mesmo tempo exigente e compassiva no meu trato com as pessoas. Posso

dar atenção a um ponto de vista do qual discordo totalmente e ao mesmo tempo manter-me coerente com os meus próprios valores e idéias. Isso é essencial para o bom líder, o bom negociador, o bom coordenador de grupo, o bom membro de equipe ou o bom pai.
* O paradoxo é uma realidade inevitável. Quanto mais você tenta controlar e prever o resultado dos seus esforços, menos controle você tem. Quanto mais você tenta fugir de algo que lhe mete medo, mais esse objeto de temor vai persegui-lo e assustá-lo.

O Pensamento do Tanto Quanto une e correlaciona coisas que poderiam a princípio parecer contraditórias ou separadas; assim, ele revela os relacionamentos e as interdependências sutis que existem entre as coisas. Ele nos habilita a ver a ordem no caos, a verdade no meio da confusão e o sentido no sofrimento; nos ajuda a conciliar o irreconciliável.

A seguir, temos três situações examinadas através das lentes do exclusivismo e do Tanto Quanto.

Pensamento Exclusivista	Pensamento do Tanto Quanto
Aquele empregado não está motivado. Temos de despedi-lo.	A maioria dos empregados tem potencial tanto para dar o melhor de si quanto para jogar o tempo fora. Quais as condições que favorecem o desejo que tem essa pessoa de dar o melhor de si?
A administração não tem relação com as necessidades dos empregados. Sua função é fazer a empresa dar lucro.	É possível cuidar tanto das necessidades individuais quanto das necessidades da empresa. A maioria das empresas tenta fazer as duas coisas, mas elas talvez precisem da ajuda dos empregados para aprender a atender melhor às necessidades individuais. A criação de organizações de apoio aos empregados é tarefa tanto da administração quanto dos outros empregados.
Se nossa empresa crescer um pouco mais, nossa qualidade de vida vai piorar.	Vamos nos estruturar de modo a conservar a sensibilidade da pequena empresa e, ao mesmo tempo, conquistar a eficiência da grande.

No Meio do Paradoxo

Os cientistas nos advertem de que "é impossível resolver um problema no mesmo nível do problema". O Pensamento do Tanto Quanto nos eleva acima do nível do problema de modo a podermos ver os vínculos que ligam elementos considerados, até então, como isolados ou contraditórios. A partir do momento em que passa a contemplar a complementaridade ou a conexão existente entre coisas normalmente vistas como separadas ou opostas, você está aplicando o Pensamento do Tanto Quanto. A maioria de nós já teve a experiência de gostar de uma pessoa e, ao mesmo tempo, estar frustrada com ela. Esse é um momento de Tanto Quanto. Talvez, também, você já se tenha visto numa situação em que era capaz de adivinhar os benefícios potenciais e, ao mesmo tempo, os problemas potenciais de uma proposta. A vida é repleta de momentos de Tanto Quanto. A essência dessa experiência está em reconhecer a unidade latente das forças opostas. Quando você amplia o seu ponto de vista, evidenciam-se soluções nunca antes sonhadas.

O Pensamento do Tanto Quanto na Estruturação de Equipes

É importante que todos os membros da equipe de trabalho apreciem as qualidades naturais e aceitem as limitações uns dos outros. O Pensamento do Tanto Quanto permite que as pessoas não sejam absolutamente perfeitas, nos habilita a falar tanto daquilo que sabemos fazer quanto do que ainda estamos aprendendo. Quando expomos com sinceridade as nossas limitações, a equipe é capaz de elaborar mecanismos que as compensem. Suponhamos, por exemplo, que um membro da equipe tenha a tendência de se sobrecarregar de tarefas e depois deixar de cumprir os compromissos assumidos. Enquanto ele aprende a lidar com esse problema, os outros membros da equipe podem ajudar a ele e a si mesmos, verificando periodicamente se ele precisa renegociar algum dos compromissos que assumiu.

Na equipe de liderança de um grande hospital metropolitano, os três principais administradores — Sheryl, Maureen e Frank — tinham três estilos diferentes de pontos fortes e pontos fracos. Sheryl era segura de si. Tinha um jeito todo especial de inspirar confiança nos colegas e nos membros da comunidade. Esse era o lado bom. O lado mau era que, com tanta confiança na sua maneira pessoal de fazer as coisas, ela logo ficava impaciente com os outros. As pessoas que trabalhavam com ela muitas vezes se sentiam ou criticadas ou supérfluas. Aprender a delegar o poder era um "ponto crítico" para ela.

Maureen era mais acolhedora, encorajava mais a participação. Tinha um jeito fácil e natural de pedir aos outros suas opiniões e de deixar que tomassem todo o tempo necessário para compreender bem suas tarefas. O lado mau, no caso de Maureen, é que ela não confiava no próprio discernimento.

O ponto crítico, para ela, era adquirir mais confiança nas próprias opiniões e correr o risco de apresentá-las quando das reuniões da equipe.

Frank era o visionário da equipe. Ele inspirava as outras duas com o futuro radioso que era capaz de conceber. Por outro lado, não se sentia à vontade com as pessoas. Dedicava a maior parte da sua atenção às possibilidades de melhoramento e de expansão e pensava muito pouco nas operações cotidianas do hospital. Seu ponto crítico era aprender a se conformar com o estado atual das coisas, aceitar as pessoas e a instituição tal como eram, com todas as suas vantagens e desvantagens.

A descrição desses três estilos de personalidade nos mostra que a estruturação consciente da equipe é importante para o sucesso da instituição. Além disso, já tendo conhecido pessoas como Frank, Maureen ou Sheryl, nós sabemos que as pessoas que têm um estilo diferente do nosso muitas vezes nos deixam com os nervos à flor da pele.

Na estruturação de uma equipe, pode ser útil identificar qual é o tipo de suscetibilidade desencadeada em cada relacionamento. Os objetivos, no caso, são: (1) que cada membro assuma a responsabilidade pelo fato de ter os seus pontos de hipersensibilidade; e (2) que cada qual procure não espezinhar os outros nos seus pontos de hipersensibilidade.

Quando os membros da equipe passam por um processo no qual eles revelam as suas suscetibilidades e pontos críticos, ao mesmo tempo em que reconhecem mutuamente as suas capacidades, passam a se sentir realmente protegidos e sustentados uns pelos outros. Muitas vezes a equipe encontra meios de ajudar cada membro a alcançar suas próprias metas de crescimento.

É fundamental para esse trabalho a filosofia que afirma: todos temos algo de bom para dar e algo de importante a aprender nesta instituições ou empresas. Esse é o Pensamento do Tanto Quanto em ação.

Os Conflitos Cotidianos como Oportunidades para Aprender

Kurt e Marshall eram sócios numa pequena empresa de investimentos imobiliários. Kurt se queixava de que não era capaz de fazer com que o sócio, Marshall, apoiasse nenhuma das propostas que ele, Kurt, apresentava. Marshall se queixava de que as propostas de investimento de Kurt não eram bem estudadas. Kurt afirmava que esse papel cabia a Marshall e não a ele. "Afinal de contas, você é o homem dos números — eu sou apenas o que vai lá e faz o serviço." E assim eles viviam, cada qual dizendo por sua vez. "Não posso fazer o meu trabalho enquanto você não fizer o seu."

Quando, dois anos antes, Kurt e Marshall decidiram constituir uma firma em sociedade, eles acreditavam que suas diferenças seriam uma vantagem. O talento de Kurt para encontrar imóveis com bom potencial seria bem contrabalançado pela capacidade de Marshall de avaliá-los cuidadosamente. Mas depois de trabalhar juntos por menos de um ano, as diferenças entre eles haviam se tornado intoleráveis. Marshall acusava Kurt de "querer fazer uma oferta por qualquer coisa que estivesse à venda". Kurt se queixava de que Marshall era "incapaz de assinar um cheque para pagar a conta do telefone sem examiná-la item por item".

Eles haviam se enredado num conflito de poder do tipo "o que vê bem *versus* o que faz" (da frase "veja bem o que você faz"). Kurt era o tipo que assume riscos, "o que faz", ao passo que Marshall era o tipo mais cauteloso, "o que vê bem". Para compreender as suas diferenças, eles começaram por reconstituir a história do seu relacionamento de trabalho. Isso fez com que eles se lembrassem dos sentimentos que tinham a respeito dessas diferenças; o que os havia levado a trabalhar juntos era a crença de que, em qualquer negócio imobiliário, eram necessários *tanto* a cautela *quanto* a impetuosidade. Eles recapitularam o histórico da sociedade desde essa atração inicial pelo Tanto Quanto até a polarização atual.

Ao examinarem as razões pelas quais tinham sido atraídos pela idéia de trabalho juntos, começaram a conversar sobre o que a vida havia ensinado a cada um. Contaram um ao outro histórias da respectiva infância. A de Marshall fora caracterizada por uma série de problemas, pela imprevisibilidade e pela insegurança. A de Kurt tinha sido calma, previsível e enfadonha. Eles começaram a perceber com evidência o porquê de se relacionarem com o desconhecido de forma tão diferente.

As histórias de cada um confirmavam a noção de que as pessoas entram em conflitos de poder porque *o que uma pessoa aprendeu pouco,* no decorrer da vida, *a outra aprendeu em demasia.* Kurt pouco aprendera a respeito da cautela, coisa que Marshall aprendera em demasia. Marshall pouco aprendera acerca da impetuosidade deliberada, algo que Kurt aprendera bastante. A polarização revela o que cada pessoa precisa aprender. Se houver a possibilidade de estabelecer um diálogo, o relacionamento dará à pessoa a oportunidade de aprender, finalmente, o que ela não tiver aprendido até então.

À medida que Kurt e Marshall prosseguiram na investigação das diferenças com sincero interesse, cada qual descobriu o seu lado menos privilegiado e passou a dar valor ao que o outro tinha a lhe ensinar. Do mesmo modo, pararam de culpar um ao outro pela estagnação da empresa. Diagnosticaram corretamente o problema como uma incapacidade de cada um de confiar no seu "outro lado", e não no parceiro. O outro lado é o lado que você mesmo reprimiu ou negou. Você não o conhece bem e, por isso, é difícil confiar nele.

Como pudemos observar no caso de Kurt e Marshall, os sistemas tendem à polarização ou ao desequilíbrio em algum momento durante o ciclo vital. No livro *Beyond the Power Struggle,* eu examino a dinâmica que faz com que a luta pelo poder muitas vezes suceda um período inicial de esperança e harmonia. Esse fenômeno é um reflexo do processo natural de crescimento da diferenciação e da complexidade nos sistemas humanos. Se o sistema for capaz de usar a consciência da polarização para equilibrar e integrar as forças antagônicas que se embatem dentro dele, será igualmente capaz de lidar com as diferenciações futuras sem recair em conflitos de poder. Se nós formos capazes de encarar a polarização (a oposição exclusivista) como indício da existência de uma polaridade oculta (uma "tantoquantidade"), seremos capazes de aprender com as nossas diferenças e usá-las para formular soluções criativas. As empresas de hoje precisam de líderes que acreditem que isso é possível.

Resumo

Eis como o Pensamento do Tanto Quanto pode prepará-lo para administrar a crescente complexidade:

1. O novo ambiente profissional exige uma habilidade de ordem superior para lidar com a complexidade. Para tomar decisões bem fundamentadas, é preciso ter a capacidade de contemplar pontos de vista aparentemente contraditórios durante o tempo necessário para descobrir a base de ordem superior que os unifica.

2. Se é verdade que atualmente as barreiras econômicas internacionais estão caindo, não é menos verdade que muitas barreiras culturais continuam de pé. À medida que a rede global dos negócios vai se tornando uma malha cada vez mais fina e integrada, aumenta cada vez mais a importância de saber aprender com pessoas cuja visão de mundo seja totalmente diferente da sua. É preciso estar à vontade e mostrar competência num estádio de grandes dimensões. O Pensamento do Tanto Quanto pode ajudá-lo a cooperar e colaborar com pessoas e grupos que você talvez tenha evitado em outros tempos, expandindo dessa maneira os horizontes do mundo em que você pode operar.

3. Como adepto do Pensamento do Tanto Quanto, você estará mais apto a descobrir oportunidades de colaboração com outros funcionários, departamentos ou empresas. Estará em condições de conceber boas parceiras estratégicas e ajudar a empresa a eliminar o desperdício causado pelo isolacionismo ou pela competição interdepartamental.

4. A empresa do futuro terá estrutura completamente diferente das empresas de hoje. Para dar conta da tarefa fundamental de redesenhar a estrutura, o novo líder terá de correlacionar e compatibilizar grande número de elementos, valorizando a contribuição que cada uma dessas partes tem a dar para o todo.

15

O *Koan* da Liderança

Robert Rabbin

ROBERT RABBIN é especialista em lucidez individual, empresarial e comunitária. Fundou o Instituto Hamsa depois de estudar meditação durante dez anos com Swami Muktananda. O Instituto oferece cursos pessoais de liderança, seminários, programas de integração para equipes de executivos e retiros.

Seu objetivo é o de aumentar nas pessoas o poder da consciência, que é o instrumento mais potente que existe para resolver os problemas e conflitos e para identificar e realizar as maiores aspirações da pessoa. Trabalhou com representantes das mais diversas profissões: executivos, empresários, profissionais liberais, sacerdotes cristãos, rabinos e roqueiros.

Publicou artigos em revistas como *Creation Spirituality, The New Leaders, World Business Academy Perspectives* e *New Frontier*. Tem dado palestras a diversos grupos do mundo empresarial, da comunidade acadêmica e dos que se dedicam à busca espiritual; e foi entrevistado várias vezes pelos jornais e pelas estações de rádio. *O Koan da Liderança* tem co-autoria de Monika Pichler, presidente do Instituto Hamsa.

> Cuide da reforma pessoal e a reforma social cuidará de si mesma.
> — Ramana Maharshi

Nunca conheci ninguém que tenha decifrado o *koan* da liderança. Um *koan* é uma charada, um enigma cuja solução só pode ser encontrada quando a pessoa se livra completamente de todo condicionamento e de todo pensamento. A solução brota de uma fonte absolutamente livre de imagens, crenças e conceitos. A mente que decifra um *koan* não é mente de forma alguma; é vazia de toda representação. O embate com o *koan* da liderança exige reflexão cuidadosa e investigação persistente. É preciso depurar a percepção e a consciência para ter a possibilidade de descobrir o que está enterrado, como um tesouro, sob as camadas do pensamento conceitual. Uma *idéia* de liderança nunca atingirá o seu objetivo; é lenta e pesada; as idéias não reagem à realidade com rapidez suficiente. Eis por que a liderança é um *koan*. Nenhuma definição ou formulação da liderança atingirá o alvo. Encare a liderança como uma forma de se libertar do condicionamento e do pensamento. É assim que você estará qualificado para ser um líder.

A prática habitual da reflexão e da investigação desenvolve a lucidez da mente. A lucidez, estado de liberdade em relação aos impedimentos das imagens e das idéias, nos habilita a ver as coisas simplesmente como elas são, sem os acréscimos que vêm da imaginação. A percepção pura — de nós mesmos, dos outros, do mundo à nossa volta — é fruto da reflexão e da investigação. Assim como não se pode fazer uma explanação didática a respeito da liderança, assim também ocorre com a percepção. A percepção não pode ser ensinada. Cada um precisa descobri-la por si mesmo. Se queremos conhecê-la, a única coisa que podemos fazer é nos desembaraçar das idéias, dos conceitos, das opiniões e dos juízos, até que permaneça apenas a percepção. A percepção, ela mesma, suplanta as respostas e as soluções, porque é mais verdadeira e mais útil.

Os líderes são pessoas a quem podemos nos dirigir em busca de solução para os nossos problemas, ou para nos inspirar de alguma maneira, de modo a melhorar a nossa vida — libertá-la um pouco mais do sofrimento, do conflito e das dificuldades. Para resolver nossos problemas, é preciso antes compreendê-los de forma lúcida e simples, sem excessos. Lao Tzu disse que a maior conquista do sábio é o fato de ele não considerar nenhum problema difícil. Acho que o que ele queria dizer com isso é que quando realmente *vemos* a causa do problema que queremos resolver, o problema deixa de ser um problema. Nenhuma solução é necessária. A única coisa necessária é a ação simples e espontânea que brota da própria percepção. "O mais básico de todos os preceitos é o de, a cada minuto, ter consciência do que se está fazendo, do que se é", diz o monge budista Thich Nhat Hanh. Esse preceito é a chave da liderança.

Uma centena de livros a respeito da liderança são como uma gota d'água no oceano, porque a liderança não é problema. O conhecimento das teorias sobre a liderança não nos ajuda a ver o que está acontecendo agora. Esse momento único é real demais para ser abarcado e expresso por uma idéia. A percepção, a lucidez da mente, é o instrumento mais adequado para compreender o que está acontecendo de fato. Os princípios de liderança precisam ceder lugar à percepção, que é depurada pela reflexão e pela investigação. Isso é algo que cada um precisa fazer por si mesmo. Não devemos depender dos que têm poder ou autoridade nas organizações ou instituições. Eles não podem nos ajudar.

A visão intuitiva *não* é fruto do conhecimento especializado. As soluções *não vêm* dos especialistas. A ação hábil *não nasce* da presunção. A visão intuitiva *vem* do silêncio. As soluções *vêm* da percepção. A ação hábil *nasce*, espontaneamente, da lucidez.

A consciência, e em especial o autoconhecimento, sempre faz enorme diferença. O autoconhecimento revela que a nossa verdadeira natureza é muito diferente da colagem de impressões e crenças que, com freqüência, enchem a nossa mente, criando incrível confusão em que transitam pensamentos ruidosos. Nisargadatta Maharaj, místico indiano que morreu poucos anos atrás, dizia:

> Quando um número maior de pessoas vier a conhecer a sua verdadeira natureza, a influência delas, por mais sutil que seja, prevalecerá, e a atmosfera emocional do mundo ficará mais doce. Quando surgirem alguns líderes grandes no coração e na mente e absolutamente libertos do egocentrismo, o impacto será grande o bastante para eliminar de vez, por impossibilidade, as crueldades e os crimes da época atual.

Conhecer o seu eu verdadeiro é a primeira tarefa de um líder.

Os Problemas

Eu me encontrei com um cliente, presidente de uma grande empresa, para preparar um retiro da equipe sênior de administradores, que ia tratar da eficiência empresarial. A conversa ficou bastante íntima e ele se abriu e confessou a própria fragilidade. Ele se inclinava para a frente na poltrona e tremia de emoção. "Quando eles precisam de ajuda, eu não cuido deles? Eu não os ajudo? Quando eles cometem erros, não os perdôo? Mas quem me perdoa? Quem me ajuda? Quem tomará conta de mim?" Talvez ele estivesse, na verdade, se perguntando o que muitos se perguntam e passam a vida tentando responder: Quem me amará?

Ele chorou. Permaneci em silêncio. Eu já o vira chegar perto desse limite antes, mas ele nunca o cruzara. Agora que isso tinha acontecido, patentearam-se as verdadeiras questões, que nada tinham a ver com a empresa ou com a "liderança". As questões que importavam eram a tristeza, o desespero, a solidão e o medo. Suspeito que sejam essas as preocupações perenes, e que os "problemas" que pretendemos resolver não passam de sintomas dessas questões mais fundamentais.

Depois eu me lembrei de um poema de Kabir, místico indiano do século XV:

> Percebemos que existe um tipo de espírito que ama os pássaros, os animais e as formigas — talvez o mesmo que lhe deu vida no ventre de sua mãe. Seria cabível que você agora caminhasse pelo mundo inteiramente órfão? A verdade é que você mesmo se afastou e decidiu ir sozinho para a escuridão. Você esqueceu aquilo que já soube e, por isso, tudo o que você faz dá errado.

Tudo "dá errado" em toda parte, e todos nós sofremos por causa disso. Em geral, nós exteriorizamos esse "dar errado" e em seguida tentamos solucionar os problemas exteriores. Fazemos discursos, declaramos guerra, despedimos os empregados, cortamos as despesas, enviamos alimentos, vendemos armas. Os problemas, porém, permanecem. Ninguém sabe realmente o que fazer. Quanto mais tentamos resolver os problemas, mais as coisas parecem dar errado. Por quê?

Alguém disse que todos os nossos problemas advêm de fato de que nós não sabemos ficar tranqüilos, sem ansiedade, sem fazer nada. Um antigo poema zen, com elegância, afirma: "Sentado calmamente, sem fazer nada,/vem a primavera e a grama cresce por si mesma."

O Esquecimento

Alguns anos atrás, eu estava em retiro com um grupo de executivos. Estávamos descansando debaixo de antigas sequóias nas montanhas de Santa Cruz. Um vice-presidente, de cinqüenta e poucos anos e ex-piloto dos Fuzileiros Navais, contou que, por volta dos quinze anos, sentira-se de repente transportado para fora do corpo. Viu a si mesmo como pura luz e ficou imensamente feliz. Sentiu que, na verdade, estava intrinsecamente ligado a todas as coisas vivas. Lutando para encontrar as palavras adequadas, com lágrimas formando-se nos olhos, ele disse que esse "corpo de luz" era o corpo de todas as coisas e que o amor era o espírito universal da vida, ligando todos os seres vivos como se fossem apenas um.

Ele disse que aquela fora a experiência mais forte da sua vida, embora ele não tivesse falado sobre ela por mais de quarenta anos. Permaneceu em silêncio por algum tempo e depois disse que jamais soubera como integrar aquela experiência com o restante da sua vida. Por isso, ele seguira em frente sem ela, cada vez mais pesado e cada vez mais triste.

Acho que é disso que Kabir estava falando. Existe algo que todos nós esquecemos, e esse esquecimento nos torna pesados e tristes; nos enche de ansiedade, medo e revolta. Acho que o fato de tudo dar errado tem a ver com o esquecimento de quem nós realmente somos, com o fato de termos nos afastado do espírito que nos dá brilho e vida. Essa alienação nos faz sofrer, e esse sofrimento se manifesta no mundo como caos. O caos do mundo, quer diga respeito diretamente a nós, quer não, é *nosso* caos. Ele nos pertence, e só prossegue porque nós não olhamos para nós mesmos. "Cada um tem de *ser* a mudança que quer ver ocorrer no mundo", dizia Gandhi.

A Negação da Evidência

Negar a evidência é fingir que a verdade é mentira; é agir de acordo com a mentira. Quando negamos a verdade, chegamos à conclusão de que nada temos com os nossos problemas e nos desvinculamos das conseqüências dos nossos atos. Passamos a pensar que as coisas acontecem *lá fora* e não *aqui dentro*. Quando nos dispomos a ver a verdade, compreendemos que os problemas do mundo são manifestações do nosso tumulto interior. Literalmente, nós projetamos no mundo os nossos medos, conflitos e anseios interiores. Parece-me que a primeira coisa a fazer é encontrar a paz dentro de nós. Precisamos nós tornar lúcidos e simples por dentro e entrar em acordo com a nossa vida interior; precisamos admitir as nossas motivações com sinceridade. "O problema da violência está lá fora ou aqui dentro?", pergunta Krishnamurti. "Você quer resolver o problema do mundo exterior ou está questionando a violência em si mesma, tal como ocorre em você?" Precisamos, cada um de nós, pôr fim ao nosso sofrimento, ao nosso isolamento e aos nossos conflitos. Então saberemos o que fazer.

A solução não está fora do problema. Não se trata de impor uma solução a um problema, mas sim de perceber que a solução está oculta dentro do próprio problema. É por isso que a lucidez é essencial; porque é só pela lucidez que nós podemos ver a solução dentro do problema. O poeta Rumi escreveu: "O ser humano verdadeiro é a essência, é a causa original. O mundo e o universo são efeitos secundários." A condição do mundo é um sintoma da nossa própria condição. A solução para o caos está em perceber essa conexão. É preciso compreender, pela investigação sincera de si mesmo, como os impulsos de dentro manifestam-se no mundo. É preciso aprender a ver como os problemas que buscamos solucionar no mundo originam-se no interior da nossa própria consciência.

Logo depois que o petroleiro *Exxon Valdes* mudou a ecologia do litoral do Alasca, o *San Francisco Chronicle* citou um comentário de Lawrence Rawl, presidente da Exxon: "Até agora não percebi por que todos estão tão bravos."

A Alegria

Wynton Marsalis disse a respeito de Louis Armstrong: "Ele é a maior figura da história do *jazz* norte-americano, porque deu muita alegria, muita felicidade e muito amor para as pessoas. Não havia barreira nenhuma entre o seu pistão e a sua alma." Será que nós, enquanto líderes que procuram acabar com os conflitos e o sofrimento, conhecemos o poder da alegria, a alegria de eliminar a barreira que existe entre o nosso pistão e a nossa alma? Será que a nossa alma se manifesta livremente nas coisas que fazemos, no nosso trabalho, nos nossos relacionamentos? Ou será que estamos tão cheios de tristeza porque aquilo que existe de belo em nós não encontra meios de expressão?

Quem quiser fazer algo de bom para si mesmo, para a sua família, a sua empresa, a sua comunidade, precisa eliminar as barreiras que existe dentro de si e impedem que a música da sua alma transborde para o mundo. Enquanto a pessoa não souber quem é, bem lá no fundo, a música da sua alma será emudecida e ela continuará a criar o caos no mundo exterior.

Quando George Bush era presidente dos Estados Unidos, lembro-me de que ele disse que nós íamos para o Iraque para "chutar alguns traseiros". Acho que ele estava bastante feliz e cheio de si e que a vitória lhe trouxe alegria. Mas não é a esse tipo de alegria que eu estou me referindo.

A Vitória

Nossos líderes precisam provar muitas vezes que não são covardes, que são fortes e corajosos. Examinando o estado atual do mundo, qualquer pessoa chegaria à conclusão de que a mudança sistemática é a melhor forma de afirmação pessoal. Entretanto, um grande guerreiro, de nome Morihei Ueshiba, fundador do Aikidô, ensinava a seus discípulos: "O segredo do Aikidô é entrar em harmonia com o movimento do universo e entrar em acordo com o próprio universo."

Ueshiba era invencível. Ninguém conseguia tocá-lo, quanto mais derrotá-lo. Apesar disso, ele percebeu que, por maior que fosse a habilidade marcial de um guerreiro, haveria sempre uma força superior. Ueshiba, um dos mais brilhantes mestres de artes marciais do século XX, descobriu que:

> Vencer significa vencer o espírito de discórdia que existe dentro de você mesmo. O que fazer para endireitar a mente tortuosa, purificar o coração e se harmonizar com as atividades de todas as coisas da natureza? Você deve, primeiro, fazer seu o coração de Deus: Ele é o grande Amor, presente em todos os tempos e em todas as partes do universo. No amor, não há discórdia; no amor, não há inimigo.

A Realidade

Será que nós conhecemos mesmo a realidade? Ou, como nossos ancestrais na alegoria de Platão, estamos acorrentados numa caverna e tomamos por realidade as sombras que bailam nas paredes obscuras?

No nosso corpo existem cem trilhões de células. Cada célula tem gravado em seu DNA o conhecimento do que ela tem de fazer — cada célula contém uma quantidade de conhecimento equivalente à de mais ou menos mil livros escritos. Como é possível, então, que alguém não saiba o que fazer? Por que somos assim tão confusos, ansiosos, assustadiços e violentos? O que provoca isso é o fato de estarmos separados do brilho interior. Essa separação é chamada de ego, a tendência mental habitual de identificação com modos limitativos do ser.

Jean Klein, mestre europeu do não-dualismo, afirma: "Quando se abandona o ego, resta apenas a consciência silenciosa, a presença total. Essa presença silenciosa nos liberta dos padrões produzidos pelo ego, descortinando assim, à nossa frente, um mundo energético totalmente novo." Acho que nós sabemos intuitivamente que o mundo que está além do ego, além dos nossos condicionamentos e reações padronizadas, é o mundo da realidade. Se conseguirmos chegar a esse mundo, certamente seremos capazes de tomar boas decisões.

As Rupturas

O inesperado pode provocar uma ruptura no nosso modo de vida padronizado e condicionado, separado do eu verdadeiro. Um acidente, uma súbita mudança de sorte, a morte de um ente querido ou o confronto com a nossa própria mortalidade pode abrir uma janela para um mundo de novos significados. Mas a ruptura também pode se manifestar na nossa vida de outra maneira: pela graça, pelo encontro com alguém que tenha sido completamente tomado pela realidade e que naturalmente projeta esse estado interior no mundo, onde ele é percebido pelos outros.

Uma ruptura desse tipo aconteceu comigo há alguns anos no Mt. Madonna Center, em Watsonville, Califórnia. Trata-se de um local especialmente dedicado à realização de retiros espirituais, fundado por Baba Hari Dass, um iogue indiano que não pronuncia uma palavra desde 1952. Eu estava coordenando, como consultor, uma reunião de planejamento da equipe de executivos de uma empresa de *hardware* para informática. Obtive um encontro particular do nosso grupo com Baba Hari Dass, que se comunica sucintamente e com muito bom humor escrevendo com giz numa pequena lousa. O encontro durou cerca de meia hora e fizemos diversas perguntas, inclusive algumas a respeito da espiritualidade nos negócios. Quando nosso tempo acabou, fui agradecer-lhe. Vi brotar-lhe dos olhos algo que eu já vira brotar dos do meu mestre, Swami Muktananda, muitos anos antes. Era uma espécie de luminosidade que penetra profundamente no ser da pessoa que a vê. A pessoa é tocada em seu âmago: é o toque da realidade, da graça, e a pessoa desperta para todo um mundo de novos significados.

Quando saí da sala junto com o grupo, de repente me senti muito estranho, com a cabeça leve e meio atordoado. Pedi ao meu sócio que fosse na minha frente, pois eu o alcançaria logo. Entrei num pequeno bosque, encontrei uma pedra grande e nela me sentei. Senti uma pontada no coração. Inclinei-me e comecei a chorar. É difícil explicar o que me aconteceu. Talvez seja difícil para todos falar a respeito desses momentos — tão cheios de silêncio, beleza e consciência.

Quando parei de chorar, continuei sentado por um bom tempo. Tudo ao meu redor parecia ter adquirido uma nova vida, um brilho, como se eu estivesse vendo todas aquelas coisas tão comuns pela primeira vez: as flores, as árvores, as pedras, a poeira do chão. Parecia que tudo aquilo respirava! Eu me sentia leve e "expandido", como se estivesse além dos limites comuns do meu corpo. Percebi de repente a existência de uma conexão bem ordenada entre as coisas, parecida com o modo pelo qual as peças de um quebra-cabeça encaixam-se uma na outra para formar um todo. Depus um fardo que eu não sabia que estava carregando. Fui tomado por uma profunda paz.

Quando essas rupturas se manifestam no nosso modo de vida padronizado e condicionado, é como se víssemos de repente uma outra dimensão da vida, que antes ignorávamos. A máscara das aparências cai por terra e contemplamos um aspecto profundo da vida. Sentimos algo do atemporal, do real, daquilo que nos deu a vida no útero materno. Não há palavras que o descrevam e a mente tem dificuldade para apreendê-lo. Nesses momentos, as muralhas que impedem a manifestação da alma caem por terra e surge uma nova perspectiva.

Então sabemos com certeza que, se tivermos muito desejo pelas coisas, poderemos fazer mal a nós mesmos e aos outros. Sabemos que vamos ficar com raiva se não obtivermos o objeto do nosso desejo. É fácil começar a cometer violência para satisfazer as nossas ambições. Nessa condição, não conseguimos pensar com lógica; não conseguimos ver com clareza o que está realmente acontecendo.

Sabemos que não é correto aproveitar-se do sofrimento ou da desgraça alheia. Não deveríamos criar nem promover imagens de medo ou violência. Já há terror suficiente no mundo, terror criado pela ignorância e pelo ódio. Por que criar mais? É fácil justificar esse modo de agir, que traz grandes recompensas financeiras; mas não podemos nos contentar tão facilmente. Não podemos dizer: "Só estou dando às pessoas o que elas querem." Quando os nossos olhos só se voltam para o lucro, tendemos a ficar cada vez mais tensos e ambiciosos; tendemos a prosseguir sempre em frente no caminho da alienação.

Há coisas que nós fazemos e que jamais chegarão ao conhecimento de ninguém. Nem por isso é correto fazê-las. Uma coisa é tirar um doce do pote de doces na infância; mas é totalmente diferente tomar o dinheiro de alguém, lançar resíduos tóxicos na água que outros vão beber ou matar e enterrar centenas de pessoas sob o disfarce dos "interesses nacionais". Ninguém deve fazer algo de mau só porque não vai ser pego ou porque vai ser capaz de disfarçar sua culpa ou suas verdadeiras motivações.

Quando ficamos em silêncio, abertos, conseguimos ouvir a voz dos animais, dos pássaros e até mesmo das plantas, das pedras e do solo. Tudo tem vida; tudo passa por momentos fáceis e difíceis e tudo sente dor, em maior ou menor medida. Quando nos deixamos tocar pela graça, percebemos que a bondade é uma coisa natural. Nosso modo de vida padronizado e condicionado funciona, muitas vezes, como um obstáculo à nossa bondade natural. Não temos o direito de infligir sofrimento aos outros desnecessariamente. Sempre que das nossas ações resulta sofrimento, qualquer que seja, precisamos descobrir outra maneira de agir.

Os líderes que quiserem resolver os problemas e acabar com o sofrimento vão ter de entrar em acordo com as epifanias, sempre que elas lhes ocorrerem em função de um acidente, de uma crise ou da graça divina. As epifanias não são aparições nem alucinações, embora possam parecer fantásticas. São apenas o mundo tal como ele é, visto com simplicidade, com a percepção pura e não-condicionada. Você talvez conheça alguém que morreu e, depois de conhecer aquele grande mistério, voltou à vida. É preciso ouvir o que essas pessoas têm a dizer. Não nos devemos conformar com a ignorância; sempre é possível aprender alguma coisa boa e útil a respeito da vida, da realidade.

Cada um dos nossos pensamentos e ações é uma pedrinha que atiramos num lago. Mais cedo ou mais tarde, as ondas voltarão até onde nós estamos. Todos os seres são afetados pelo que fazemos. Ninguém pode se isolar das ondas criadas pelos seus pensamentos e ações. Se você quiser saber se as suas ações são certas ou erradas, pense no seguinte: as ondas geradas por elas vão atingir também a pessoa que você mais ama.

Ser

O nosso estado de ser é a verdadeira fonte da capacidade de influenciar as coisas. A ansiedade, a tensão e o apego distorcem a realidade. Quando a realidade fica distorcida, não conseguimos ver o que está acontecendo e não sabemos o que fazer. Quando nos despojamos da pretensão, tornamo-nos seres simples, tranqüilos e lúcidos. Nesse estado, somos menos sujeitos à tendência de "projetar" nossos problemas no mundo. Não precisamos mais de líderes que nos corrijam ou endireitem a nossa vida. Na mesma medida em que nos encaminhamos para a paz, podemos fazer com que os outros se lembrem: sem paz, como é possível trazer o amor para o mundo? Sem amor, como conhecer a realidade? Sem conhecer a realidade, como liderar?

O momento em que o sol da realidade irrompe por entre as nuvens da confusão é um momento mágico. Isso pode acontecer num único instante, em que o pensamento e as preocupações se reduzem a um vazio. É por isso que nós gostamos de olhar o oceano, de ficar dentro de um rio ou de nos deixar perder no infinito do céu. Quando fazemos isso, nós nos esvaziamos, e a magia da realidade se evidencia. Tom Robbins escreveu: "O fato de não acreditar na magia pode forçar uma alma desventurada a acreditar no governo e nos negócios."

Há uma força maior do que todos e cada um de nós. Essa força não é diferente de nós nem somos nós diferentes dela. Ela é apenas maior do que nós. É a força de que fala o guerreiro Ueshiba.

Certa vez, alguém levou um monge zen-budista para ouvir a Quinta Sinfonia de Beethoven executada pela Sinfônica de Boston. O comentário do monge foi: "Não houve silêncio o bastante." Quem estiver realmente interessado pela liderança, isto é, interessado em compreender a verdadeira causa do sofrimento e do conflito, tem de fazer amizade com o silêncio. O silêncio abre uma brecha para a realidade e a realidade abre a porta para as boas decisões.

O silêncio nos ajuda a desvendar o poder de sedução das nossas justificativas — a forma pela qual nos tornamos seguros e orgulhosos das nossas idéias e atitudes, das nossas soluções e pontos de vista. "O silêncio é permanente e beneficia toda a humanidade", ensinou Ramana Maharshi. "O silêncio é a eloqüência eterna. É a melhor palavra." O silêncio é como um grande oceano, liso como vidro, completamente imóvel.

O filósofo suíço Max Picard escreveu: "O silêncio é grandioso simplesmente porque ele é. Ele *é*, e nisso reside a sua grandeza, a sua existência pura." O silêncio é a comunhão que chamamos de amor.

Cerca de vinte anos atrás, fiz um voto de silêncio, de não falar nada, para despertar em mim o silêncio interior. O começo foi muito difícil, porque a conversa continuava automaticamente na minha cabeça. As palavras se acumulavam na minha boca; tudo o que eu podia fazer era não deixar que elas saíssem. Depois de mais ou menos uma semana, comecei a contemplar o pensamento e a fala com uma certa distância. Era como se houvesse outra pessoa dentro de mim. Essa pessoa só observava algo que, daquele ponto de vista, não passava de um processo automático de pensamento e fala. Mais ou menos uma semana depois disso, essa pessoa dentro de mim cresceu e abarcou tudo. Ela permanecia ali, atenta e observadora, em silêncio.

Depois de mais uma semana, eu comecei a ouvir a respiração da consciência, ronronando como um gato. Os pensamentos se reduziram e a multidão de palavras que me vinham à boca se dissolveu. Comecei a me sentir extremamente calmo, tranqüilo e imóvel – como um gato dormindo ao sol. Meus sentidos ficaram bastante aguçados. Eu era capaz de ouvir uma folha caindo pelo ar; sentia a aproximação das pessoas antes mesmo de vê-las; sentia o que estava para acontecer. Conseguia perceber distintamente os pensamentos e impulsos formando-se dentro de mim e analisava-lhes as qualidades. Eu não precisava mais realizá-los automaticamente no exterior. O iogue Berra certa vez disse: "É impressionante o que a pessoa é capaz de observar quando fica só prestando atenção."

Depois de mais uma semana ainda, eu não conseguia mais encontrar o "eu" em parte alguma. Eu como que desapareci. Tinha me dissolvido em todas as coisas e, de certa forma, "eu" me tornei "tudo". Comecei a ver uma luz suave em torno de tudo o que eu olhava. Todas as coisas pareciam interligadas por essa luminosidade etérea. A respiração ronronante que eu já tinha ouvido estava agora em toda parte. O que eu mais percebia era a luz suave, a respiração ronronante e uma quietude inquebrantável.

Meu mestre, naquela época, tinha me mandado meditar no mantra *hamsa*. Ele disse que o *hamsa* é a vibração da consciência que pulsa em cada átomo do universo. Disse também que, concentrando a atenção no intervalo que existe entre a inspiração e a expiração, ou no espaço entre dois pensamentos, a pessoa pode conhecer diretamente a verdade do *hamsa*. Ensinava ele que o *hamsa* é a vibração pura da própria vida, que está em tudo, mas não é condicionada pela forma ou pelo pensamento. Durante o meu voto de silêncio, acho que encontrei, por acaso, o *hamsa*.

Depois de dois meses, peguei uma gripe. Comecei a pensar e a falar de novo. Agora, vinte anos depois, eu me perturbo muitas vezes com as coisas mais diversas. Passo boa parte do meu tempo tentando resolver problemas e melhorar a minha vida. Mas algo daquele encontro com o silêncio, com o *hamsa*, permanece; vez por outra, quando eu menos espero, aquele gato ronronante pula do todo em minha direção para me fazer recordar da realidade.

Certa vez voei no Concorde de Londres para Nova York. Lá de cima, pode-se ver não apenas os polígonos verdes, castanhos e marrom-escuros encaixando-se uns nos outros num todo coerente, como também a curvatura da Terra. Daquela altura, a vista é impressionante. Para ser um bom líder, é preciso subir a uma altitude equivalente no nosso espaço interior para ter o mesmo tipo de vista. Certa vez, quando algumas pessoas estavam reunidas na sala de estar da casinha de Nisargadatta Mahary em Bombaim, ele disse: "A única coisa necessária é uma mente silenciosa. Tudo o mais seguirá seu caminho. O autoconhecimento muda a mente. À luz de um autoconhecimento calmo e firme, as energias interiores despertam e operam milagres."

PARTE QUATRO

Um Pensamento Novo para Novos Líderes

Liderança e a Nova Ciência
Margaret J. Wheatley

Na Onda da Mudança:
Mentes em Transformação num
Mundo em Transformação
John D. Adams

Pela Mudança Radical:
A Hora de *Descascar o Abacaxi*
Martha Spice

Liderança: O Jogo de Valores
Carol McCall

A Parte Três tratou de um aspecto muito importante do pensar diferente: a aceitação do paradoxo. Esta parte do livro, porém, trata diretamente da necessidade de "mudar de idéia". Para tanto, é preciso mudar os pressupostos ocultos e as crenças profundas, algo que era inimaginável há não mais de uma década.

O ego tem muito medo de mudar de idéia, especialmente depois de investir tanto tempo e tanta energia em pesquisar e eleger as crenças mais úteis para se "sair bem" no mundo. Nós aprendíamos como o mundo físico funcionava e procurávamos nos adaptar a ele da melhor forma possível em qualquer circunstância em que nos encontrássemos. Agora, segundo nos dizem, tudo precisa mudar.

Margaret J. Wheatley, campeã de vendas com o livro *Leadership and the New Science,* conta como a teoria quântica e outras descobertas das ciências físicas feitas ao longo das últimas décadas estão tornando obsoleto o modelo mecanicista que caracteriza o pensamento atual. O consultor John D. Adams, organizador de *Transforming World* e *Transforming Leadership*, propõe alguns meios de alterar os padrões habituais de pensamento.

Martha Spice investiga a "nova fronteira" — a caminhada interior de aceitação profunda da responsabilidade pessoal que o novo líder deve empreender. Carol McCall, especialista em desenvolvimento de liderança, define os valores fundamentais para os líderes do futuro, produtivos e voltados para o bem da humanidade.

É verdade que todos os autores representados nesta coletânea concordam que um novo pensamento é essencial para os líderes do amanhã, mas estes quatro tratam especificamente daquelas mudanças que podem causar uma transformação da personalidade do novo líder.

16

Liderança e a Nova Ciência

Margaret J. Wheatley

MARGARET J. WHEATLEY é presidente do Instituto Berkana; foi professora-assistente de administração na Marriott School of Management (Universidade Brigham Young) e chefe da equipe de consultores da Kellner-Rogers and Wheatley, Inc. (KRW). A KRW se dedica ativamente, junto com seus clientes, a desenvolver experiências de reengenharia organizativa que dão ênfase à velocidade, à flexibilidade, à adaptabilidade e à autonomia, tão necessárias para o sucesso empresarial nos dias de hoje.

Seu último livro, publicado em 1992, *Leadership and the New Science: Learning About Organization from an Orderly Universe,* foi considerado o "Melhor Livro sobre Administração de 1992" pela *Industry Week*. Wheatley doutorou-se pelo programa de Administração, Planejamento e Política Social da Universidade Harvard. É mestre em comunicação e pensamento sistêmico pela Universidade de Nova York e já fez parte do corpo de pesquisadores da Universidade Yale. Este ensaio é extraído do livro de mesmo nome e foi publicado com a permissão dos editores, Berret-Koehler Publishers, de San Francisco.

Não sou a única a me perguntar por que as empresas não estão funcionando bem. Muita gente se perturba com as questões que nos estorvam no trabalho. Por que tantas empresas têm o ar de um corpo morto? Por que os projetos levam tanto tempo, vão se tornando cada vez mais complexos e, no entanto, não conseguem chegar a resultados realmente significativos? Por que o progresso, quando aparece, normalmente surge de um lugar inesperado ou em decorrência de uma surpresa, de um acontecimento fortuito que o nosso planejamento não tinha previsto? Por que a própria mudança, essa realidade que nós supostamente estamos "administrando", vive a nos subjugar, reduzindo incansavelmente a pó a nossa já exígua sensação de ter domínio sobre as coisas? E por que nossas expectativas de sucesso as diminuíram de tal modo que, muitas vezes, nós nos contentamos em ter força e paciência suficientes para suportar passivamente as forças destruidoras que se manifestam de inopino nas empresas onde trabalhamos?

Essas perguntas foram ganhando corpo dentro de mim ao longo de vários anos, prejudicando o meu trabalho e me dando uma estranha sensação de incompetência. Quanto mais ocupada eu estava, quanto mais projetos assumia, mais essas perguntas cresciam. Até que comecei uma caminhada.

Como a maioria das caminhadas mais importantes, a minha começou num lugar que não tinha nada de especial — um Boeing 757, voando silenciosamente sobre os Estados Unidos. Bem lá no alto, na viagem semanal que eu fazia de Boston a Salt Lake City, dedicada a longos períodos de leitura interrompidos de quando em quando por uma aeromoça que me oferecia um refrigerante ou amendoins, abri meu primeiro livro a respeito da nova ciência — *O Ponto de Mutação*, de Fritjof Capra, que falava sobre a nova visão de mundo que se podia depreender da física quântica. Isso me deu um primeiro lampejo de uma nova forma de perceber o mundo, forma essa que abrangia e explicava os seus processos de mudança e os padrões de interligação entre as coisas.

Acho que não foi por coincidência que eu travei meu primeiro contato com essa nova visão de mundo mais de dez mil metros acima da superfície da Terra. A altitude só fez reforçar a mensagem de que era necessária uma visão mais ampla, que chegasse mais perto de abarcar todas as coisas. Depois desse primeiro livro eu não parei mais, buscando ler o maior número possível de livros a respeito da nova ciência nas áreas de biologia, evolução, teoria do caos e física quântica. As descobertas e teorias da nova ciência me conquistaram; afastaram-me dos detalhes do campo de conhecimento em que eu estava acostumada a operar, o da pesquisa em administração, e me levaram a contemplar a ordem inerente do universo, os processos criativos e a mudança contínua e dinâmica que fluía sem liqüidar a ordem. Tratava-se de um mundo no qual a ordem e a mudança, a autonomia e o controle não eram os opostos polares que nós achávamos que fossem; um mundo em que a mudança e a constante criação apontavam para uma maneira nova de manter a estrutura e a ordem.

Acho que eu jamais teria apreendido essas idéias se tivesse permanecido no solo.

Ao longo dos últimos quinze ou vinte anos, multiplicaram-se os livros — alguns mais respeitáveis e científicos do que outros — que traduzem as descobertas da nova ciência numa linguagem acessível aos leitores leigos. Dos vários que li, alguns eram difíceis demais, outros muito estranhos, mas outros continham imagens e informações de tirar o fôlego. Percebi que estava entrando num mundo diferente, cheio de novas possibilidades e visões de liberdade, que me brindavam com uma maneira nova de pensar a respeito do meu trabalho. Eu nem sempre era capaz de, a partir da ciência, extrair conclusões que se aplicassem diretamente aos meus dilemas, mas comecei a perceber que surgia em mim uma serenidade nova quando eu me defrontava com as questões que me cercavam. As leituras me falavam do caos que continha a ordem; da informação como força criativa primordial; dos sistemas que intencionalmente se desfaziam para depois se renovar; e de forças invisíveis que estruturavam o espaço e faziam coerir as coisas complexas. Essas idéias eram instigantes e sugestivas e me deram esperança, ainda que não revelassem soluções imediatas.

Tem de existir — eu percebi naquela época e creio agora com mais firmeza ainda — uma maneira mais simples de dirigir uma organização empresarial, uma maneira que exija menor esforço e cause menor tensão do que as práticas habituais. Para mim, esse novo conhecimento está apenas começando a cristalizar-se em aplicações, mas eu já não creio que seja impossível administrar as organizações neste mundo imprevisível e sempre em fluxo. Acredito, isto sim, que a forma pela qual nós atualmente compreendemos as organizações é uma forma errônea; e que, quanto mais nos aferrarmos a essa forma, mais longe estaremos dos maravilhosos saltos de compreensão que o mundo científico qualifica de "elegantes". O crescimento da complexidade, a sensação de que as coisas acontecem de forma caótica e que é impossível controlá-las não passam de sinais da nossa incapacidade de compreender uma realidade mais profunda da vida institucional e da vida em geral.

Todos nós estamos buscando essa simplicidade. Em muitas disciplinas diferentes, estamos convivendo com questões para as quais a nossa especialização não encontra respostas. Na última virada de século, os físicos estavam às voltas com uma confusão parecida, que também os abatia. Muita gente já conhece o que acontecia com Niels Bohr e Werner Heisenberg, dois fundadores da teoria quântica. Essa versão é extraída de *O Ponto de Mutação*:

> No século XX, os físicos se defrontaram, pela primeira vez, com um obstáculo aparentemente intransponível à sua capacidade de compreender o universo. Todas as vezes em que, por meio de um experimento atômico, eles faziam uma pergunta à natureza, a natureza respondia com um paradoxo; e, quanto mais eles se esforçavam por esclarecer a questão, mais extremos se tornavam os paradoxos. Na tentativa de apreender essa nova realidade, os físicos perceberam, para sua grande estupefação, que os conceitos básicos que usavam, sua linguagem e toda a sua forma de pensar não eram adequados para descrever os fenômenos atômicos. O problema deles não era só de ordem intelectual, mas envolvia também experiências intensas de ordem emocional e existencial, como declarou, de modo bem claro, Weiner Heisenberg: "Lembro-me das discussões com Bohr que se prolongavam por horas a fio até tarde da noite e que terminavam quase em desespero; e quando, ao cabo de uma dessas discussões, eu saía sozinho e ia caminhar no parque vizinho, repetia para mim mesmo, inúmeras vezes, a pergunta: será que a natureza é mesmo tão absurda como nos parece nesses experimentos atômicos?"

Demorou muito tempo para que esses físicos aceitassem o fato de que os paradoxos com que deparavam constituem um aspecto essencial da física atômica (...). Quando perceberam isso, os físicos começaram a aprender a fazer as perguntas corretas e a fugir das contradições (...). Por fim, eles encontraram uma formulação matemática precisa e coerente para a teoria [quântica].

(...) Mesmo depois de concluída a formulação matemática da teoria quântica, a estrutura conceitual não era de modo algum fácil de aceitar. Seu efeito sobre a concepção de realidade dos físicos foi semelhante ao de uma bomba. A nova física exigia uma mudança profunda nos conceitos de espaço, tempo, matéria, objeto, causa e efeito; como esses conceitos são fundamentais para a nossa maneira de compreender o mundo, a transformação representou violento choque. Vale citar novamente Heisenberg: "A reação violenta que sucedeu aos desenvolvimentos recentes da física moderna só pode ser compreendida quando se percebe que, por causa deles, os alicerces da física começaram a tremer; e que esse movimento produziu a sensação de que a ciência estava perdendo toda a sua fundamentação."

Nos últimos anos, eu contei muitas vezes essa história para grupos de administradores comprometidos com a mudança de suas empresas. A história tem uma mensagem inconfundível. Não há quem não reconheça os sentimentos evidenciados na narrativa: o de se ver inveteradamente habituado a aplicar soluções que já funcionaram, mas que, agora, são totalmente inadequadas; o de ver que, logo que a gente se levanta, o tapete é puxado de novo debaixo dos nossos pés, seja por conta de uma fusão entre empresas, pela reformulação do organograma, pelo corte de pessoal ou por uma certa desorientação pessoal. Mas a história também nos dá uma grande esperança; é como uma parábola que nos ensina a encarar o desespero como uma etapa necessária no caminho para o conhecimento, encorajando-nos a permanecer no incômodo estado de não-saber e a abrir-nos para idéias radicalmente novas. Se tolerarmos a confusão, então um belo dia — essa é a promessa da história — descortinar-se-á diante de nós todo um novo panorama, panorama vivamente iluminado que dissipará as sombras opressivas da ignorância atual. Eu ainda conto a história de Heisenberg. Ela nunca deixa de me encher de profunda segurança e consolo.

Acho que o processo de descoberta e invenção das novas formas organizativas que caracterizarão o século XXI ainda mal começou. Para tomar sobre nós a responsabilidade da invenção e da descoberta, entretanto, precisamos ter a coragem de dizer adeus ao velho mundo, de renunciar à maior parte das coisas que nós tanto prezamos, de abandonar as nossas opiniões a respeito do que funciona e do que não funciona. É como dizia Einstein na tão citada frase: nenhum problema pode ser resolvido pela mesma consciência que o criou. Precisamos aprender a ver o mundo de maneira nova.

Existem muitos lugares onde procurar novas respostas numa época de mudanças de paradigma. No meu caso, foi interessante o fato de as minhas investigações terem me conduzido de volta às ciências naturais, fazendo-me reassumir uma faceta esquecida da minha personalidade. Aos quatorze anos, eu vivia sonhando em ser uma bióloga espacial e levava comigo enormes textos de astronomia enquanto ia de metrô, em Nova York, às aulas semanais dadas no Planetário Hayden. Os textos eram complicados demais para mim, mas eu os levava comigo assim mesmo porque me davam um ar de sabida. Meus conhecimentos de biologia eram mais consistentes e eu entrei na faculdade com toda a intenção de me formar bióloga; mas o primeiro encontro com a química avançada deu um fim prematuro àquela carreira, e eu me voltei para o campo menos "exato" das ciências sociais. Como vários cientistas sociais, eu sou, lá no fundo, uma cientista fracassada, que ainda acalenta a esperança de que o mundo me revele os seus segredos em formulações previsíveis.

Mas a atenção que dedico às ciências exatas vai além do mero interesse pessoal. Nós todos vivemos e trabalhamos em organizações projetadas segundo as imagens newtonianas do universo. Nossa administração se baseia na separação das coisas em partes isoladas; acreditamos que a influência é um resultado direto da força exercida por uma pessoa sobre a outra; fazemos planos complexíssimos para um mundo que desejaríamos fosse previsível; e buscamos, sem cessar, desenvolver métodos melhores para perceber objetivamente o mundo. Esses pressupostos originam-se da física do século XVII, da mecânica newtoniana. Eles são a base a partir da qual nós projetamos e administramos nossas organizações e a partir da qual fazemos todas as nossas pesquisas nas ciências sociais. Quer isso seja intencional, quer não, a visão de mundo que sustente as nossas ações foi derivada das ciências naturais.

Mas a ciência mudou. Se quisermos continuar a nos inspirar nas ciências para criar e administrar as instituições, elaborar pesquisas e formular hipóteses a respeito da organização e do planejamento empresarial, da economia, da natureza humana e dos processos de mudança (a lista poderia ser bem maior), será preciso ao menos fundamentar esse trabalho na ciência dos nossos dias. Será preciso deixar definitivamente para trás o universo do século XVII e começar a investigar o que passou a ser conhecido no século XX. A pesquisa sobre os princípios universais de organização terá de se ampliar até abarcar tudo o que atualmente se conhece a respeito do universo.

A assimilação dos conhecimentos da nova ciência está ainda começando, praticamente engatinhando, mas eu estou satisfeita porque vislumbro os albores de uma nova forma de pensar o mundo e as instituições humanas. É verdade que a luz ainda é pouca, mas sua potência cresce à medida que a porta vai se abrindo. Temos cientistas que escrevem a respeito dos fenômenos naturais com um senso poético e uma lucidez que têm muito a dizer sobre os dilemas que encontramos nas organizações. Temos novas imagens e metáforas que nos ajudam a pensar a respeito da nossa vida institucional. Temos um mundo caracterizado pelo assombro e pelo não-saber, no qual os cientistas ficam tão espantados com o que descobrem quanto ficaram os antigos navegadores ao deparar com os novos continentes. Nesse campo há uma nova espécie de liberdade; nele é melhor investigar do que concluir, melhor perguntar do que responder, melhor procurar do que ficar à espera.

Não acredito mais que se possa mudar as organizações pela imposição de um modelo desenvolvido em outra parte. Quase nada tem o poder de influenciar ou mesmo de inspirar as pessoas que tentam efetuar uma mudança nas instituições onde trabalham. A nova física nos convence de que não existe lá fora uma realidade objetiva esperando para nos revelar os seus segredos. Não há receitas nem fórmulas, não há instruções nem conselhos que descrevam a "realidade". Só existe o que nós mesmos criamos por meio da nossa relação com os outros seres humanos e com os acontecimentos. Nada, na verdade, transfere-se de um ser para outro: tudo é sempre novo, sempre diferente, sempre único e específico para cada um de nós.

O importante não é que todo o mundo concorde com uma única estratégia infalível. Não é essa a natureza do universo em que vivemos. Nós habitamos um mundo que é sempre subjetivo e modelado pelas nossas interações com ele. Nosso mundo é indefinível, está em constante mutação e é infinitamente mais interessante do que imaginávamos.

Decidi, pois, refletir sobre as metaquestões que dizem respeito a todos nós que trabalhamos em grandes organizações: Quais são as origens da ordem? Como criar uma coerência organizacional na qual as atividades correspondam aos princípios? Como criar estruturas que mudem junto com a mudança, que sejam flexíveis e adaptativas, até mesmo sem fronteiras — estruturas que não aprisionem, mas libertem? Como simplificar as coisas sem perder nem o controle nem a diferenciação? Como conciliar a necessidade individual de liberdade e autonomia com a necessidade empresarial de previsão e controle?

Os dados da nova ciência advêm das disciplinas da física, da biologia e da química; e das teorias da evolução e do caos, que são transdisciplinares. Os cientistas de diversas áreas se perguntam se é possível explicar adequadamente o funcionamento do mundo usando a imagem mecânica criada no século XVII, em particular por Sir Isaac Newton. No modelo mecânico, é preciso conhecer as partes. Supõe-se que as coisas possam ser desmontadas, dissecadas na prática ou na teoria (como fizemos com as funções empresariais e as disciplinas acadêmicas) e logo depois remontadas, sem que isso acarrete nenhuma perda significativa. O pressuposto é o de que o todo pode ser compreendido mediante a compreensão do funcionamento de cada uma das partes. O modelo newtoniano do mundo se caracteriza pelo materialismo e pelo reducionismo — dá mais ênfase às coisas do que às relações entre elas e busca, na física, os elementos básicos que constituem a matéria.

As correntes que estão por trás da nova ciência convergem para o holismo, para a compreensão do sistema como um sistema e para a atribuição de uma importância capital aos relacionamentos existentes entre partes aparentemente distintas. Donella Meadows, especialista em teoria dos sistemas, cita um antigo ensinamento sufi que exprime essa mudança de ênfase: "Você pensa que, porque compreende o *um*, necessariamente compreende também o *dois*, visto que um mais um são dois. Mas é preciso compreender também o *mais*." Quando encaramos os sistemas segundo esse ponto de vista, deparamos com um horizonte totalmente novo feito de interligações, de fenômenos que não podem ser reduzidos a uma noção simples de causa e efeito, e de um fluxo constante de processos dinâmicos.

A investigação do mundo subatômico começou no início do século e criou a dissonância mencionada por Heisenberg. Na física, portanto, a busca de modelos radicalmente novos já tem uma tradição antiga e um pouco estranha. A estranheza reside no modo pelo qual se efetuaram muitas das maiores descobertas na mecânica quântica. "Um palpite feliz baseado em argumentos frágeis e em hipóteses improvisadas e absurdas produz uma fórmula que acaba por se provar verdadeira, embora de início ninguém possa nem de leve imaginar por quê." Eu adoro essa descrição do processo científico. Ela me dá a esperança de formular uma teoria da descoberta que possa influenciar o trabalho metódico, gradativo e linear que é responsável pela fama que a maioria das pesquisas em ciências sociais tem de serem maçantes e aborrecidas.

A visão quântica da realidade vai contra a maioria das nossas noções. Mesmo os cientistas admitem que ela é muito esquisita. Trata-se de um mundo em que o *relacionamento* é o determinante fundamental daquilo que se observa e do modo pelo qual as partículas se manifestam. As partículas só existem e são observadas quando se relacionam com alguma outra coisa. Elas não são "coisas" que existem de modo independente. A física quântica pinta um quadro estranho, porém sedutor, de um mundo que, como definiu Heisenberg, "parece um complicado tecido de acontecimentos, no qual conexões de diferentes espécies se alternam, superpõem-se ou combinam-se, determinando assim a tessitura do todo". Essas *conexões* invisíveis entre o que antes se pensava que fossem entidades separadas são os elementos fundamentais de toda a criação.

Em outras disciplinas, especialmente na biologia, o uso de modelos não-mecânicos é bem mais recente. Às margens do mundo acadêmico (embora ganhando aos poucos mais credibilidade) encontramos teorias como a hipótese Gaia, segundo a qual a Terra é um organismo vivo ativamente empenhado em criar as condições que permitem a existência de Vida; ou a hipótese dos campos morfogenéticos, de Rupert Sheldrake, que afirma que a memória das espécies está contida em estruturas invisíveis que colaboram para determinar o comportamento dos espécimes. Segundo Sheldrake, algumas das habilidades que nós temos não vêm do aprendizado, mas de um conhecimento acumulado no campo morfogenético da espécie humana, ao qual nós temos acesso. Populações inteiras de espécimes de uma determinada espécie podem mudar de comportamento simultaneamente devido a uma mudança no conteúdo do campo, e não porque individualmente tenham se dedicado a aprender o novo comportamento.

São tantas as reformulações fundamentais das teorias aceitas sobre a evolução, o comportamento animal, a ecologia e a neurobiologia que, em 1982, Ernst Mayr, famoso historiador do pensamento biológico, afirmou: "Agora não há dúvida de que se faz necessária uma nova filosofia da biologia."

Na química, Ilya Prigogine ganhou o Prêmio Nobel em 1977 por ter demonstrado que certos sistemas químicos (estruturas dissipativas) têm a capacidade de se recriar em níveis mais elevados de auto-organização, em reação a exigências do ambiente. Na antiga concepção mecanicista dos fenômenos naturais, as flutuações e os distúrbios sempre eram encarados como sinais de um problema. As rupturas e aparentes descontinuidades só serviam para apressar mais ainda a decadência, que era o destino inevitável de todos os sistemas. Mas as estruturas dissipativas que Prigogine estudou manifestaram uma capacidade semelhante à dos sistemas vivos: a de reagir à desordem (ao desequilíbrio) com vida renovada. A desordem pode desempenhar um papel de extraordinária importância na produção de formas novas e mais elevadas de ordem. À medida que vamos deixando para trás os modelos mecânicos e investigando a dinâmica dos seres vivos de modo mais profundo, começamos a entrever uma maneira totalmente nova de compreender as flutuações, a desordem e a mudança.

Também da teoria do caos está emergindo uma compreensão nova da desordem e da mudança. Os trabalhos desenvolvidos nesse campo, que não pára de se ampliar de modo a incluir mais áreas de investigação, levaram a uma nova concepção do relacionamento entre a ordem e o caos. Essas duas forças são agora entendidas como imagens especulares uma da outra: o caos está contido na ordem e a ordem está contida no caos; os dois se sucedem num processo contínuo em que um sistema pode mergulhar no caos e na imprevisibilidade e, no entanto, mesmo no interior desse estado, pode ser conservado dentro de parâmetros previsíveis e bem-ordenados.

A nova ciência também nos mostra que a busca da simplicidade não é um anseio só nosso, mas é comum a todos os sistemas naturais. Agora os cientistas compreendem que em muitos sistemas a ordem, a forma e a conformidade não são criadas por determinantes complexos, mas sim pela presença de um pequeno número de fórmulas ou princípios orientadores. A combinação de padrões ou princípios fundamentais que expressam a identidade global do sistema e os grandes níveis de autonomia permitidos para os membros individuais é que possibilita a sobrevivência e o crescimento de sistemas que vão desde os grandes ecossistemas até as minúsculas folhas de uma árvore.

O mundo retratado pela nova ciência está mudando nossas crenças e percepções em muitas áreas, não só nas ciências naturais. Pelo que vejo, as idéias da nova ciência estão começando a se infiltrar até no meu próprio campo de estudos, a teoria de administração. O efeito delas se evidencia quando se examinam os problemas que mais nos incomodam nas empresas atualmente — ou melhor, o que *nós* chamamos de problemas. A liderança, um fenômeno amorfo que vem nos intrigando desde que se começou a estudar as organizações empresariais, está sendo examinada agora nos seus aspectos relacionais. Um número cada vez maior de estudos se voltam para a questão dos seguidores, da delegação de poderes e da acessibilidade do líder. As questões éticas e morais não são mais conceitos religiosos obscuros e confusos, mas elementos fundamentais do nosso relacionamento com os subordinados, os fornecedores, os acionistas e os clientes. Se a física do nosso universo está revelando o caráter primordial dos relacionamentos, será de espantar que também as nossas idéias a respeito da administração estejam começando a se reconfigurar dando primazia às relações?

Na teoria da motivação, nossa atenção vai passando do fascínio pelas recompensas externas para os motivadores intrínsecos que brotam do próprio trabalho. Estamos voltando a pôr em evidência o nosso profundo anseio de comunhão, de sentido, de dignidade e de amor na vida empresarial. Em vez de segmentar o ser humano (lugar de amor é em casa, lugar de disciplina é no trabalho) ou de acreditar que os trabalhadores podem ser limitados ao desempenho de funções específicas, como se não passassem de engrenagens no mecanismo da produção, estamos começando a levar em conta as fortes emoções que fazem parte da condição humana. Abandonando os modelos mecanicistas de trabalho, tomamos uma distância contemplativa e começamos a nos ver de maneira nova, a apreciar a totalidade do que é ser humano e a conceber organizações empresariais que valorizam essa totalidade e a utilizam.

A influência da visão, dos valores e da cultura ocupa grande parte da atenção das empresas. Percebemos o efeito dessas forças na vitalidade empresarial, ainda que não nos seja possível saber por que elas são tão poderosas. Ficou claro que algumas das melhores formas de criar uma continuidade de comportamento se baseiam no uso de forças invisíveis. São muitos os cientistas que agora trabalham com o conceito de "campo" — uma força invisível que estrutura o espaço ou o comportamento. Compreendi, por fim, que a visão empresarial é um campo — uma força de conexões invisíveis que influencia o comportamento dos empregados — e não uma mensagem qualquer que menciona, de modo mais ou menos poético, um estado futuro desejado. Em função da teoria dos campos, acho que já posso explicar melhor por que a visão é tão necessária, e isso me levou a conhecer novas atividades para fortalecer a influência da visão.

Nosso conceito de instituição humana está cada vez mais longe das criações mecânicas que floresceram na era da burocracia. Começamos a cogitar a sério da possibilidade de uma estrutura mais fluida, mais orgânica, e até mesmo de organizações empresariais sem fronteiras rígidas. Estamos começando a perceber que as empresas são sistemas, concebendo-as como "organizações aprendizes" e creditando-lhes um certo tipo de capacidade de auto-renovação. Essas são as nossas primeiras incursões, ainda hesitantes, na nova maneira de conceber as organizações humanas. A experiência me diz que certos fatos comuns nas organizações empresariais, como a mudança, o caos, a sobrecarga de informações e os comportamentos cíclicos, não precisam nos desesperar; basta admitir que essas organizações são entidades conscientes que possuem muitas das propriedades dos sistemas vivos.

Há quem acredite que é perigoso brincar com a ciência e isolar as metáforas que nascem dela; isso porque, quando a "brincadeira" é levada muito adiante, as metáforas perdem a relação com as teorias científicas rígidas que lhes deram origem. Mas há outros que dizem que tudo na ciência é metáfora — ou seja, uma teoria possível de como pensar uma realidade que jamais poderemos conhecer plenamente. Compartilho dos sentimentos do físico Frank Oppenheimer, que diz: "Se alguém tem uma nova forma de pensamento, por que não aplicá-la aonde quer que o pensamento dessa pessoa a conduza? É muito divertido deixar-se levar dessa maneira, mas, além disso, essa atividade costuma ser muito esclarecedora e capaz de nos levar a novas e profundas intuições."

17

Na Onda da Mudança: Mentes em Transformação num Mundo em Transformação

John D. Adams

JOHN D. ADAMS tem mais de vinte e cinco anos de experiência em desenvolvimento empresarial e administração da mudança em empresas norte-americanas e européias. Entre seus clientes mais recentes contam-se a Sun Microsystems, a Motorola, a Weyerhauser, The World Bank, a British Airways e a Cessna Aircraft Company.

Suas pesquisas têm o objetivo de descobrir as qualidades essenciais necessárias para determinar mudanças duradouras tanto nos padrões individuais de conduta quanto na cultura de uma empresa. Adams foi professor-adjunto da Universidade de Leeds, na Inglaterra, e integra o corpo de professores visitantes da American University, da Universidade Estadual de Bowling Green (Ohio), da Universidade John F. Kennedy (Califórnia), do California Institute of Integral Studies do Instituto Saybrook.

É autor da série *Understanding and Managing Stress,* de antiga popularidade, e co-autor de *Transition* e *Life Changes.* Compilou e organizou diversas coletâneas de textos, como *New Technologies in Organization Development, Organizational Development in Health Care Organizations, Transforming Work* e *Transforming Leadership.*

> Se eu continuar acreditando no que eu sempre acreditei,
> vou continuar agindo como eu sempre agi.
> Se eu continuar agindo como eu sempre agi,
> vou continuar obtendo o que eu sempre obtive.
> — De uma palestra de Marilyn Ferguson, Agosto, 1984
> (fonte original desconhecida)

A afirmação acima é bastante simples e, para a maioria das pessoas, bastante óbvia. Também é bastante significativa, pois nos mostra que, se quisermos que a vida nos agracie com algo diferente, como, por exemplo, maior satisfação no trabalho, precisamos criar hábitos de conduta diferentes dos que acalentamos até agora. Além disso mostra que, se de fato quisermos nos conduzir bem, em última análise teremos de apoiar a mudança de conduta com novas formas de pensar.

No decorrer de trinta anos de atividade profissional, dediquei-me muitas vezes a ajudar pessoas que queriam mudar de estilo de vida para prevenir doenças e promover a saúde. A verdade contida na epígrafe deste capítulo sempre se patenteou para mim. Tenho visto muita gente que fez um esforço incrível para mudar — passando, por exemplo, a ingerir menos gordura para perder peso — mas depois recaiu na conduta "insalubre". Outros, tendo assumido idêntico compromisso, conseguiram operar a mudança desejada. Eu me perguntava qual era a diferença entre os que conseguiam mudar e os que não conseguiam.

A questão que mais se propõe àqueles cujo trabalho consiste em ajudar pessoas que declaram querer mudar certos hábitos pessoais é a seguinte: "Como ajudar essas pessoas a mudar e 'continuar mudadas'?"

Os esforços de melhoria empresarial deparam com a mesma necessidade de fazer mudanças que permaneçam. As equipes e as organizações enfrentam os mesmos problemas que os indivíduos para realizar mudanças duradouras. Planos de ação criados durante um retiro de equipe raramente se implementam na volta para o trabalho; quando a empresa inteira se compromete a desenvolver hábitos mais positivos de comunicação, isso quase nunca acontece; programas de melhoramentos que abrangem todo o sistema, caros e amplamente divulgados, têm seus "quinze minutos da fama" e nada mais. As mudanças operadas na "cultura empresarial" são, ao que parece, bastante frágeis, e a volta à cultura original parece ser o resultado mais freqüente.

Como ajudar os sistemas a fazer mudanças que permaneçam?

Esse é o tema deste capítulo. Para tratá-lo, vamos examinar alguns dos aspectos cognitivos (ou perceptivos) da existência humana. Meu objetivo é demonstrar que esses aspectos cognitivos, em geral apenas semiconscientes, exercem grande influência sobre a nossa capacidade de mudar, quer individualmente, quer em grupo.

Os seres humanos são os únicos animais que têm a capacidade de pensar a respeito de *como* pensam. Infelizmente, a maior parte do nosso tempo de vigília é gasto no que eu chamo de "estado de piloto automático", no qual nós não pensamos conscientemente a respeito de *como* estamos pensando. Em *Meeting the Shadow*, o falecido psiquiatra escocês Ronald Laing expôs essa verdade com muita eloqüência, mais de vinte e cinco anos atrás:

> A extensão dos nossos pensamentos e ações é limitada pelo que nós não percebemos. E como nós não percebemos que não percebemos, não podemos fazer quase nada para mudar, até percebermos como o não-percebermos nos modela os pensamentos e os atos.

A Programação *Default* e o Piloto Automático

Na terminologia da informática, o termo *default* significa os processamentos automáticos contidos num programa de *software*. Por exemplo, a maioria dos editores de texto produzidos nos Estados Unidos ajustam as margens superior, inferior e laterais do texto para uma polegada. Individualmente, a disposição mental da pessoa pode ser considerada como composta de um grande número de programações *default* – nossas crenças, pressupostos e valores são automáticos e previsíveis. Em conseqüência, nossos modos habituais de reagir às diversas situações também se configuram em padrões *default* sempre iguais, embora inconscientes.

A epígrafe deste capítulo ressalta uma das características fundamentais da programação *default* do "piloto automático" e mostra o quanto ele tende naturalmente a cumprir suas próprias expectativas e reforçar a si mesmo. Essa tendência também pode ser representada pelo diagrama seguinte.

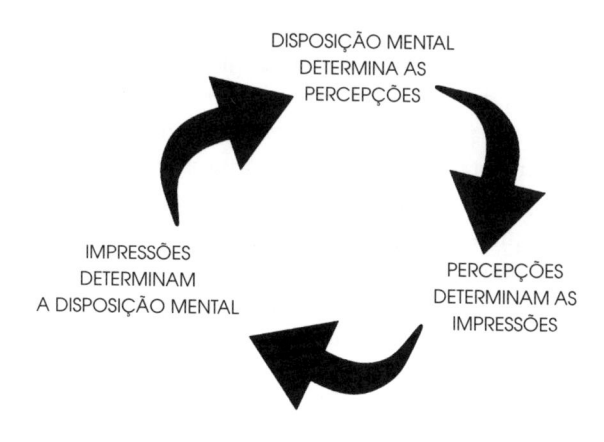

FIGURA 1
A Relação entre as Percepções, as Impressões e a Disposição Mental

A Programação *Default*

São as percepções que determinam a impressão que nós temos de uma determinada situação, porque elas nos tornam receptivos a alguns estímulos e "cegos" para outros. Aqueles que esperam encontrar um problema numa dada situação em geral acabam por encontrá-lo; já aqueles que esperam encontrar uma oportunidade na mesma situação também acabam por encontrá-la. As impressões, por sua vez, determinam a nossa disposição mental. As crenças e atitudes se formam em decorrência das mensagens temáticas repetitivas que nós recebemos dos pais e outras figuras de autoridade ao longo dos primeiros dez a quinze anos de vida, bem como das mensagens que nós mesmos nos damos pelo incessante "diálogo interior". Parece que o nosso subconsciente só sabe dizer "sim" às sugestões que lhe são feitas, quaisquer que sejam; e com o acúmulo desses "sins", uma dada mensagem se solidifica e assume a forma de crença.

É a nossa disposição mental que determina o que nós percebemos numa determinada situação. Aqueles que são donos de uma visão otimista, positiva e autônoma em geral esperam encontrar oportunidade, ao passo que os donos de uma visão pessimista, negativa e impotente estão sempre esperando encontrar obstáculos ou dificuldades.

Em suma, as percepções, as impressões e as disposições mentais influem umas nas outras de modo cíclico. Nossas disposições mentais concretizam, reforçam e limitam a si mesmas. Para conseguir, sem restrições, efetuar uma mudança duradoura na conduta — ou seja, para firmar um hábito novo e extinguir um hábito antigo —, precisamos romper esse ciclo e criar novas disposições mentais (crenças, pressupostos, valores) que favoreçam o estabelecimento do novo hábito.

A natureza viciosa do ciclo revela outra qualidade da mentalidade do piloto automático. Quando estamos operando no "piloto automático" — ou seja, quando não estamos pensando sobre *como* estamos pensando —, o subconsciente trabalha para manter e proteger a programação *default* já existente. A mudança da conduta habitual mediante a alteração dos modelos mentais é impossível a menos que a pessoa troque o piloto automático pelo poder de escolha e mude conscientemente a sua programação *default*.

Normalmente, quando não obtemos os resultados almejados, nós nos aplicamos ainda mais no modelo de conduta que não está funcionando — reflexo da tendência viciosa e autoprotetora do piloto automático. Em última análise, para que a pessoa adquira um hábito de conduta nova e mais adequada, é indispensável que ela mude todo o seu modo de pensar a respeito da situação, pondo em questão as suas crenças e pondo à prova as suas hipóteses. Poucos são os que aprenderam a fazer isso. É como se o subconsciente nos sussurrasse permanentemente ao ouvido: "Não vá entornar o caldo!"

Isso também acontece nas empresas, refletindo-se em especial no fato de que a cultura empresarial também trabalha para proteger o *status quo* sempre que se tentam introduzir mudanças. Ao longo dos anos, inúmeras empresas tentaram aumentar a sua eficiência implementando programas que abarcavam todo o sistema, tais como a formação em sensibilidade, a estruturação de equipes, a administração por objetivos, a diversificação de funções, a qualidade de vida no trabalho, os círculos de qualidade e a idéia de qualidade total. Infelizmente, na maioria dos casos, esses programas não alcançaram os seus objetivos.

Uma das razões pelas quais isso ocorre é o fato de que a programação *default* adotada pela grande maioria das pessoas reflete uma realidade contraditória com a mentalidade básica necessária para a plena implementação de programas como esses. Em especial, muita gente se acostumou com um *pensamento de curto prazo* (dimensão temporal) — o prazo final das dez horas quase sempre tem precedência sobre o plano estratégico.

Em segundo lugar, a maioria das pessoas se acostumou com um *pensamento local* (dimensão espacial) — as minhas/as nossas necessidades têm precedência sobre as suas/as da empresa (ou as da sociedade, ou as do planeta). Os esforços de um departamento para conseguir um orçamento maior, à custa de outro departamento ou talvez até mesmo à custa do desempenho geral da companhia, é um exemplo comum desse tipo de pensamento.

Em terceiro lugar, a maioria das pessoas se acostumou com um *pensamento passivo/reativo* (dimensão das atitudes) — no qual o seguir as regras e o corrigir os desvios têm precedência sobre a criação e o empenho pela concretização de uma visão forte e estimulante.

E, em quarto lugar, a maioria das pessoas se acostumou com a postura do "se não está quebrado, não conserte!" (dimensão estratégica) — *remediando os sintomas* à medida que eles surgem e, por outro lado, desconsiderando totalmente a previsão e a prevenção de problemas e o *aumento da capacidade* do sistema. Por exemplo, o governo parece disposto a proteger os atuais empregos dos trabalhadores à custa de um dano infligido a longo prazo ao ambiente global.

Do Piloto Automático ao Poder de Escolha: A Construção da Versatilidade

Quando examinamos a natureza fundamental dos diversos programas de eficiência empresarial concebidos ao longo da história, fica claro que todos eles se baseiam numa disposição mental diferente da disposição mental corrente na época. Se alinharmos os quatro "pensamentos" acima mencionados na extremidade esquerda de um *continuum,* vamos ver que o sucesso de quase todos os programas de melhoramento empresarial depende de uma transição da mentalidade para a extremidade oposta do dito *continuum.*

CURTO PRAZO OPERACIONAL	*DIMENSÃO TEMPORAL*	LONGO PRAZO ESTRATÉGICO
LOCAL REDUCIONISTA	*DIMENSÃO ESPACIAL*	GLOBAL SISTÊMICO
PASSIVO REATIVO	*DIMENSÃO DAS ATITUDES*	CRIATIVO INICIADOR
SEM ESTRATÉGIA TRATAMENTO DOS SINTOMAS	*DIMENSÃO ESTRATÉGICO-PREVENTIVA*	VITALIDADE ÓTIMA AUMENTO DA CAPACIDADE

Figura 2
As Quatro Dimensões Básicas da Disposição Mental

Isso NÃO significa que a nossa disposição mental deva caminhar para o extremo oposto dessas dimensões, abandonando definitivamente o pensamento de curto prazo/local/reativo/sintomático. Um movimento de tal natureza não nos ajudaria em nada — logo estaríamos perdidos numa visão idealista do futuro global e seríamos totalmente ineficazes no presente local!

O necessário é, isto sim, um aumento da *versatilidade,* que pode ser definida como uma flexibilidade adequada à situação. Em outras palavras, precisamos aprender a ficar à vontade em todo o *continuum* dessas dimensões (e provavelmente de outras também!) de maneira a operar com eficiência no mundo de hoje, cada vez mais tumultuado e imprevisível. Peter Vaill nos dá uma metáfora: diz que a sociedade norte-americana e européia entrou num período de "turbulência permanente". A minha experiência confirma a metáfora de Vaill, pois todas as empresas e demais organizações com que me envolvi nos últimos anos estão enfrentando grandes mudanças e incertezas.

Para conseguir "pegar a onda da mudança", precisamos mudar a nossa mente! Precisamos ser capazes de operar com naturalidade ao longo de todo o *continuum* de cada uma dessas dimensões. Se um bom número de pessoas aprender a pensar e trabalhar dessa forma dentro da empresa, os programas de melhoramento empresarial quase sempre terão êxito. Se não se der nenhuma atenção à necessidade de mudar a programação *default* das pessoas, esses programas quase sempre vão dar errado.

A Busca pela Solução Rápida

É especialmente importante que a equipe principal desenvolva a versatilidade. Se eles continuarem a comandar a empresa com uma disposição mental do tipo curto prazo/local/reativa/sintomática, agindo sempre no piloto automático, vão perder a paciência bem antes de o programa demonstrar a sua eficácia. O esforço de mudança vai terminar assim que ele se chocar contra a "muralha" das estruturas tradicionais e do "nosso jeito de trabalhar". Além disso, sempre que a pressão aumenta em determinada situação, algo bastante comum no ambiente turbulento de hoje em dia, é natural que a nossa disposição mental recaia rapidamente na extremidade esquerda de cada uma das quatro dimensões.

Acho que John D. Rockfeller resumiu muito bem o modo pelo qual os sistemas empresariais que criamos trabalham para proteger o *status quo.*

Uma empresa é um sistema dotado de uma lógica própria e de todo o peso da tradição e da inércia. O esquema é viciado em favor das formas testadas e comprovadas de fazer as coisas e contra a inovação e a incerteza.

Quando o ambiente confronta a empresa com exigências aparentemente conflitantes, com demasiada freqüência a reação da administração é perguntar "quem está bravo conosco hoje?", em vez de perceber a necessidade de uma estratégia ampla. No clima atual, a idéia de continuar fazendo a mesma coisa que sempre se fez, e com maior empenho ainda, é bastante limitada. Em algum momento, as equipes de administração precisam adotar sem restrições uma maneira absolutamente nova de pensar, que favoreça uma maneira nova de trabalhar. Outra característica do piloto automático é que ele sempre tenta fazer com que os outros adotem a mesma programação *default,* reforçando ainda mais o *status quo.*

A Mudança da Programação *Default*

Para estimular a versatilidade da consciência nas quatro dimensões já mencionadas (curto prazo/longo prazo; local/global; reativo/co-criativo; sintomático/construtivo), é necessário criar mecanismos que suscitem questões que só possam ser resolvidas se caminharmos para a outra extremidade de uma dada dimensão.

Por exemplo: para que uma pessoa adote o pensamento de longo prazo, é preciso fazer-lhe, com regularidade, perguntas como: "O que você acha que vai acontecer caso essa tendência continue?" Para que ela adote o pensamento global, são necessários mecanismos que apresentem com regularidade a questão: "O que você acha do contexto global?" Para que ela adote um pensamento mais criativo, deve-se fazer com freqüência perguntas como: "Como você usaria uma varinha mágica?" ou "Você é capaz de pensar numa forma inovadora de abordar a situação?" E, finalmente, para caminhar rumo a uma estratégia de aumento da capacidade, deve-se ter o hábito de procurar e perceber as oportunidades de desenvolvimento.

Quando deparam com um desafio, algumas pessoas tendem a evitar os novos hábitos de pensamento ou de conduta, preferindo escudar-se nas formas habituais de pensar e agir, que são familiares e cômodas ainda que notoriamente ineficazes. Quando isso ocorre, é evidente que a resistência vai ser maior que a necessidade original de mudança.

Na mesma situação de mudança, outras pessoas tendem a dedicar-se somente aos novos hábitos de pensamento e de conduta e dão pouca atenção ao que é necessário para se romperem os antigos hábitos; em alguns casos, ignoram até mesmo o tempo indispensável para chorar a perda dos modos de operação antigos e cômodos. Quando isso acontece, a programação *default* pode continuar funcionando, frustrando assim o desejo de mudança.

A coexistência de um antigo modelo mental ou de comportamento com um novo modelo mental ou de comportamento acarreta, com freqüência, um período de mal-estar. A menos que a pessoa esteja profundamente empenhada em completar a mudança, a regressão é o prognóstico mais provável.

Outro diagrama, reproduzido na Figura 3, representa o que muitas vezes ocorre quando se tenta aprender um hábito novo.

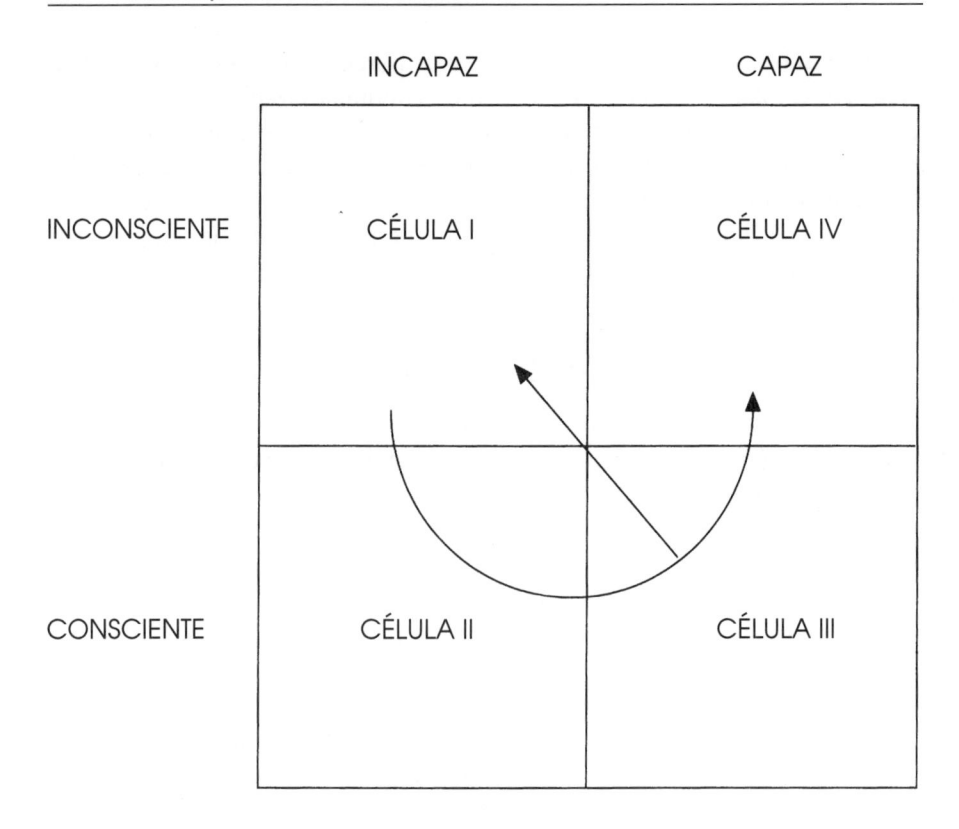

FIGURA 3
Etapas no Aprendizado de um Hábito Novo

Quando a pessoa se dá conta de que não está alcançando os seus objetivos e conclui que é necessário mudar a maneira de pensar, a conduta ou ambas as coisas, ela passa da Célula I para a Célula II — passa de uma incapacidade inconsciente a uma consciência dessa sua deficiência. À medida que a pessoa aprende a nova capacidade ou modelo mental, percebe-se capaz de praticá-la sempre que a isso se decide conscientemente.

Como exemplo, suponhamos que uma pessoa que chamaremos de Robin sinta-se frustrada no emprego por não ser capaz de influenciar a maneira pela qual o chefe lhe atribui tarefas. Percebendo isso, Robin matricula-se num curso rápido chamado "Aprenda Você Também a Influenciar", em que aprende certos modos de conduta e certas técnicas de disposição mental que poderão ajudá-la a influenciar o chefe. Ao terminar o curso, Robin está na Célula III.

Voltando ao trabalho, Robin percebe que as novas técnicas funcionam bem e prepara-se cuidadosamente antes de entrar no gabinete do chefe (mantendo-se na Célula III). Pouco depois, o chefe aproxima-se da escrivaninha de Robin com uma ordem urgente; ela se esquece de usar as novas técnicas e não exerce influência nenhuma sobre ele. Robin jura para si mesma que isso não acontecerá de novo. Na manhã seguinte, o chefe está esperando na escrivaninha de Robin com outra "bomba" e botando fogo pelos olhos. Antes mesmo que Robin consiga rememorar as novas técnicas, a batalha já está perdida. Com mais alguns episódios como esse, Robin conclui que não há meio de influenciar o chefe e convence-se de que o tal curso foi uma perda de tempo. Para muita gente, essa situação é bastante conhecida. Se a pessoa não descobre um modo de permanecer na Célula III por um bom período, o seu próprio piloto automático — e o de outras pessoas — a puxa de volta para a Célula I antes que o novo hábito seja capaz de se enraizar (levando-a para a Célula IV).

Ao fim da maioria dos cursos e seminários, os participantes estão na Célula III. Do mesmo modo, a maioria dos programas de eficiência empresarial deixa os empregados na Célula III. O pressuposto, na verdade um sonho dourado, é o de que a passagem para a Célula IV se fará inevitavelmente, desde que as pessoas ajam segundo a razão. Na maior parte das vezes, porém, quase todos os participantes voltam à Célula I e a experiência do seminário vai direto para a lata de lixo da memória.

Exemplos Práticos

A mesma coisa acontece nas tentativas de melhoramento empresarial. Para elucidar o modo pelo qual esse mecanismo funciona no nível coletivo, vamos examinar um exemplo específico, no qual se procurou mudar apenas um elemento da cultura empresarial. Vários anos atrás, colaborei para o projeto de desenvolvimento empresarial de uma firma dedicada à pesquisa e desenvolvimento no ramo aeroespacial. Durante o período em que trabalhei com a empresa, fizemos um levantamento que nos levou a concluir que a pior norma (hábito cultural) vigente naquele grupo era: "Por aqui, a pessoa só recebe algum comentário sobre a sua atuação quando faz algo de errado."

Quando discutimos o que deveria ser feito a respeito disso e de outros pontos constatados na pesquisa, os membros do grupo logo disseram que vinham sendo excessivamente cautelosos em suas atividades de pesquisa, porque queriam evitar a habitual torrente de comentários críticos. As atividades de pesquisa, como é óbvio, nem sempre redundam num sucesso, e as críticas se multiplicavam quando alguém obtinha resultados negativos nos ensaios de computador ou no túnel de vento.

Eles foram unânimes em concordar que precisavam fazer mais comentários positivos, tanto para estimular uma estratégia mais agressiva de pesquisa quanto para criar um ambiente de trabalho mais aconchegante. Entretanto, quando voltei algumas semanas depois para ver como iam as coisas, percebi que ainda ninguém fazia comentários positivos sobre os outros!

Durante a nossa investigação das razões pelas quais eles não tinham conseguido cumprir os compromissos, um dos líderes de grupo disse que ele achava que, se as pessoas pensassem que estavam fazendo bom trabalho, elas se tornariam negligentes e preguiçosas. Isso suscitou violentos protestos por parte dos engenheiros espaciais e dos cientistas do grupo. O líder do grupo disse que iria fazer outra tentativa e admitiu que a sua suposição talvez fosse falsa.

Um dos principais técnicos de outro grupo afirmou que tinha trabalhado duro e por bastante tempo num projeto importantíssimo e fora capaz de completar uma fase crítica do trabalho bem a tempo para uma reunião de orçamento na qual foi aprovada a liberação de recursos para a continuação do projeto. Terminada a reunião, o chefe do técnico o cobrira de elogios. O técnico disse que passou o fim de semana inteiro pensando sobre o comentário positivo e concluiu que o chefe agora o encarregaria de mais "missões impossíveis"; por isso, desconsiderou o comentário e admitiu estar tentando não dar nas vistas do chefe!

Assim, vemos que tanto os que "enviam" quanto os que "recebem" haviam encontrado justificativas para o fato de não alterar seu hábito cultural de só fazer comentários negativos. Mais uma vez, o piloto automático protegeu o *status quo*.

O grupo insistia na importância de se começar a fazer comentários mais positivos sobre o desempenho dos empregados. Quando pensamos sobre como fazer com que esse hábito desejável se "cristalizasse" na mente de todos, eles propuseram dois mecanismos para gerar repetições do novo modelo de comportamento (isto é, dois mecanismos que os habilitassem a permanecer na Célula III da figura 3).

Uma vez que todos os membros do grupo precisavam participar de uma ou duas reuniões quase todos os dias, eles propuseram que cada reunião começasse com uma avaliação de o quanto eles estavam progredindo rumo ao objetivo dos comentários positivos. Algum tempo depois, diversos gerentes admitiram que, agora, eles se forçavam a parar perto do local de trabalho de alguém e faziam algum tipo de comentário positivo, de modo que pudessem ter algo de bom a dizer sobre o próprio comportamento no começo das reuniões. Essas repetições, ainda que naquele momento não fossem feitas de maneira totalmente sincera, no final acabaram dando resultado.

A outra sugestão veio da equipe de líderes da empresa. Eles, com bastante razão, penso, concluíram que, para que o hábito dos comentários positivos de fato se alastrasse por todo o departamento, seria bom que eles mesmos fizessem o que mandavam os outros fazer. Para começar a se sentir à vontade com essa atitude positiva, eles sugeriam que dessem a volta em torno da mesa no início das reuniões semanais com a assessoria e fizessem um elogio sincero a cada um dos presentes. A cada semana eles estimulavam-se uns aos outros a ir mais fundo nos elogios. Por fim, os membros da equipe principal se acostumaram a dizer coisas positivas uns aos outros e passaram a ser vistos com freqüência cada vez maior caminhando pelos salões e distribuindo elogios sinceros.

Depois de algumas semanas, a norma de comentários sobre o desempenho mudou em todo o grupo e *permaneceu* mudada.

A principal conclusão que se tirou dessa experiência foi a de que, tanto no nível individual quanto no nível institucional, o piloto automático atua de forma a proteger o *status quo*; e que a criação de um novo hábito talvez seja sempre mais difícil do que foi a criação do hábito original que se pretende substituir. Uma das razões fundamentais desse fato é que nós muitas vezes acreditamos que será fácil mudar, quando na verdade existe uma infinidade de pressões sutis para nos fazer regredir e, ao fim e ao cabo, não mudar.

Basta pensar em quantas vezes o bebê cai antes de aprender a andar — talvez centenas de vezes. No entanto, o bebê não desiste. Quando decidimos adotar um novo padrão de pensamento ou de conduta, precisamos ser tão dedicados quanto o bebê.

Mudanças que Permaneceram

O exemplo da firma aeroespacial ilustra os princípios necessários para se implantar um novo hábito com sucesso. Em primeiro lugar, é imprescindível haver um número suficiente de pessoas que estejam "*apaixonadamente*" ou "*calorosamente*" *empenhadas* em fazer a mudança. Praticamente todas as mudanças levam mais tempo do que o previsto para se firmar, e quase sempre há empecilhos e circunstâncias imprevistas com as quais se tem de lidar. A maior parte do pessoal desse departamento havia chegado à conclusão de que a mudança era absolutamente indispensável, e estavam dispostos a dar tudo de si e investir quanto tempo fosse necessário para realizá-la. Eles não eram daqueles que desistem por causa dos reveses iniciais!

Em segundo lugar, também é essencial que o nosso modelo de pensamento e/ou de conduta seja *repetido* muitas vezes. Quantas vezes, não se sabe. Mas, em geral, há necessidade de mais repetições do que as que normalmente se fazem.

Para garantir um número suficiente de repetições, em geral é absolutamente necessário que haja *mecanismos* ou *estruturas propícias*, tais como, no caso apresentado, a inserção desse tema na agenda das reuniões. *É preciso uma forma de exigir e apoiar a prática regular, cotidiana do novo modelo de conduta.* Se não for criado um mecanismo estrutural que faça das repetições uma espécie de exigência, sabe-se que a maioria das pessoas e empresas tenderão a regredir às formas antigas de pensar e agir.

Também parece ser essencial que se estabeleçam **recompensas** para as atitudes conformes à nova forma de pensar e agir (e se cortem as recompensas para a forma antiga). Isso significa que, nos programas de melhoramento empresarial, a avaliação de desempenho e os sistemas de prêmios precisam mudar a fim de favorecer a mudança cultural que, ela sim, determina e garante a mudança empresarial. No caso de uma mudança pessoal, é importante que a pessoa faça uma pausa para comemorar os próprios êxitos antes de passar para o próximo passo de desenvolvimento.

A empresa aeroespacial não tinha recursos suficientes para instituir prêmios em dinheiro, mas soube criar várias recompensas significativas, ainda que menos tangíveis, para reforçar e favorecer ainda mais o hábito de fazer comentários mais positivos.

Também parece ser muito importante que a mudança desejada seja explicitamente concorde aos *valores* e *objetivos* da pessoa ou grupo que a ela se submete. O grupo aeroespacial valoriza a perfeição na ciência e no desenvolvimento tecnológico. O objetivo da empresa era fazer progredir a qualidade da tecnologia naquela área específica. Foi fácil para os membros da empresa perceber o quanto um ambiente mais positivo lhes permitiria pesquisar e buscar o progresso tecnológico com maior eficiência do que no ambiente em que estavam.

A última conclusão que se tira desse exemplo é que mudar o piloto automático é mais fácil quando se procura introduzir *um projeto de mudança de cada vez*. Quando se tenta uma mudança por atacado, o piloto automático que alimenta o círculo vicioso do *status quo* vai vencer na maior parte das vezes. Com freqüência tenho de lembrar meus clientes de que o melhor é "apressar-se devagar".

Em resumo, sou de opinião de que as características arroladas a seguir são absolutamente necessárias para quem quiser empreender uma mudança permanente. Talvez essa lista não inclua todas as qualidades necessárias, mas, ainda que existam outras, estou convicto de que as abaixo relacionadas contam-se entre as qualidades essenciais:

1. Empenho apaixonado ou sincero;
2. Estruturas ou mecanismos que exijam e *favoreçam* as repetições (ou a prática);
3. Recompensas para o novo padrão de conduta e corte das recompensas para o padrão antigo;
4. Conformidade com os valores e objetivos mais importantes; e
5. Introduzir as mudanças passo a passo.

18

Pela Mudança Radical:
A Hora de *Descascar o Abacaxi*[1]

Martha Spice

MARTHA SPICE é especialista em liderança e, com seu marido e sócio Alan Gilburg, proprietária da Growth Dynamics, Inc. Eles ajudam, por meio de consultoria, cursos e atividades de estruturação de equipes, os líderes de todos os níveis que se preocupam em criar empresas saudáveis e de alto grau de desempenho.

Ela criou programas de Breakthrough Thinking [Pensamento Inovador] para auxiliar o processo de mudança pessoal de indivíduos saudáveis e altamente eficientes; o programa permite que esses indivíduos rompam as limitações que eles mesmos se impõem e que dificultam o exercício da liderança pessoal. Martha conduziu dezessete grupos altamente empenhados através do Programa de Um Ano desenvolvido pela Growth Dynamics; nesse programa, ela evidencia a íntima relação que existe entre o crescimento pessoal e o sucesso empresarial. Ela dá palestras sobre a excelência pessoal e a administração da mudança, entre outros temas.

Gilburg, um dos pioneiros no desenvolvimento de programas de liderança fundados na ciência dos valores e dos tipos de personalidade, é co-autor do presente ensaio. Juntos, Spice e Gilburg dirigem The Leadership Laboratory, programa de prática, reflexão e desenvolvimento para candidatos a executivos sênior.

Alguns anos atrás, meu sócio Alan deu consultoria ao gerente geral de uma grande fábrica, que se propusera a implantar programas de desenvolvimento de qualidade. O diagnóstico de valores do gerente mostrou que ele

---

1. A autora usa aqui a frase *The Buck Stops Here,* que não tem uma tradução exata. Essa frase, que ficava exposta na escrivaninha do presidente Harry S. Truman, significa uma aceitação da responsabilidade; o presidente reconhecia o fato de que não tinha uma instância mais alta a quem repassar uma decisão difícil. É algo como o nosso "É aqui que a porca torce o rabo". *To pass the buck* significaria "passar o abacaxi"; quando *the buck stops,* o abacaxi não pode mais ser passado para ninguém: é hora de "descascar o abacaxi".(NT)

dava extrema importância à realização de tarefas específicas e pouca atenção às questões sistêmicas que garantiriam a qualidade a longo prazo. Ao examinar esse relatório, o gerente geral logo observou: "Parece que o problema aqui sou eu mesmo. Para essa fábrica melhorar, sou eu que vou ter de mudar."

Mais recentemente, a líder de uma unidade de produção de vídeos, composta por dezessete pessoas, me procurou e disse: "Meu pessoal vive brigando, falando mal uns dos outros, fofocando — no geral, estão tendo enorme dificuldade para trabalhar em grupo. Já tentei de tudo para mudar essa situação. Diga-me o que eu preciso fazer para mudar minha forma de liderar."

Esses indivíduos, raros, de imediato perceberam que eram elementos cruciais para a transformação dos grupos em que trabalhavam. Foram buscar a resposta dentro deles mesmos e dispuseram-se a mudar antes de todos os demais. A atitude deles contrasta nitidamente com a atitude habitual de apontar o dedo acusador ou de recomendar a mudança aos outros. A prática extraordinária dessas duas pessoas é, na verdade, a mais radicalmente adequada para o estado de caos em que vive o moderno mundo dos negócios. Precisamos aproveitar tudo o que puder produzir resultados melhores e mais rápidos.

Fico cada vez mais contente ao ver líderes de todos os níveis que têm coragem de pisar firme e assumir a responsabilidade pelo que está acontecendo em suas empresas, e que começam a mudança por si mesmos. Eles estão descobrindo que essa atitude — e as conseqüentes pequenas alterações no modo de pensar e no comportamento — produz mudanças imediatas e profundas que repercutem em toda a organização. No nosso trabalho, estamos começando a chamar essa mudança ativa de "liderança do *descascar o abacaxi*", com agradecimentos ao presidente Truman.

Para aqueles que sinceramente acreditam que as coisas precisam mudar e que são visionários e corajosos o bastante para se dispor a direcionar suas próprias energias de maneira nova, garantimos, baseados na experiência, que o pensamento do *descascar o abacaxi* é a maneira mais rápida de chegar a algum lugar. Eis aqui o porquê e o como.

As Organizações Precisam de uma Mudança Radical

O mal no mundo é cometido pelas pessoas que estão absolutamente seguras de saber o que estão fazendo.

— M. Scott Peck

Poucos se oporiam à idéia de que existe a necessidade de uma mudança radical. A maior parte das nossas instituições, em maior ou menor grau, não está funcionando bem. Os norte-americanos, em sua maioria, estão insatisfeitos com as instituições que dominam a nossa sociedade: a educação, a política, a saúde pública, o governo, as grandes empresas, a família, a vizinhança, a cidade, a economia. Além de tudo, o meio ambiente vai se deteriorando a cada dia e a infra-estrutura de serviços básicos piora a cada minuto. A lista é infindável e repleta de problemas aparentemente insolúveis. Vivemos num verdadeiro dilema no que diz respeito à liderança, dilema que se reflete no grande número de diretores-executivos que foram "convidados" a renunciar ao cargo nos últimos tempos.

Mas enquanto todas essas coisas foram acontecendo, não ficamos sentados à toa, assistindo ao incêndio de Roma sem nada fazer. Na esteira da tradição norte-americana de firmeza e praticidade, experimentamos um grande número de soluções tais como a administração por objetivos, a administração do tempo, a administração participativa, a tática da visão empresarial, o fortalecimento dos empregados, a administração de qualidade total, a reengenharia, a reconceitualização das funções, a redução drástica de custos e a demissão em massa. Essas são apenas algumas das formas pelas quais os líderes tentaram consertar nossas instituições em crise.

Esses consertos, entretanto, não foram tão profundos e radicais quanto tinham de ser. Eles partiram do pressuposto de que a solução está numa nova técnica ou na reordenação do organograma. Concordamos com o consultor empresarial Marvin Weisbord, que, em seu livro *Discovering Common Ground,* afirma que "o sucesso é em parte conceito, em parte método, em parte oportunidade; quase nunca é uma técnica e sempre é uma questão de força de vontade". Os membros de cada instituição precisam estar suficientemente dispostos para mudar os hábitos e padrões de conduta — deles mesmos — que constituem naquele momento a enfermidade que acomete a empresa.

Isso não é fácil. Centenas de milhares de pessoas que participam de programas de doze etapas comprovam a dificuldade de tal mudança. Mudar de dieta, parar de fumar ou de beber, fazer regime, tudo isso quase sempre requer uma prática direcionada, constante e intensa dos novos hábitos. Além disso, esse processo de mudança precisa ser amparado pela clara intenção do indivíduo de viver de acordo com suas crenças e mais intimamente ligado a elas, conhecendo tanto os benefícios da mudança quanto as conseqüências que adviriam se ele se mantivesse no estado atual. Na maioria dos casos, o que mais beneficia o indivíduo em processo de mudança é o apoio de outros indivíduos que o sustentem na intenção de mudar e mantenham-lhe a chama acesa.

As organizações e instituições, entretanto, são muito mais complexas do que os indivíduos. Assim, as tentativas de mudança precisam ter como alvo a criação de novos hábitos que acarretem os resultados desejados. Tenho a firme convicção de que a maneira mais rápida e eficiente de instituir a mudança é a de os próprios líderes servirem de modelo dos hábitos que querem ver adotados pelos outros. A atitude de *descansar o abacaxi* é um convite para encarar de modo novo o poder da ação individual, do pensamento individual e da verdadeira influência do indivíduo.

Um Chamado à Responsabilidade Profunda

Preciso primeiro *ser* a mudança que eu quero ver em meu mundo.
— Mohandas K. Gandhi

O que os líderes em todos os níveis fazem, ou deixam de fazer, é importante! O comportamento deles é examinado com muito cuidado por todos os membros da organização. Uma testa franzida, um olhar enviesado, uma entonação, tudo isso é minuciosamente analisado visando descobrir "do que ele gosta e do que ele não gosta". Aceitar de verdade que "o que eu faço tem importância" e agir a partir dessa certeza é a essência da atitude de *descascar o abacaxi*.

Vejamos um exemplo simples do poder da ação executiva. Num programa de treinamento de dois dias, observei que todos os participantes já estavam no lugar antes da hora prevista para o início, de modo que foi possível seguir a agenda com rigor, mesmo descontando o almoço e os intervalos. Pelo jeito, isso era uma norma nessa agência regional, cujos trinta e cinco membros graduados vinham de cinco cidades diferentes. Comentamos com o diretor regional que quase nunca tínhamos visto tamanha obediência aos horários. Ele nos disse que havia estabelecido esse padrão ao assumir o posto de diretor, três anos antes. Sem nenhum alarde, ele iniciava todas as reuniões no horário previsto. Às vezes as reuniões eram curtas. Se as pessoas chegassem com cinco ou dez minutos de atraso, provavelmente perderiam toda a reunião.

Compare isso com o que aconteceu recentemente, quando fomos convidados a dar um curso de Administração do Tempo para todos os membros de uma grande associação. O diretor-executivo decidiu que todos precisavam do curso. Buscamos saber por quê, mas ninguém nos disse. Não nos deram a opção de buscar descobrir a origem do problema. A mensagem inequívoca enviada aos empregados era a de que eles precisavam de conserto — por decreto da diretoria.

No primeiro exemplo, o diretor regional, um mês depois de tomar posse, estabeleceu a norma de tempo para as reuniões da diretoria sem dizer palavra e sem nenhum programa de treinamento. Ele se utilizou do poder descomunal do exemplo. Fez o que ele mesmo pregava, provocando assim uma mudança radical nas normas de toda a empresa. Estou certa de que ambos os líderes tinham boas intenções. Um deles conseguiu ele mesmo pô-las em prática. O segundo, tendo tentado "consertar" os outros, talvez ainda esteja se perguntando por que as pessoas não se comportam como ele gostaria.

Adotar a atitude de *descascar o abacaxi* significa aceitar a idéia de que "eu sou responsável pelo fato de as pessoas não estarem se comportando como eu gostaria". Isso exige um profundo exame de consciência; exige que eu descubra as lacunas existentes entre as minhas intenções e a minha conduta e admita que esta última está veiculando uma mensagem ambígua. Para tanto, preciso me lembrar sempre de que, embora eu meça os outros pela conduta, a mim mesmo me meço pelas intenções. Qualquer discrepância que exista entre elas é um problema para mim enquanto líder, pois todas as minhas ações estão sendo analisadas.

Esse exame de consciência exige coragem e perseverança. O próprio ato de examinar-se veicula uma mensagem importante: "Estou no time da aprendizagem e do aprimoramento contínuo." Hoje em dia, espera-se que todos sejam "líderes". Com a administração matricial e a contínua estruturação de novas equipes de projeto e forças-tarefa temporárias, qualquer um pode ser nomeado líder da noite para o dia. Entretanto, são os diretores-executivos e os vice-presidentes que de fato têm poder para "modelar" a mudança. Mais do que ninguém, os hierarcas precisam ser os primeiros a criar os ambientes saudáveis que vão torná-los elegíveis como empregadores para os trabalhadores de hoje, cada vez mais informados e exigentes.

Um "empregador elegível" que conquistou o meu entusiasmo é o proprietário de uma firma de U$10 milhões. Ele me disse, com grande seriedade, que queria triplicar as vendas da sua empresa e criar um ambiente de trabalho mais saudável, com requisitos e exigências mais claros e padrões mais elevados de profissionalismo e dedicação. Fez um exame crítico de si mesmo e admitiu que estava conservando no cargo um gerente de grupo que representava um conjunto totalmente oposto de valores operacionais. Isso passava para os empregados uma mensagem gravemente contraditória. A disposição de examinar o próprio comportamento na situação o habilitou a agir com integridade e a obter em maior grau os resultados que ele no fundo desejava.

Noutro caso, a líder de uma equipe governamental de trinta pessoas decidiu admitir perante os membros da equipe que ela havia subestimado alguns deles, tinha sido rude e agido como se não se importasse com eles, e por fim se refugiara atrás da porta do seu gabinete, fazendo-se inacessível. Num pronunciamento à equipe inteira, ela *descascou o abacaxi*: permitiu que se discutisse abertamente o que até então parecia ser "indiscutível". Disse a todos que queria tornar-se acessível, apoiá-los sem restrições e progredir com a ajuda deles. Essa sinceridade, somada à sua comprovada competência, transformou a vontade da equipe de cooperar para superar os desafios que se lhes apresentavam. Um ano depois, a equipe continua a progredir.

O Pensamento do "*Descascar o Abacaxi*"

A verdadeira viagem de descobrimento não está em encontrar novas paisagens, mas em ter novos olhos.

— Marcel Proust

Observando aqueles que se utilizam da própria mudança como meio de obter outros resultados, concluí que existem três perguntas, simples só na aparência, que podem ajudar os líderes a conseguir o que querem.

1. O que você realmente quer para a sua empresa?
2. Você está mesmo disposto a isso?
3. Você está disposto a criar novas práticas? Tomar novas decisões?

A líder da unidade de vídeo levou muito a sério a mudança. "Você está mesmo disposta a ter a equipe criativa e fortalecida que você afirma querer?" Ela respondeu: "É claro." Mas ela logo descobriu que, se ela era parte de um sistema que não estava funcionando, ela também tinha de assumir a responsabilidade pelo seu papel no modo de operação desse sistema. Tinha de encarar o fato de que uma parte dela não "queria" aquilo que ela dizia querer. Quando ela se debruçou sobre o assunto e examinou de perto o que estava fazendo, teve de admitir que vinha se dedicando demais aos detalhes, resolvendo problemas pelos membros do grupo, sem estabelecer diretrizes claras nem definir os papéis. Ela concluiu que "a minha conduta criou os problemas que estou enfrentando, e agora percebo o que eu preciso mudar na minha maneira de agir".

O gerente geral da fábrica definiu com facilidade os resultados positivos que queria. Também reconheceu suas próprias partes que não concordavam com aquele programa, manifestadas na sua conduta contraproducente. Percebeu que o costume de estar sempre "apagando os incêndios" dos pequenos problemas do dia-a-dia impedia, na prática, que a sua assessoria introduzisse melhoramentos processuais visando à qualidade. Quando se dispôs a *descascar o abacaxi*, fez um discurso perante a equipe. Afirmou a sua disposição de parar de pressioná-los por resultados imediatos e pediu a ajuda deles para mantê-los na linha. Pediu que eles lhe apresentassem um relatório semanal contendo sua opinião sobre o progresso dele; enquanto isso, foi dando aos empregados a oportunidade de irem melhorando cada vez mais do ponto de vista pessoal. Durante o processo, a fábrica realizou todos os aprimoramentos previstos bem antes do prazo estipulado, e conseguiram isso com um renovado espírito de tranqüilidade, cooperação e entusiasmo.

É preciso ter caráter para admitir a própria conivência — ainda que involuntária — e todas as suas conseqüências indesejáveis. Esse é o elemento essencial; é, ao menos, aquele elemento que em geral não se discute. Nós dizemos: "A consciência é o preço a pagar para entrar no jogo da mudança." Foi a consciência desses dois líderes que levou-os imediatamente a mudar e a atingir os resultados que desejavam. A verdadeira conclusão é a seguinte: "Eu não preciso obrigar os outros a mudar. Quando decido servir de modelo da conduta que eu quero implantar, os outros vão se basear no meu exemplo e cuidarão eles mesmos de mudar."

Como Desenvolver a Atitude de *Descascar o Abacaxi*

A mudança radical é a mudança NOS líderes, não a mudança ORDENADA pelos líderes.

— Martha Spice

As empresas e outras instituições precisam ter bons líderes em todas as posições de liderança. Não podemos mais deixar que eles continuem surgindo ao acaso. A competitividade do mercado global exige continuamente que as empresas e outras instituições sejam inovadoras, dêem primazia à qualidade, busquem atender às necessidades do cliente, tenham responsabilidade social e sejam ao mesmo tempo fortes e flexíveis.

Nossa empresa tem um programa de desenvolvimento para candidatos a executivo sênior. Nele, nós perguntamos: "Quais as características e qualidades próprias dos líderes que fazem surgir o que há de melhor em você?" Nunca encontramos ninguém que não fizesse idéia alguma de quais são essas características e qualidades. Ao contrário, as pessoas têm uma idéia muito clara de como são os melhores líderes. Embora a lista de qualidades seja enorme, vamos mencionar somente os traços de caráter mais citados. O líder que faz despertar o que há de melhor nos outros não protege a própria imagem, não dá importância ao ego, delega e distribui o poder, corre riscos, admite a própria ignorância, inspira a todos pelo seu exemplo, aceita as opiniões contrárias, confia nas pessoas e as respeita.

Por outro lado, também existe um consenso quanto às características do líder que "extingue o espírito". Os líderes mais desprezados são os que repreendem os subordinados em público, não têm outro objetivo exceto o de ser o "chefe", falam mais do que escutam, são cheios de segredos, perfeccionistas, buscam sempre o benefício próprio e não se comunicam às claras.

Nossos colegas de nível sênior nos disseram: "Nós já sabemos qual é o líder que nos agrada e o que nos desagrada. Sabemos disso há muitos anos. Mas não vimos diferença nenhuma na conduta dos nossos predecessores depois que eles passaram por 'cursos de liderança'. A 'boa liderança' era só da boca para fora. O que é preciso para que haja uma mudança verdadeira?"

Não se trata apenas de uma pergunta retórica. Ela exige uma resposta. O ser humano tem o costume de julgar os outros pela conduta deles, mas de julgar a si mesmo pelas próprias intenções. E, como as intenções são quase sempre as melhores possíveis, nada muda — até que a pessoa se disponha a aceitar e crer no que as outras têm a dizer quanto aos efeitos da conduta dela sobre eles.

O que será preciso para que os líderes percebam a distância que existe entre as suas intenções e a sua conduta e depois passem a agir baseados numa lucidez harmônica, intencional e comportamental que faça manifestar na conduta exterior e no compromisso de mudar? Os candidatos a líder pouco a pouco perceberam que cabia a eles parar de se queixar e de esperar que os outros, superiores e colegas, mudassem primeiro. Tudo dependia do caráter, do compromisso e da responsabilidade, e o melhor era começar logo. Eles precisavam decidir o que realmente queriam, buscar obter comentários honestos a respeito da sua conduta e fazer algo com isso. Sem deixar para amanhã!

Atrás de cada Mudança Empresarial Está a Necessidade de Crescimento Pessoal

O exemplo não é o principal meio de influenciar os outros; é o único meio.
— Albert Schwitzer

Caráter, compromisso e responsabilidade exigem disciplina. Eis um roteiro para se trabalhar com disciplina — de dentro para fora:

Procure Profundamente a sua Verdadeira INTENÇÃO

- O que você realmente quer realizar na vida? Qual é a sua paixão?
- O que você realmente quer que a sua empresa realize?
- Como você realmente quer ser (como líder, pai, esposo, cidadão)?

Todas as iniciativas bem-sucedidas são movidas pelo espírito criativo de indivíduos que agem, cada qual, em consonância com seus mais elevados valores. A mudança fica bloqueada quando a pessoa coloca uma fachada, age segundo o "dever" e nega que, seduzida pelos atrativos do poder e do "sucesso", deixou de lado os seus ideais. O que realmente importa para você? Talvez essa seja a hora de responder a essa pergunta fundamental.

Como será quando você conseguir o que quer? Steven Covey, autor de *Seven Habits of Highly Successful People*, chama isso de imaginar bem claramente o objetivo. Outros acrescentam: se você não imaginar como será esse objetivo, como poderá saber que o atingiu? Como poderá planejar o depois?

Bob Jones, pseudônimo de um executivo sênior de uma empresa de médio porte, estava decidido a fazer com que as equipes da sua unidade técnica, composta por cem pessoas, trabalhassem de maneira mais humilde e mais criativa. Ao imaginar os detalhes do que queria, viu os líderes das equipes manifestando seu reconhecimento por uma tarefa bem-feita, pedindo sugestões, refletindo ao fim de cada reunião para identificar as oportunidades de aprimoramento. Viu também os membros das equipes aprendendo com os próprios erros, empregando os seus conhecimentos de modo construtivo, aprendendo uns com os outros.

Vamos seguir Bob ao longo das etapas que se seguiram à sua decisão de obter uma unidade saudável e de alto desempenho, começando a mudança por ele mesmo.

Tome CONSCIÊNCIA do Impacto que Você Exerce sobre Aqueles que o Cercam

Como as suas intenções estão realmente se concretizando na prática? No artigo "The Work of Leaderships" ["O Trabalho da Liderança"], publicado na

Harvard Business Review, o General William Pagonis diz que se orgulhava muito da sua capacidade de escutar — até o momento em que o mecanismo de comentários que ele mesmo instituíra informou que ele não era considerado um bom ouvinte. Ele foi mais fundo nos detalhes e descobriu que o hábito de examinar a correspondência enquanto escutava dava aos membros da sua equipe a impressão de que ele não estava prestando atenção ao que eles tinham a dizer.

A disposição de tomar consciência requer coragem. Os pontos são inúmeros. Um líder sênior, nosso conhecido, que se preocupa profundamente com o desempenho da sua empresa de porte médio, costuma pedir aos seus empregados que corram riscos, tenham iniciativa e criatividade. Entretanto, o seu costume de reagir abruptamente às idéias novas que não se conformam às suas próprias deixa os seus subordinados assustados e pouco dispostos a manifestar-se. Mas é proibido pôr em questão a sua maneira de agir. Ele não tem idéia do impacto do seu comportamento. Sendo assim, ele continua, de modo involuntário, a sabotar-se a si mesmo, promovendo exatamente o oposto daquilo que na verdade deseja.

Jones, por outro lado, estava tão empenhado em aprimorar o trabalho em equipe na sua unidade que buscou comentários a respeito do seu próprio desempenho. Descobriu que ele mesmo não era visto como parte da equipe. Os subordinados não percebiam que ele se interessava por eles. Aos olhos deles, ele nunca reconhecia um trabalho bem-feito. Consciente do poder da presença modelar, ele decidiu se conduzir de modo diferente e alegrou seus subordinados com o "novo" nível de interesse e atenção.

Manifeste suas Intenções na PRÁTICA

É claro que a consciência não é o bastante. É apenas o primeiro passo, um passo neutro, que abre espaço para algo de novo. A consciência da conduta atual possibilita uma grande variedade de ajustes rumo a uma realização mais perfeita das intenções. A pergunta que se deve fazer é a seguinte: o que preciso fazer para manifestar mais claramente nos meus atos o que eu realmente quero? Como unir palavra e ação da melhor maneira possível?

O General Pagonis tinha uma resposta simples. Ele imediatamente se pôs a escutar — sem classificar a correspondência.

Bob Jones adotou estas quatro regras de disciplina e ficou surpreso com o poder da atenção.

Concentração: Durante 5 minutos por dia, eu me sento e penso a respeito da minha intenção de conseguir que as equipes trabalhem bem. Continuo a falar comigo mesmo sobre todos os fatores que me parecem importantes.

Observação: Eu observo a mim mesmo no momento em que reconheço ou deixo de reconhecer um trabalho bem-feito, e assim aprendo mais a respeito dos meus hábitos de conduta.

Ação: Eu utilizo as reuniões da própria equipe para dar exemplo de: a) reconhecimento pelas contribuições; b) participação de todos na avaliação do que está funcionando bem e do que não está; assim estabeleço o modelo de reunião que eu quero que eles imitem.

Comentário: A cada semana, peço a uma pessoa que me descreva as características do líder sob o qual ela mais cresce.

PERSEVERE Corajosamente

É preciso ter muita coragem para começar a mudança por si mesmo, fazer o que é certo, manter essa atitude, buscar comentários sobre como vai indo o processo e abrir as portas, permitindo a discussão de cada vez mais coisas. O que torna isso ainda mais arriscado é o fato de diversos líderes encararem essa estratégia com ceticismo. "Como vou manter minha autoridade de líder se eu me abrir aos comentários ou continuar me corrigindo em público?"

É surpreendente descobrir que a abertura, o ato de assumir profunda responsabilidade e o dar o melhor de si sem deixar de admitir os próprios erros pode aumentar a credibilidade da pessoa. Será que os trabalhadores querem que seus chefes sejam super-homens? Talvez. Entretanto, eles certamente preferem que os chefes tenham autocrítica e corrijam a si mesmos.

Passei três horas com a líder de uma unidade composta por setecentas pessoas, cujo grupo estava empenhado em desenvolver, a seu modo, um projeto de mudança no espírito da Administração de Qualidade Total. Juntos examinamos o seu papel de líder e o modo pelo que ela o punha em prática. Dou testemunho da coragem dela num processo de investigação profunda e sincera, que aqui sintetizo.

P: O que você quer do seu pessoal nesse projeto?

R: "Uma equipe de trabalho fortalecida."

P: Qual parte de você pode estar resistindo a isso?

R: "A parte de mim que quer ter o domínio, que quer que todos façam as coisas a meu modo."

P: O que você pode fazer para mudar de rota e de fato concretizar as suas melhores intenções?

R: "Eu posso 'me confessar' e pedir a todos eles que cooperem plenamente comigo no planejamento do nosso trabalho."

Como resultado dessa investigação, vinte e quatro horas depois ela admitiu publicamente que delegava apenas em parte as tarefas, de tal modo que as pessoas ficavam impedidas de assumir de verdade a responsabilidade. Pediu o apoio do grupo para fazer algumas mudanças no modo pelo qual ela própria lidava com os negócios. Fez, em suma, um discurso no qual, como agora dizemos, *descascou o abacaxi.* Parou de culpar os outros pelo fato de não tomarem iniciativas. Assumiu 100% da responsabilidade pela situação atual da unidade. Desculpou-se por não aproveitar a posição de chefia para dar o exemplo do que gostaria que acontecesse em toda a empresa.

Com esse único gesto, ela conseguiu vencer o ceticismo e inaugurou uma nova etapa. Deu o exemplo de não se dedicar à mudança só "da boca para fora". Pôs em discussão o que antes não se podia discutir. Para sua surpresa e alegria, dois dos seus subordinados se animaram, se levantaram e reconheceram de público que também eles vinham dificultando o progresso da empresa pela falta de confiança nos companheiros, pela dedicação demasiada aos detalhes e pela sonegação de informações.

No curto prazo, ela obteve um sucesso estrondoso; ganhou imediatamente o apoio e a credibilidade de todos. Infelizmente, porém, nem ela nem os membros graduados da equipe perceberam a necessidade de manter e renovar o importante resultado alcançado; por isso, com o tempo os ganhos foram por água abaixo. De lá para cá, aprendemos a desenvolver por completo a prática do *descascar o abacaxi*, que agora recomendamos.

A Hora é Agora

O mundo não sairá do atual estado de crise se continuarmos a utilizar o mesmo pensamento que criou a situação.

— Albert Einstein

Propondo neste capítulo o desafio da mudança radical, não temos a intenção de desprezar os esforços daqueles que estão dando o melhor de si numa época em que as regras mudam dia a dia, época de pressões nunca antes vistas. As exigências são tais que precisamos examinar todas as possibilidades de espiritualizar nossas empresas, para resolver problemas complexos e curar os males empresariais.

Esta é uma época de paradoxos:

- Para aprender, realmente, temos de admitir que nada sabemos;
- Para fortalecer os empregados, precisamos abrir mão do poder que temos sobre eles; e
- Para liderar, precisamos mandar antes de tudo em nós mesmos — unir palavra e ação.

Desistir do poder, admitir um erro ou uma falta de qualificação e sair das zonas habituais de bem-estar são atos de coragem. Segundo Chris Argyris, professor de Harvard e autor de *Knowledge for Action*, nós somos automaticamente hábeis na incompetência: sabemos exatamente como esconder os nossos "podres", fazer boa figura na frente dos outros, fazer propaganda das nossas capacidades, fugir de todas as ocasiões embaraçosas e, no fim das contas, "ficar por cima". Essas rotinas defensivas estão bastante arraigadas na maioria das culturas empresariais. Entretanto, elas são habilidades que não nos servem mais.

Na véspera da divulgação da "Análise do Desempenho Nacional", do vice-presidente Al Gore, uma tentativa de "reinventar o governo", escutei a conversa entre dois burocratas que estão há muito tempo naquele meio. Um deles dizia:

"Não espero muito, mas sempre há algumas boas idéias que podem mesmo funcionar." O outro discordava: "Não tenho esperança nenhuma. Aposto que nenhuma das recomendações tratará da necessidade de *reinventar os líderes!*"

À medida que cada um vai encontrando o seu lugar no *continuum* esperança-ceticismo, nesta época em que a vida parece não dispor de respostas simples, o ceticismo talvez ganhe a parada. Isso seria muito triste, pois, sem esperança no futuro, de onde tirar a energia necessária para avançar? A disposição dos líderes em todos os níveis de começarem eles mesmos a mudança seria um sinal radical de esperança, um sinal claro e luminoso. O dr. W. Edwards Deming nos ensinou que a função do líder é a de trabalhar *o* sistema, e não *no* sistema. Não podemos nos esquecer da necessidade de trabalhar o nosso próprio sistema individual, pessoal e interior; os hábitos e padrões que controlam a nossa conduta, às vezes à revelia das nossas intenções manifestas.

Assumir a responsabilidade pelo próprio sistema interior de pensamento e ação e pelos efeitos desse sistema na vida empresarial é ato de coragem. Tem sido grande privilégio poder sentar na primeira fileira e assistir à mudança efetuada por inúmeras pessoas em suas vidas e empresas, pessoas que simplesmente se dispuseram a ver a si mesmas de modo diferente. Fazendo isso, elas conseguiram mudar a maneira de pensar e, logo, a maneira de agir de todos os que as cercavam.

A alternativa mais conhecida, familiar, que continua a nos seduzir, é a de culpar os outros, apontar o dedo, desprezar os nossos próprios ideais, "passar o abacaxi" e arranjar desculpas. Esse é o caminho fácil e batido que garante a permanência do que já existe e perpetua um modelo que continua a nos deixar, todos nós, cada vez mais desmoralizados.

O território desconhecido da caminhada interior rumo à responsabilidade profunda é a "nova fronteira" do nosso tempo e representa um recurso poderoso e ainda inexplorado; talvez seja o veículo por excelência das mudanças radicais que nossas empresas e instituições querem e de que necessitam. Se os leitores concordarem, o melhor talvez seja trabalhar nisso em silêncio. Um número excessivo de conceitos importantes e poderosos (excelência, participação, qualidade, fortalecimento) perderam o significado e o potencial de impacto quando foram transformados em programas de três dias, em *slogans* de motivação ou na novidade do mês. Eu tremo quando penso no que poderia acontecer com a arte de *descascar o abacaxi* se ela fosse ensinada nas faculdades e escolas de administração. A liderança do *assumir o abacaxi* é antes de tudo um processo de transformação profunda e individual. Ela exige que a pessoa não olhe só para o exterior, mas também para o interior. É uma oportunidade de examinar com cuidado as próprias intenções fundamentais e começar a avaliar a conduta e os efeitos da conduta segundo o critério das intenções — e, em seguida, fazer alguma coisa a respeito disso.

> Aquele que quiser mover o mundo, mova primeiro a si mesmo.
>
> — Sócrates

19

Liderança:
O Jogo de Valores

Carol McCall

CAROL MCCALL é fundadora do The World Institute for Life Planning Group e uma das criadoras do seminário "Projete a sua Vida". Dedicou a sua vida profissional ao desenvolvimento, à formação e ao aprimoramento de indivíduos nas áreas de crescimento pessoal e comunicação.

Tem mais de vinte e cinco anos de experiência como educadora, terapeuta, administradora e empresária. Formada pela Northwestern University, é pioneira no campo do planejamento de vida — estrutura que dá às pessoas espaço para se expressar e que lhes dá apoio e orientação rumo ao sucesso. Fez cursos de pós-graduação na Universidade de Chicago, na Universidade Stanford, na Universidade da Califórnia em Berkeley e na Universidade Estadual de San José.

Quando comecei a escrever este artigo, percebi em mim uma sensação persistente e perturbadora que chamarei de "medo". Mas, "medo" do quê? — pensei. Eu estava escrevendo um artigo para uma antologia da qual participavam pessoas como Warren Bennis, o "Guru da Liderança", e pensava: "O que eu poderia dizer que já não tenha sido dito por ele?" Mas espere um pouco! Eu sempre tive alguma coisa para dizer acerca de um assunto muito próximo e muito querido para o meu coração — liderança e valores. Dediquei os últimos trinta anos da minha vida ao desenvolvimento de seres humanos — em uma ou outra das minhas funções — mãe, professora, consultora, terapeuta (trabalhei inclusive com criminosos doentes mentais). Essa experiência, em tese, é suficiente para dar alguma credibilidade ao que eu escrever a respeito de liderança.

Entretanto, o que me deu forças para prosseguir foram os valores de comunicação e contribuição. O programa de liderança que fundei com um sócio, Mike Smith, refere-se exatamente àquilo que estava acontecendo comigo. O nome desse programa é Liderança, Produtividade e Serviço: Caminho da Liberdade. Pensando de novo nos meus valores, eu era capaz de falar para dar uma contribuição, e não para me defender do pensamento desmoralizador. "O que eles vão pensar do que eu estou dizendo?" Como é fácil — vamos deixar de lado toda a conversa fiada e ir direto ao ponto. Nosso programa de desenvolvimento se baseia em diversas premissas, algumas das quais eu vou salientar neste artigo.

Definimos "valores" como a essência daquilo que é mais importante para cada um de nós — o lugar para onde nós sempre voltamos a fim de ganhar forças para superar as limitações que nós mesmos nos impomos.

Premissa: Os Líderes Correm Riscos
Valor: Risco

O paradigma de liderança que estamos criando em nosso programa de um ano de duração baseia-se na idéia do líder como um treinador. Como treinador, espera-se que ele una palavra e ação e não se limite a declarar chavões "da boca para fora"; espera-se que ele tenha a coragem de arriscar, que diga sempre a verdade na hora em que ela deve ser dita e que tenha uma conversa inspiradora, capaz de conduzir as pessoas por um processo fortíssimo que culmine num resultado inovador. Qual é a conversa inspiradora que conduz as pessoas a um resultado inovador? É a conversa baseada em perguntas que estimulem o pensamento; a pessoa que se submete ao treinador deve procurar, ponderar e encontrar várias soluções ou conclusões possíveis que, de outra forma, poderiam passar em branco.

Descobrimos que as pessoas se travam quando alguém lhes "dá as respostas". É muito fácil para o líder/treinador "dar a resposta". No esquema de treinamento que propomos, não existe "a resposta". Existem várias respostas, que são examinadas uma por uma junto com a pessoa para saber quais vão funcionar melhor numa dada situação. Para a maioria das pessoas, é muito arriscado "deixar rolar" e deixar que os outros pensem por si mesmos. Afirmo que uma das áreas mais difíceis do desenvolvimento dos líderes é a de reconhecer o momento em que eles não são mais "necessários". Promovemos a idéia de que a tarefa do líder é a de se multiplicar — líderes que criam outros líderes que criam outros líderes. Uma pergunta que sempre se faz é: "E quanto aos seguidores?" A resposta é: Todos somos seguidores sob algum aspecto. Você talvez seja líder no desenvolvimento de uma franquia muito bem-sucedida, e companheiro respeitado no setor de franquias; mas, no setor automobilístico, você provavelmente é um seguidor. Já observamos que não há carência de seguidores em nenhuma área da vida.

Um dos princípios que apresentamos para estimular os líderes a pôr a própria pessoa em risco é o princípio da "pesquisa". O que faz desse princípio um princípio agradável é o fato de que, quando alguém está fazendo uma "pesquisa", não há respostas, ações ou resultados "errados". Só existe o que a "pesquisa" mostra ser útil ou inútil. À medida que fomos trabalhando com os líderes e estimulando-os a correr riscos, fomos percebendo que o "negócio" não é reduzir os riscos, mas sim fortalecer os líderes perante os riscos. O ato de situar o risco sob o rótulo de "pesquisa" dá liberdade a muitos que ousam fazer o que outros não ousam — arriscar-se.

Quando um líder/treinador se arrisca pessoalmente, ele é capaz de exigir que os seus comandados se arrisquem também. O treinador corre o risco de ir além da sua medida e leva os outros além da medida deles. Torna-se possível encontrar o poder penetrante da palavra — a capacidade de fazer ou não fazer aquilo que nós dizemos que vamos fazer ou não vamos fazer. Quando esse encontro acontece, o "eixo do risco" acontece ao mesmo tempo. Na minha opinião, esse eixo é o próprio caminho do crescimento.

Para a maioria dos líderes, dizer "não" é um risco enorme; em particular nos momentos em que, sem pensar, eles teriam dito "sim". Com demasiada freqüência nós dizemos "sim" para fugir ao risco de fazer má figura, de não sermos considerados "legais", de sermos objeto do desgosto alheio, ou para proteger algo que nós acreditamos que deva ser protegido. O que nos escapa é que, ao dizer "sim" quando queremos dizer "não", nós mentimos. Mandamos a nossa credibilidade às favas e enfraquecemos todas as partes envolvidas. Enfraquecemos a pessoa para quem mentimos, pois interagimos com ela como se ela não fosse suficientemente forte para ouvir a verdade. "Não" é uma palavra poderosa. Você já deve ter observado que, por meio dela, muitas crianças de dois anos de idade governam o mundo. Usado com a intenção certa na hora certa, o "não" tem o poder de mudar a vida de uma pessoa.

Em geral, nós convidamos os líderes a pôr alguma coisa "em risco" quando eles estão estabelecendo suas metas. As pessoas que têm alguma coisa "pelo que lutar" usam o treinamento como apoio. A meta de um de nossos líderes era a de duplicar a receita da sua empresa, sem demissões, em noventa dias. Ele colocou em risco o seu salário mensal caso não aumentasse a receita líquida em 25% no primeiro trimestre. Ele se envolvia em todas a tarefas; tinha duas ou três sessões adicionais de treinamento por semana. E chegou aos 100%. O risco produz resultados inesperados, muda os nossos pontos de vista e nos dá poder na ação.

Premissa: Os Líderes Escutam
Valor: Escuta

A maioria das pessoas acha que sabe escutar, e realmente sabe; sabe escutar a si mesma. Nós escutamos a voz dentro da nossa cabeça que diz: "Ande logo e termine de dizer o que você quer para que eu possa falar, porque eu já sei o que você vai dizer e posso falar melhor a respeito disso." Ou então escutamos assim: "Sim, sim, sim, o que você tem para dizer que me acrescenta alguma coisa?" Ou então: "Tudo bem! Prove!" É mais fácil ser ouvido por uma multidão enfurecida de torcedores de futebol do que por alguém que escuta segundo os modelos de escuta acima mencionados. Nós ouvimos tudo, menos a pessoa que fala. O ato de escutar permite que quem está falando perceba e sinta que está sendo plenamente ouvido. Para escutar, precisamos deixar de lado as nossas preocupações e dedicar plena atenção ao que está sendo dito "agora".

Escutar é um dom. É o núcleo da comunicação. Este valor — escutar — nos manda abrir mão do "direito" de interpretar o que está sendo dito e exige a nossa presença perante o que está sendo dito. A escuta depende da nossa capacidade de ouvir os empenhos, preocupações e possibilidades daquele que nos está falando.

"O que você quer dizer com *ouvir o empenho da pessoa?* Como ouvir os empenhos de alguém? Às vezes as pessoas não estão empenhadas em nada, e pronto!" Eis um comentário que se ouve com freqüência. De nossa parte, partimos da premissa de que todos se empenham. Talvez a pessoa não tenha o *mesmo* empenho que você, mas isso não significa que não haja empenho *algum*. Na qualidade de líder cujo objetivo é o de fortalecer quem fala, escute o empenho que essa pessoa tem. As pessoas sempre estão empenhadas em algo. Pode ser o empenho de não se empenhar — isso em si é um empenho. Ouça as preocupações da pessoa: emprego, família, filhos, viagens, educação, sonhos. Eis uma preocupação que se manifesta com freqüência: "Se eu me inscrever nesse curso de liderança, o que será da minha liberdade, do meu tempo, da família e dos amigos?" A preocupação é com a extensão prolongada do programa e a possível exclusão dos entes queridos. Essa preocupação se resolve quando se leva a pessoa a criar o hábito diário de fazer uma "agenda de administração do empenho" — tempo para a esposa, para os amigos, para a família e para si mesmo. Quando ouvimos as preocupações, os empenhos e as possibilidades das pessoas, nós não as manipulamos, mas valorizamo-las.

O que fica cada vez mais claro a respeito desse valor — a escuta — é que ele não acontece por acaso. O ouvinte precisa estar presente. A partir do momento em que o escutar passa a ser uma técnica, aquele que está falando percebe a falta de afinidade. A escuta, como valor, é fator de afinidade. A pessoa que fala é ouvida sem ser submetida ao critério dos nossos juízos, avaliações e opiniões pessoais. A escuta simpática, não-programada, nos dá o poder de compreender a forma pela qual os outros vêem e interpretam o mundo. A escuta do "escutar o outro" permite que ele seja ouvido numa profundidade que ele talvez nunca tenha conhecido, e nos dá a oportunidade de ser ouvido pelos outros com a mesma profundidade, estabelecendo assim entre quem fala e quem escuta uma sensação de totalidade, de bem-estar e de afinidade.

Valor: Integridade

Falar a verdade em nossa sociedade não é nada fácil! Vivemos uma época em que as meias-verdades, as "mentiras brancas", a mentira pura e simples (contanto que você não seja apanhado) e a "diplomacia" fazem parte do nosso estilo habitual de comunicação. O paradigma que estamos criando no nosso curso de liderança é o seguinte: em primeiro lugar, diga a verdade na hora. O que você está pensando agora? Isso não é a mesma coisa que ser bruto ou inconseqüente. Deve-se tomar todo cuidado com o modo pelo qual a comunicação é transmitida. Não se trata de uma pura e simples lavagem de roupa suja. Em segundo lugar, renuncie a certos "direitos". Existem alguns direitos que nós mesmos nos outorgamos.

Exemplo 1. "Eu não cobro nada de você se você não cobrar nada de mim." *Exemplo* 2. "Se eu não mantiver a minha palavra, tudo bem. Ninguém vai perceber; além disso, todo o mundo faz a mesma coisa." *Exemplo* 3. "Tudo bem. Eu assumo metade da responsabilidade desde que você assuma a outra metade." O que há de errado nessas atitudes? O fato é que elas deixam de lado o valor integridade. No momento em que não dizemos a verdade na hora, minamos a crença que temos em nós mesmos. As dúvidas aborrecidas sobre a própria honestidade começam a se insinuar e a pessoa passou a se perguntar: se eu não sou capaz de manter a palavra nas "pequenas" coisas, como poderei mantê-la nas coisas que são mesmo importantes? A atitude de assumir metade da responsabilidade não é o melhor paradigma para cultivar a liderança em si mesmo e nos outros.

O paradigma que estamos criando é aquele em que, do meu lado, eu assumo toda a responsabilidade e você não assume nenhuma; e você, do seu lado, assume toda a responsabilidade e eu não assumo nenhuma. Eu sou 100% responsável pelo que eu falo, pela clareza com que falo e por me fazer ouvir. Nessa equação, você não tem responsabilidade nenhuma pelo que eu falo, pela clareza com que falo e por eu me fazer ouvir. Para que a integridade seja valorizada de modo recíproco, aquele que escuta precisa ser 100% responsável pelo que fala, pela clareza com que fala e pelo se fazer ouvir. Como aquele que recebe, eu não tenho responsabilidade nenhuma pela fala, pela clareza e pelo me fazer ouvir. Eu não "saio voando" enquanto escuto.

Nós recomendamos uma princípio chamado de 2º — Dois Graus. Usamos como analogia a bússola náutica. Existe na bússola um ponto chamado "norte verdadeiro". Quando estamos dois graus fora da rota, a vida começa a se parecer com uma seqüência de mentiras, aborrecimentos, explicações, atos de rigidez nas opiniões, imposições tirânicas sobre os outros, relacionamentos mal-sucedidos, preocupações financeiras e doenças crônicas. Virando dois graus para a esquerda, voltamos à rota correta. Como se faz para virar dois graus para a esquerda? Dizendo a verdade na hora. "Fazendo a coisa certa." Essa "retificação" nos leva de volta à rota, permite que se termine o que se havia iniciado e possibilita o início da saúde plena. Se por um lado essas afirmativas podem parecer simplistas e óbvias para o observador casual, pelo que sei esse é o estado que o mais hábil dos líderes tem maior dificuldade para atingir e manter. Ele exige a "disposição" de permanecer à vontade ao mesmo tempo em que se vai contra o *status quo*; a "coragem" de criar parcerias poderosas e mantê-las vivas por meio de um discurso coerente, da clareza de objetivos e da tenacidade para atingi-los.

Valor: Prestação de Contas

O dever de prestar contas exige que se acrescente à responsabilidade toda uma roupagem de rigor. A maioria das pessoas acha que o dever de prestar contas é um "mal" – uma coisa obscena –, como também a responsabilidade. A maioria compreende o prestar contas como um "dever". Nós rejeitamos a palavra "dever" e a encaramos como uma das piores palavras da língua portuguesa. Preferimos rechear as nossas afirmações de termos como "vou", "não vou", "sim", "não", "escolha" e outras palavras que evocam a liberdade de expressão e de escolha das ações. O dever de prestar contas é promovido pelo trabalho em grupo. Para tanto, estruturamos uma equipe de parceiros interativos que se auxiliam mutuamente na constante realização de suas metas. A equipe que auxilia na realização das metas também acelera a obtenção dos resultados.

A cultura norte-americana é uma cultura do "ritmo rápido, quero-tudo-agora". Um dos aspectos dessa cultura da velocidade e da "exigência" é trabalhado pelo treinamento em equipe. O treinamento em equipe funciona assim: institui-se uma conferência telefônica diária na qual cada um dos membros da equipe assume o dever de prestar contas dos resultados que afirma que vai obter naquele dia; os membros recebem orientação sobre o modo de agir para atingir seus respectivos objetivos e voltam no dia seguinte para prestar contas do que aconteceu no dia anterior e ouvir comentários. Por essa estratégia de treinamento de equipe, os parceiros tornam-se ao mesmo tempo independentes e interdependentes. No fluxo convencional da vida, a maioria dos líderes infelizmente prefere caminhar sozinha – a "síndrome de John Wayne". A colaboração com os outros é essencial para o dever de prestar contas.

A prestação de contas – viver o objetivo da vida e honrar os próprios valores – exige que a pessoa tome consciência da teia de interpretações que formaram a sua realidade pessoal e a sua participação na vida. A tomada de consciência dessa esquemática – o nosso paradigma particular – nos abre uma infinidade de possibilidades que antes não víamos. Cegos, somos incapazes de arcar com o dever de prestar contas. Quando virmos algo com cuja existência nós nem sequer sonhávamos, vamos agir para o nosso bem e o bem dos outros e vamos assumir o dever de prestar contas.

Valor: Serviço

"O verdadeiro mandar é servir", diz um antigo adágio chinês. Embora a idéia de servir seja freqüentemente associada à de subserviência, a atitude mais poderosa da liderança é a de fortalecer os valores dos outros pelo serviço. Logo que comecei a trabalhar no campo dos valores e do objetivo de vida, descobri que o objetivo da minha vida era o de "servir àqueles que servem". Com a descoberta desse objetivo simples fiquei ao mesmo tempo aliviada e perturbada. Por ser eu negra, "serviço" tinha para mim um significado diferente do que eu suspeitava que tivesse para os outros que não pertenciam à minha etnia. No momento em que descobri o objetivo da minha vida, veio-me à lembrança uma frase da Bíblia: "A verdade vos libertará." O que eles esqueceram de me dizer era que, ao me libertar, ela também me admoestaria.

De lá para cá, descobri que o serviço é o mais alto grau de parceria com os outros seres humanos. Ele acontece quando proclamamos e promovemos sinceramente a excelência, o sucesso e a satisfação de outra pessoa. O serviço é amar e praticar tudo o que é necessário para levar as nossas realizações para além das limitações que nós mesmos nos impomos. As pessoas são grandiosas, mas também são bastante inautênticas. O serviço nos dá a oportunidade de aclamar e elogiar a grandeza dos outros, sem cobrá-los por sua profunda inautenticidade. O serviço é um estado de ser. A catalisação de realizações maiores do que o nosso eu individual, pelo serviço, é uma arte e uma honra. Servir é firmar compromisso e dedicar-se de modo inflexível ao sonho ou à missão de alguém, e não abandonar esse compromisso até que o sonho ou missão estejam concretizados. Por exemplo, minha visão para o ano 2020 é a de que existam vinte milhões de líderes/treinadores fortalecendo os objetivos de vida das pessoas e apoiando uma cultura que vive e produz a partir dos seus valores. O serviço permite que as pessoas decidam juntas, sem críticas nem acusações, o que empregar neste ou naquele caso para chegar aos resultados desejados. O servir é "formar parceria com o outro" perseverantemente, sem esmorecer nas decisões difíceis, nos momentos de antagonismo e de interrupção abrupta da comunicação. Servir é um poderoso modo de liderança em face da não-concordância.

Valor: Vitalidade

Estamos assistindo ao fim de uma cultura dominante que define a liderança segundo características pessoais tais como a idade, a raça, o sexo, o currículo, a capacidade de trabalhar de dezoito a vinte horas por dia, a parcialidade e o favorecimento dos interesses de determinados grupos. No milênio que se aproxima, a liderança não será mais baseada somente num conjunto de atributos nem na posse de informações, mas sim na diversidade, na leveza e na flexibilidade que o líder entrelaça para produzir a rede de significados da vida. A quintessência e o paradoxo de ser um líder reside na nossa vitalidade.

Um dos fatores que rouba o líder da sua vitalidade é "o que ele está escondendo". Em nossas sessões mensais de liderança, que duram quatro dias, procuramos desenvolver a fundo a idéia de que os líderes devem pôr a público o que estão escondendo.

Na maioria das vezes, nós interagimos com os outros como se só um lado da nossa personalidade existisse. Percebi que a principal "máscara" que o líder usa é a de quem "sabe o tempo todo exatamente o que está fazendo". Os líderes em geral não têm idéia alguma do que estão fazendo, e o seu maior medo é que alguém descubra essa verdade. Não estou querendo dizer que os líderes não possuem informações acerca de um determinado assunto. Na maioria das vezes, eles são "superinformados". Estou falando da ilusão de saber exatamente como reagir a uma dada situação, com uma resposta precisa para todas as perguntas possíveis. O ocultamento de facetas da personalidade, ou o fingimento, minam enormemente a vitalidade da pessoa. A maior parte dos líderes não tem um ambiente seguro no qual possam se observar e ouvir comentários sobre a própria atuação. Ao fim dos nossos quatro dias, acabamos por desenvolver um bom humor e uma leveza tais que ninguém mais se leva excessivamente a sério.

A vitalidade é um meio de desenvolver outros meios, pelos quais se constrói um estilo de vida que permite à pessoa viver sem lamentações.

Essa liderança – o "jogo dos valores" – não é coisa a ser desenvolvida em um fim de semana, ou mesmo em alguns meses. É tarefa de uma vida inteira, mas que vale o investimento daqueles que decidem "jogar". Parafraseando um dos nossos líderes mais excelentes, "Isso... serve para que as pessoas conquistem a liberdade pessoal – dissolve os medos, as inibições, a raiva, as limitações, as insuficiências – todas as situações humanas que nos impedem de ser tudo o que podemos ser. Isso... permite que as pessoas superem o limite que elas mesmas impuseram para a sua vida, habilitando-as a dar um salto quântico no poder pessoal e na eficiência profissional."

PARTE CINCO

A Implementação da Nova Liderança

Os Atributos da Liderança:
Uma Lista para Auxiliar a Memória
Max DePree

Como Conquistar a Confiança
Perry Pascarella

Uma Conversa com Norman Lear
Stewart Emery

Mas onde é que "a porca torce o rabo", como diz o ditado? Como é que toda essa filosofia e esse novo modo de pensar nos afetam quando voltamos ao escritório, às reuniões de conselho ou ao duro chão da fábrica?

Como começar a implementar e a executar essa nova conduta? Como esses novos valores se expressam nos assuntos cotidianos da empresa?

Três autores nos comunicam a sua sabedoria na parte final desta coletânea. O executivo Max DePree, autor de *Leadership is an Art* e de *Leadership Jazz*, identifica doze atributos que, na opinião dele, são sumamente úteis para os novos líderes. Perry Pascarella, executivo do setor editorial e autor de *The Purpose-Driven Organization*, examina a necessidade que o líder tem de conquistar a confiança dos seus colegas e companheiros de trabalho.

Por fim, Stewart Emery entrevista o gênio televisivo Norman Lear e conversa com ele sobre a liderança. Emery, ele mesmo um campeão de vendas como escritor, obtém de Lear um chamado à ação, uma convocação para que os líderes do mundo empresarial declarem abertamente o que cada um deles sabe particularmente – que os negócios são impulsionados pelos valores e direcionados para o espírito.

Cada um desses três autores, mais o entrevistado de Emery, Norman Lear, têm a experiência de ter posto os seus valores em prática. Todos eles assumiram uma posição clara perante o público e uniram palavra e ação ao administrar suas empresas, liderar sua equipes e pôr em prática valores que lhes eram pessoalmente caros. Esta parte final da coletânea o fará pensar em como *você* vai implementar os seus valores – ou seja, declarar publicamente o que você sabe que precisa acontecer no local de trabalho.

20

Os Atributos da Liderança:
Uma Lista para Auxiliar a Memória

Max DePree

MAX DEPREE é presidente do Conselho de Diretores da Herman Miller, Inc., empresa multinacional dedicada ao projeto, à fabricação e à comercialização de sistemas de móveis para escritório e produtos correlatos para o setor da saúde. DePree iniciou sua carreira com a Herman Miller em 1947 e trabalhou em praticamente todas as áreas da administração, tendo passado inclusive um período de dezoito meses na Europa, dirigindo as operações internacionais. Ao longo dos últimos oito anos, foi o diretor-executivo da empresa.

É membro do Conselho de Curadores do Fuller Theological Seminary em Pasadena, Califórnia, do Hoye College em Holand, Michigan, e participa do conselho consultivo do Instituto de Liderança da University of Southern California e da Fundação Peter F. Drucker de Administração sem Fins Lucrativos. DePree é membro do National Business Hall of Fame da revista *Fortune* e é autor de dois livros, *Leadership is an Art* e *Leadership Jazz*. Este ensaio foi extraído do livro *Leadership Jazz* e usado com permissão dos editores.

Cheguei ao clube de tênis logo depois que um grupo de estudantes havia saído do vestiário. Como galinhas, eles não se preocuparam em limpar a sujeira que haviam feito. Sem pensar muito no assunto, juntei as toalhas deles e coloquei-as num cesto. Um amigo me observou em silêncio enquanto eu fazia isso e depois me fez uma pergunta a respeito da qual tenho pensado muito no decorrer dos anos. "Você recolhe as toalhas porque é presidente de uma empresa ou é presidente de uma empresa porque recolhe as toalhas?"

A liderança é coisa séria, porque consiste em meter-se na vida dos outros. Além de recolher toalhas, quais são as outras características ou atributos que nos qualificam para aceitar um cargo de liderança?

Alguns dos meus amigos dizem que eu sou um homem de muitas listas. Eis aqui uma lista que talvez possa ajudá-lo a organizar o pensamento acerca do bom trabalho de liderança. A despeito da minha admiração pelas listas, arrolar os atributos de um líder é como lutar contra a Hidra de Lerna. Tal como Hércules, eu me vejo frente a duas novas cabeças cada vez que acabo de decepar uma. Quando examino um aspecto da liderança, logo me pego pensando num outro aspecto igualmente importante: outra prova de que a liderança é algo que jamais compreenderemos por completo.

Não sou o primeiro a fazer uma lista das qualidades do líder. Uma das listas que eu acho boa é "As Tarefas da Liderança", capítulo do livro de John Gardner, *On Leadership*. Percebi que as listas disciplinam o meu pensamento, e comparo a boa lista a uma partitura musical. Para que ela ganhe vida, precisa ser interpretada e executada. O modo de fazer isso, ou de usar a lista, depende mais de você do que de mim.

Acima de tudo, a liderança é uma posição servil. Além disso, é uma posição de débito; é uma renúncia voluntária aos próprios direitos. Veja só: uma qualidade da liderança sempre implica uma outra. Onde isso pára? Eis a minha lista. Veja o que você pensa dela.

Integridade. A integridade é a pedra angular da liderança. Em tudo o que diz respeito à integridade, o líder é uma pessoa pública. A conduta é o único critério de avaliação a que ele é submetido. Quando um líder perde a integridade, de súbito ele se vê no comando de uma empresa desorientada, que não está indo para parte alguma.

Vulnerabilidade. A vulnerabilidade é o oposto da expressão do ego. Os líderes vulneráveis acreditam na capacidade das outras pessoas e permitem que os seus seguidores dêem o melhor de si. Um líder invulnerável não pode ser melhor do que ele mesmo é. Que pensamento terrível! Uma advertência: lembre-se de que não existe vulnerabilidade segura.

Discernimento. O discernimento não é algo que se possa comprar, mas pode ser encontrado. Ele reside a meio caminho entre a sabedoria e a opinião. Exige-se que os líderes vejam muitas coisas – dor, beleza, ansiedade, solidão e tristeza profunda. Dois pontos para os quais você deve manter os olhos bem abertos: detectar as nuanças e perceber a constante transformação da realidade. Será que as suas antenas estão sintonizadas?

Conhecimento do espírito humano. De certo modo, todas as qualidades de um bom líder originam-se dessa. Sem compreender as preocupações, as vontades e as lutas do espírito humano, como poderia alguém supor comandar um grupo de pessoas para atravessar uma rua? No moderno jargão empresarial, as habilidades pessoais sempre precedem as habilidades profissionais.

Coragem nos relacionamentos. Os seguidores esperam que o líder enfrente as situações difíceis. Quando é preciso resolver um conflito, quando é preciso julgar e executar a justiça, quando é preciso cumprir as promessas, quando a empresa precisa escutar quem tem algo a dizer – esses são os momentos nos quais os líderes agem com impiedosa sinceridade e se põem à altura do compromisso assumido para com os liderados.

Bom humor. Às vezes, o bom humor é a coisa mais séria que existe. Sempre me perguntei o porquê. Talvez isso se deva, pelo menos em parte, ao fato de que o humor compassivo exige uma visão ampla da condição humana, uma visão que inclua inúmeros pontos de vista. Não há dúvida de que os verdadeiros líderes possuem esse bom humor. Você vai perceber que o bom humor é essencial para que se possa conviver com a ambigüidade.

Energia e curiosidade intelectual. Quando você tem sorte bastante para liderar um grupo de pessoas, sempre surgem oportunidades de aprender com elas. A própria complexidade da vida atual fez da tomada de decisões um processo de aprendizado e descoberta que exige dos líderes um grande vigor intelectual. É impossível tomar boas decisões sem assumir a responsabilidade de aprender com avidez as coisas que as produzem. Quem se dispõe a aprender com avidez vai buscar ativamente tudo o que os seguidores podem ensinar. E quando você se abre à competência dos seus seguidores, começa a capacitá-los a realizar todo o potencial deles. Quando os seguidores têm autorização para dar o melhor de si, eles tornam a liderança infinitamente mais fácil e você fica cada vez mais livre para aprender. Um ciclo maravilhoso, não é verdade?

Respeito pelo futuro, atenção ao presente, compreensão do passado. Os líderes vivem a transitar entre o presente e o futuro. A percepção que temos de ambos torna-se mais nítida e mais verdadeira quando compreendemos o passado. O futuro nos conclama à humildade em face de algo que não podemos controlar. O presente nos chama a dar atenção a todas as pessoas pelas quais nós somos responsáveis. O passado nos dá a oportunidade de construir sobre o trabalho dos que nos antecederam.

Previsibilidade. A previsibilidade enquanto ser humano é algo que o líder deve aos seus seguidores. Não estou falando da previsibilidade no planejamento estratégico ou na tomada de decisões, coisas que os líderes também buscam desenvolver. O líder deve ser uma força calculável na empresa; não tem o direito de agir por capricho. Sendo os líderes os maiores responsáveis pela visão e pelos valores da empresa, eu não apostaria no sucesso do guardião do passado e do futuro de um grupo se esse guardião fosse uma pessoa imprevisível. Algo que não se deve esquecer: é tão difícil cultivar a visão da empresa e velar por ela quanto concebê-la.

Mente aberta. A visão do futuro possível de uma empresa é capaz de abarcar contribuições de todas as pessoas. Citando Walt Whitman, os líderes são pessoas grandes o suficiente para conter multidões.

Saber conviver com a ambigüidade. "Líder" nem sempre é uma posição. Qualquer que seja a posição ocupada pela pessoa, ela terá de ser líder na exata medida da ambigüidade das situações com as quais depara. As empresas saudáveis sempre são um pouquinho caóticas. Um líder verá algum sentido nesse caos. Quanto mais você souber conviver com a ambigüidade, melhor líder você será. As empresas sempre delegam a seus líderes a tarefa de lidar de forma construtiva com a ambigüidade.

Presença. Acredito que a capacidade de parar é característica importante dos líderes. Muitas fábricas de grande porte têm uma frota de bicicletas para que as pessoas não percam tempo no ir e vir às diversas áreas da indústria. A Herman Miller não é exceção, mas estabelecemos uma restrição ao uso das bicicletas: nenhum supervisor pode circular de bicicleta. A razão é simples: você não pode conversar ou fazer uma pergunta andando de bicicleta. Você não pode bater no ombro da pessoa que está na bicicleta e dizer: "Posso falar com você um minuto?" Os líderes param – perguntando e respondendo, sendo pacientes, ouvindo os problemas, buscando os detalhes, seguindo uma pista. Os líderes, com calma e de mente aberta, aguardam as informações, boas ou más, que permitem que eles liderem.

Espero que essa lista o tenha levado a pensar acerca da liderança e a captar todo o potencial dos líderes. Talvez só seja preciso lembrar o que certa vez um amigo me disse: "Os líderes permanecem sós, agüentam o calor, suportam a dor, falam a verdade." Da minha parte, estou sempre animadíssimo com tudo o que há por aprender!

21

Como Conquistar a Confiança

Perry Pascarella

PERRY PASCARELLA é vice-presidente da Penton Publishing Inc., editora responsável pela publicação de trinta e cinco revistas e periódicos; foi editor-chefe da principal revista da editora, a *Industry Week*. Escreveu quatro livros, entre eles *The New Achievers* e *The Purpose-Driven Organization*.

Foi um dos primeiros defensores da administração humanística e participativa e da idéia de responsabilidade social das empresas. Em 1992 recebeu o Prêmio Crain da American Business Press, concedido todos os anos a um indivíduo "que se destacou, ao longo da carreira profissional, por suas contribuições ao desenvolvimento da excelência editorial na imprensa especializada em negócios".

Adaptou seu ensaio de artigo publicado na edição de 1º de fevereiro de 1993 na revista *Industry Week*.

Até que ponto as pessoas estão dispostas a segui-lo como líder? Muitos fatores determinam a resposta a essa pergunta, mas uma coisa é certa: eles só vão seguir você na medida em que confiarem em você.

Muitos especialistas criaram listas das características dos líderes. "Confiança" ou "confiabilidade" sempre faz parte da lista, mas poucos sabem ao certo de onde surge essa qualidade. Será que ela vem de graça ou será preciso merecê-la?

As pessoas não lhe *dão* a confiança delas. Elas *investem* a confiança delas em você porque querem aproveitar a força do seu caráter, a honestidade, a integridade, e assim por diante. Mas, por mais perfeito que seja o seu caráter, você não vai conquistar a confiança delas se não manifestar o caráter por meio de ações.

Você fala a verdade segundo o seu coração. Você se esforça para servir aos interesses da sua empresa em todas as decisões que toma. E, no entanto, os seus subordinados, companheiros e superiores ainda assim não confiam em você. Não há dúvida de que as questões de caráter entram em jogo para determinar a confiabilidade de um futuro líder, mas nem mesmo o mais alto grau de integridade e as melhores intenções podem evitar que você se meta em situações nas quais você descobre que as pessoas não o seguem. Por quê?

Em primeiro lugar, a orientação geral e as práticas da empresa têm muito a ver com o clima no qual você opera, no que diz respeito à confiança. O fato de ela tratar bem ou tratar mal os empregados e aposentados, o esforço que ela faz para preparar e formar os empregados, as formas de remuneração e promoção – tudo isso ajuda a determinar quanta confiança as pessoas depositam na "firma" e nos líderes individuais que a compõem.

Além disso, mesmo com a melhor política de recursos humanos, a empresa pode ainda assim criar um clima de pouca confiança se as estratégias não estiverem claras e as táticas não estiverem sincronizadas. A desconfiança pode se introduzir não apenas entre dois níveis contíguos da hierarquia, mas entre funcionários do mesmo nível – mesmo no mais alto. Com freqüência, a desconfiança advém mais de uma falta de comunicação do que de uma deficiência de caráter.

A dificuldade de conquistar a confiança alheia cresce exponencialmente nas empresas que se dedicam a promover o envolvimento dos empregados e a fortalecê-los. Nessas empresas, a estrutura organizativa e o estilo de administração dependem mais da confiança do que nas organizações tradicionais. Mas, à medida que a mudança "explode", as pessoas ficam mais vulneráveis aos sentimentos de insegurança. Uma deficiência de confiança pode deflagrar a incerteza e o medo, bloqueando a flexibilidade necessária para lidar com as mudanças tecnológicas e mercadológicas. O excesso de palavras sobre a participação e o trabalho em grupo só fará aumentar a sensação de hipocrisia se você não for visto como um "exemplo vivo" do que você diz.

Por outro lado, por suas ações, você enquanto indivíduo pode ter grande influência sobre o nível geral de confiança, por piores que sejam a orientação geral e as práticas da companhia. As pessoas são capazes de suportar uma "má companhia" se tiverem confiança no chefe ou se desfrutarem de relacionamentos estimulantes com seus companheiros de equipe.

A pedra de toque é o efeito cumulativo dos relacionamentos interpessoais no dia-a-dia. A confiança se ganha ou se perde pelo quanto você conhece a si próprio, o quão disposto você está a deixar que os outros percebam quem você é e o quanto você demonstra estar disposto a conhecer quem eles são. Todas essas coisas dependem de você. Nenhuma delas depende da empresa.

O sucesso não depende só do caráter; depende também do que você faz e do que você não faz. É fácil *parecer* que se está enganado ou, sem nenhuma intenção, *agir* errado com as pessoas. Eis aqui algumas sugestões para evitar os pecados da omissão e de comissão dos quais até os santos podem cair vítimas:

1. Demonstre que você não está trabalhando só em prol dos seus interesses, mas também em prol dos interesses dos outros.

Não negue que você quer algo da empresa – a oportunidade de exercitar seus talentos, remuneração financeira, reconhecimento, o que quer que faça com que o trabalho seja importante para você. Você pode ser altruísta e estar disposto a subordinar os seus desejos aos do grupo, mas qualquer pessoa que se respeita tem vontades próprias. As pessoas consideram isso o normal. Elas ficam à espreita para descobrir em que medida as coisas que você quer estão em harmonia com o que elas querem.

Companheiros, subordinados e superiores vão querer saber se a sua ficha corrida indica que você almeja o bem da empresa ou simplesmente a proteção do seu território particular; vão querer ver se você constrói e deixa que os outros floresçam ou se você os trata como concorrentes.

Se você não demonstra respeito pelos outros, a única conclusão a que eles podem chegar é a seguinte: "Se você não me respeita, eu não posso confiar em você para defender meus interesses."

2. Ouça de modo a demonstrar que você respeita os outros e valoriza as idéias deles.

Qualquer pessoa à sua volta pode ter uma informação ou um ponto de vista que sejam úteis para você e para a empresa. Seja uma espécie de ímã para os fatos. Procure conhecer especialmente o quadro de referências, a visão, a nova forma de encarar uma situação que os outros lhe mostram. Não despreze o outro por causa de um pequeno erro no raciocínio ou na apresentação dos fatos. (Uma idéia extravagante vinda de uma pessoa cujas visões ou informações sejam limitadas pode vir a estimular um pensamento original da sua parte.)

Isso não significa que você deva levar o indivíduo a pensar que as idéias dele são sempre as melhores. Dirija os esforços de sugestão de um indivíduo para as áreas que ele realmente conhece. Dê-lhe algumas orientações que lhe ponham o pensamento no caminho correto; as idéias que aparecerem serão mais úteis, e a atenção que você dedicou vai aumentar a autoconfiança dele.

3. Pratique a abertura — atitude importantíssima para a ação de grupo.

A confiança não se baseia só nos fatos, mas também na percepção que se tem deles. A desconfiança nasce tanto daquilo que as pessoas sabem quanto do que elas não sabem. Isso significa que o ritmo vertiginoso das manobras táticas no mundo dos negócios e da reestruturação empresarial pode fazer com que percepções equivocadas cresçam numa proporção muito maior do que a habitual.

Os membros da equipe precisam tratar-se mutuamente com aquela abertura que leva à confiança e à segurança. Não sonegue informações. Pergunte e responda. Divulgue todas as informações de que você dispõe e que possam vir a melhorar a empresa, em vez de retê-las para massagear o ego. Em troca, peça que os outros compartilhem com você as informações de que dispõem e os sentimentos que lhes vêm à mente.

Estabeleçam juntos regras de conduta que permitirão à equipe funcionar da melhor maneira possível. Quando conhecemos as pessoas que fazem parte da equipe, podemos desafiar o desconhecido. Quando não as conhecemos, não confiamos nem no que vemos com os nossos olhos.

4. Comunique os seus sentimentos.

Em um ambiente de equipe, as pessoas precisam conhecer não só os fatos, mas também os seus sentimentos. Isso faz parte da abertura, do hábito de deixar que as pessoas saibam quem você é.

Seja verdadeiro. Admita as suas fraquezas, preocupações e medos.

Quando você discorda de alguém, diga. Seus companheiros e superiores terão mais respeito por você se você manifestar sua discordância do que se você disser que concorda quando na verdade não concorda. Deixe que eles saibam o que o impede de comprometer-se totalmente.

Quando alguma coisa o deixa animado, diga por que ela é tão importante para você.

5. Explique o que compreende e admita que há coisas que você não compreende.

Você não precisa ser onipotente ou onisciente para conquistar o respeito e a confiança de todos. Não diga às pessoas só o que você sabe, mas também o que você não sabe. Quando você não dispõe das informações de que precisa, vá à fonte — por mais alta ou mais baixa que esteja na hierarquia da empresa — e obtenha-as, em vez de desperdiçar energia queixando-se com pessoas que não podem ajudá-lo.

Todos os prognósticos nos dizem que a mudança e a incerteza serão nossas companheiras por muitos anos ainda. Não se sinta como se você fosse obrigado a mostrar aos subordinados um futuro garantido. Quando eles de fato crêem que você está defendendo os interesses deles, tolerarão os muitos lapsos de informação que inevitavelmente se manifestam numa empresa que muda em alta velocidade. Eles o respeitarão por você admitir o que não sabe e perceberão que você os respeita se pedir que eles ajudem a encontrar as respostas.

6. Divulgue tudo o que você sabe a respeito dos caminhos da empresa.

Uma empresa eficiente precisa ter a consciência de uma missão, a estratégia necessária para cumprir essa missão e pessoas bem preparadas e organizadas para executar rapidamente uma tática bem definida.

Quer sua empresa tenha ou não uma missão bem definida ou uma estratégia clara, é seu dever dar aos subordinados no mínimo uma interpretação pessoal de qual é o rumo a ser seguido pelo segmento da empresa ao qual vocês pertencem. Às vezes, o melhor que você pode fazer é dizer: "O que eu acho é o seguinte: ..."

De tempos em tempos, talvez você precise ir ao escalão superior da administração e dizer: "Me ajudaria muito se vocês explicassem..."

Trabalhando a partir do que está escrito ou de princípios implícitos, traduza a estratégia geral de modo que as pessoas compreendam o contexto no qual estão trabalhando. Depois, junto com elas, elabore a tática de ação. É aí que você perde ou ganha. Afinal de contas, a missão e a estratégia são bastante genéricas; qualquer um pode afirmar as mesmas coisas que a sua empresa afirma. Mas é a tática, a execução, que possibilita que vocês sejam bem melhores que outros que têm a mesma estratégia.

Você precisa explicar por que a empresa está adotando valores aparentemente conflitantes na busca de alcançar uma determinada meta. Pode ser, por exemplo, que a empresa sempre peça a seus funcionários que reduzam os custos. De repente, a empresa faz um grande investimento numa atividade específica que foge completamente à rotina estabelecida, e os funcionários perguntam: "Por que a exceção?" Alguém precisa explicar que, às vezes, é preciso ignorar um princípio de ação em benefício de outro igualmente importante, como a velocidade de reação às tendências do mercado.

Até mesmo com uma declaração formal de qual é a sua missão e uma estratégia grandiosa, a empresa precisa, em todos os níveis, de líderes que saibam dar sentido à atividade do dia-a-dia.

7. Mostre coerência nos valores básicos que guiam as suas decisões.

A pessoa desconfia quando não sabe o que esperar — não vê limites nem objetivo para as suas ações. Não faça com que as pessoas possam dizer: "Você é honesto, mas tende a tomar decisões totalmente inesperadas — e, na maioria das vezes, incompreensíveis."

As pessoas querem saber quais são os valores que estão por trás das suas decisões. O que você está tentando realizar, e por que isso é importante? Passe algum tempo pensando a respeito dos seus valores e crenças e formule-os com clareza. Quando você souber com certeza qual é o seu objetivo principal, suas ações corresponderão a esse quadro geral de referência e manifestarão aquela coerência que gera a confiança. Talvez você tenha de mudar muitas vezes de direção para chegar aonde quer; mas, se o seu objetivo for assimilado e assumido pelos outros, eles o seguirão, porque você estará caminhando rumo a um destino final ao qual todos concordaram em chegar.

O excesso de objetivos pode levar à incoerência. Se você se propuser a decidir todos os detalhes, vai perder de vista o panorama geral. Explorando uma grande variedade de territórios diferentes, você compreende mais todas as conseqüências das suas ações. Será maior a probabilidade de você tomar decisões que entrem em conflito umas com as outras. Nesse caso, é hora de passar adiante a responsabilidade de tomar decisões.

E há um caminho rápido para chegar à incoerência: tentar agradar a todos e, assim, afastar-se dos seus valores básicos. As pessoas vão chamá-lo de "duas caras" — e com razão!

8. Tome as decisões corretas depois de examinar todas as alternativas de que você dispõe.

Tanto o seu chefe quanto os seus subordinados querem que você esteja sempre bem informado; querem que você leve em conta todas as sugestões que recebeu e pondere todas as opções com atenção e lógica. Eles estarão mais dispostos a perdoar eventuais decisões erradas desde que elas sejam baseadas em "todos os fatos" e nas melhores intenções, mas não o perdoarão com tanta facilidade se você contar demais com a sorte ou não procurar as condições mais favoráveis para decidir.

Por outro lado, não fique achando que você vai dispor de *todos* os fatos, senão as pessoas vão pensar que você sempre "perde o bonde". Os melhores líderes tomam boas decisões sem dispor de todos os fatos, mas nunca deixam de levar em conta os dados de que realmente dispõem.

9. Demonstre estar ciente das principais conseqüências da sua decisão.

Quais os efeitos colaterais da decisão correta? Você precisa ouvir o que os outros têm a dizer para tomar ciência dos efeitos potenciais da decisão que você está pensando tomar. Peça que as pessoas lhe sugiram o que fazer para lidar com as conseqüências.

Em seguida, pense mais no conteúdo das coisas do que nas individualidades envolvidas. Procure saber sempre o que é melhor para a empresa, e não quem vai ficar insatisfeito. Essa parte é difícil. Talvez ela não gere desconfiança, mas vai gerar impopularidade.

10. Explique por que você está mudando de estilo de administração — de um estilo participativo para um mais autocrático — quando a situação exigir essa mudança.

As diferentes situações pedem estilos diferentes de administração. Se por um lado a administração participativa é, nos dias de hoje, um estilo básico muito eficaz, há ocasiões em que o administrador precisa tomar decisões rápidas e dar ordens. É importante, entretanto, fazer com que as pessoas saibam o que você decidiu e por quê. O melhor é comunicar antecipadamente quais são as regras básicas que você adota nos diversos estilos. As pessoas compreenderão a mudança e não perderão a confiança em você se as suas ações estiverem de acordo com os valores que você lhes comunicou.

11. Não divulgue só as boas notícias, mas também as novidades ruins e negativas.

As más notícias se espalham rapidamente. Não deixe que os seus subordinados fiquem sabendo delas por boatos; conte-as você mesmo. Faça com que eles conheçam a história verdadeira e a interpretem segundo um ponto de vista correto. Provavelmente, eles já estarão a par do assunto antes que você o mencione, mas eles querem ver que você é honesto em seus relatos. Se você é mesmo o líder, eles querem comparar a sua reação à deles.

Eis um dos mistérios do ambiente de trabalho: por que nós tratamos os adultos como crianças? Os empregados têm casas, carros, investimentos, famílias; por que nós os protegemos e sentimos a necessidade de controlá-los para obter bons resultados? Eles deparam todos os dias com a doença, a tensão e a morte; por que rodeá-los de um escudo protetor contra as más notícias no ambiente de trabalho — notícias, talvez, menos graves do que os grandes problemas que eles enfrentam fora do trabalho?

Se as pessoas ouvirem de você apenas as boas notícias, elas vão saber que você não está sendo totalmente aberto e vão ter motivos para não confiar em você.

12. Apóie as decisões dos seus subordinados.

Você não é perfeito, nem os seus subordinados. A menos que você queira tomar você mesmo as decisões até nos mínimos detalhes, apóie as decisões deles. Quando o subordinado errar, trate logo de ajudá-lo a aprender com o erro. Ponha-se a estudar o modo pelo qual ele toma as decisões para descobrir por que ele chegou à resposta errada. Terá sido por falta de informação? Terá sido porque os objetivos não estavam muito claros? Como você está em busca de resultados, não fale sobre o passado, mas sobre o futuro; faça isso de modo a levar a pessoa a uma ação vitoriosa, não a uma sensação de perda ou de culpa.

Quando o subordinado cometer um erro evidente, nunca se ponha de lado lavando as mãos de toda responsabilidade. Isso é traição — caminho rápido e seguro para a desconfiança. Em alguns casos, você pode até pedir a palavra e apresentar algumas provas de que o subordinado estava certo. O mínimo que você pode fazer é demonstrar que você não está condenando a pessoa pelo erro. Assuma junto com ela a responsabilidade de não deixar o mesmo erro acontecer de novo.

13. Mostre que você sabe como trabalhar com a alta administração e conquistar o apoio dela.

As pessoas se inclinam a confiar no que você diz e a respeitar o que você faz quando elas percebem que você é capaz de trabalhar com a alta administração e conquistar o apoio dela.

Descubra o que a alta administração considera importante — qual a sua prioridade no trabalho, bem como a da sua equipe. Se você não estiver em sintonia com a alta administração, os subordinados talvez vejam em você uma pessoa em quem não se pode confiar.

Não se trata de conquistar prêmios, aumentos ou promoções para você mesmo. É uma questão de garantir um patrocínio que permita a sua equipe elevar-se a novas alturas. Conquiste o apoio da administração para obter equipamento, mão-de-obra, recursos, tudo o que for indispensável para a boa execução das tarefas. Peça apenas o necessário e justifique seus pedidos.

14. Aponte o erro, a falha, o objetivo não atingido que pode afetar as expectativas de outras pessoas.

As pessoas dependem de você. Quando você for de fato responsável por algum problema, não tente esconder o fato de que errou o alvo. Levante a bandeira branca, peça opiniões e solicite um novo compromisso. As pessoas respeitam mais a pessoa honesta que admite que é humana do que o orgulhoso que precisa estar certo o tempo todo.

Pergunte-se: "Como as mudanças que estou introduzindo afetam os planos das outras pessoas?" Em outras palavras, não informe apenas o seu chefe. Nas empresas que caminham e mudam com grande rapidez, você precisa se comunicar com toda a equipe. Não negligencie a comunicação horizontal com os companheiros.

15. Respeite as idéias antigas enquanto você busca as novas.

Os líderes ajudam os outros a fazer a transição do presente para o futuro.

O líder cresce com as novas idéias, mas você não conseguirá que os seguidores as acolham se eles pensaram que você está jogando no lixo as idéias deles — idéias, aliás, que construíram o presente. Ninguém gosta de ter o próprio trabalho desvalorizado ou destruído.

Enquanto você busca as idéias do amanhã, novas e mais adequadas, tome o cuidado de explicar que o que você pretende é desenvolver as boas idéias que outras pessoas tiveram no passado.

22

Uma Conversa com Norman Lear

Stewart Emery

STEWART EMERY é consultor empresarial sênior na Human Factors, Inc. Especializou-se em orientar executivos e administradores sênior para vencer o desafio atual de criar valores econômicos perenes e sustentáveis. Defende a criação de uma clientela para a mudança, o desenvolvimento da liderança referencial e a constituição de empresas espiritualmente saudáveis.

Emery é autor de dois livros campeões de vendas: *You Don't Have to Rehearse to be Yourself* e *The Owners Manual for Your Life*. Milhões de pessoas nos Estados Unidos e em todo o mundo se emocionaram com seus escritos e suas participações em programas de rádio e de televisão. Dezenas de milhares de pessoas já acompanharam seus seminários, oficinas e palestras ao longo dos últimos vinte anos.

Emery estudou economia, filosofia e psicologia na Universidade de Sydney antes de seguir carreira nas artes publicitárias. Trabalhou como diretor de criação no escritório da J. Walter Thompson em Sydney, Austrália, e foi professor de desenho industrial na Universidade de New South Wales.

O sol está se pondo atrás da camada de nuvens que enche de uma beleza suave o cenário do Canal da Mancha. Sentado no salão do Grande Hotel, na Ilha de Jersey, passando a limpo este manuscrito num computador do tamanho de um pequeno fichário, reflito a respeito da edição de hoje do *International Herald Tribune*: Israel e os palestinos, reconhecendo-se mutuamente o direito à existência, trabalham para elaborar um tratado de paz; na África do Sul, os negros afinal terão assento num Parlamento que até agora era exclusivamente branco; Bóris Ieltsin parece estar consolidando sua liderança sobre o que restou da União Soviética depois de outro desafio político; e as maiores economias do mundo lutam por manter uma aparência de crescimento econômico.

Acho que estamos numa "nova" era; mesmo tendo passado o final dos anos 50 e toda a década de 60 no ramo da publicidade na Austrália, minha reação à palavra "nova" é bem fraca. Por outro lado, o novo milênio está aí. Para que o novo milênio se torne uma nova era, é preciso haver uma mudança fundamental. Vou apresentar alguns pensamentos a respeito da natureza dessa mudança e do tipo de liderança necessário para realizá-la.

Salvação

Costuma-se citar esta afirmação de Albert Einstein: "Vivemos num mundo repleto de problemas que não podem ser resolvidos pelo mesmo nível de pensamento que os criou." Qual é o nível de pensamento que criou a realidade do século XX? Pode-se compreender essa questão examinando as nossas crenças a respeito da salvação. Embora o conceito de salvação seja talvez mais conhecido no contexto teológico, a palavra engloba também o sentido de "proteção contra a derrota, a calamidade, etc.; aquilo que protege contra essas coisas ('ser a salvação de')". Do que nós precisamos ser salvos? A resposta a essa pergunta tem por medida a imaginação de quem responde. É própria da condição humana a negação do eu e a busca, impulsionada pelo medo, da salvação por meio de alguma fonte externa.

A Europa medieval era dominada por uma crença na "fé" como fonte de salvação. Ressuscitado pela Reforma Protestante, esse sistema de crenças começou a morrer em meados do século XVII. A crença de que a fé religiosa poderia criar o Paraíso na Terra já não tinha nenhuma relevância política lá pela metade do século XVIII.

O declínio da crença na salvação pela fé criou um vazio que foi preenchido por uma nova crença: a crença na salvação pela sociedade. Entre 1883 e 1888, na Alemanha, o chanceler Bismarck criou o seguro nacional de saúde e o benefício compulsório de aposentadoria. Isso marcou o início do "Estado de Bem-Estar Social" e deu expressão à idéia de que o governo pode e deve garantir uma existência tranqüila para os cidadãos. Nessa mesma época, sentimentos semelhantes se manifestaram nos Estados Unidos pelo populismo – o primeiro movimento político de nítidas características "antiempresariais" ou anticapitalistas. O populismo exigia que o governo controlasse o mercado de ações, os salários, a jornada de trabalho e os preços agrícolas.

E assim teve início o século XX e o caso de amor entre o povo e a crença na salvação pela sociedade, consubstanciada no Estado de Bem-Estar e no totalitarismo; ao mesmo tempo, atribuía-se caráter absoluto à coletividade, ao partido, ao Estado.

Logo os fins passaram a justificar os meios e a História tornou-se uma mentira mascarada de verdade.

Essa crença na salvação pela sociedade assumiu diversas formas; Auguste Comte e G. W. F. Hegel serviram de inspiração para Karl Marx, que preparou o caminho para que Lênin, Hitler e Mao surgissem como "salvadores da sociedade". O poder do totalitarismo emanava da crença popular de que o Estado era capaz de eliminar o medo da incerteza e da exploração. Crença e realidade nem sempre coincidem, o que se evidencia no fato de que o totalitarismo governa por meio da administração do medo.

Na época em que Lyndon Johnson tentou vender aos norte-americanos a sua Grande Sociedade, a idéia de salvação pela sociedade já tinha se tornado uma piada sem graça. Embora a Revolução Industrial e o nascimento da tecnologia sejam considerados as causas fundamentais do predomínio do Ocidente sobre o resto do mundo, eles provavelmente foram menos determinantes do que a promessa de salvação pela sociedade em suas várias formas. Agora essa promessa não passa de um sonho distante.

Nós não sonhamos mais com a garantia governamental de salvação absoluta, mas, ao que parece, não desistimos de sonhar com uma existência tranqüila garantida pela regulamentação governamental do processo econômico e social. O grande debate político do século XX não busca definir se o governo deve ou não exercer o poder sobre o povo, mas sim qual deve ser a extensão desse poder. Ainda prossegue a discussão a respeito das restrições democráticas e jurídicas ao poder governamental.

A necessidade de crer na salvação por meio de uma fonte externa e separada lançou raízes fundas na psique humana. Lado a lado com a interminável sucessão histórica de ideologias, caminha a nossa eterna vontade de atribuir esse poder a um líder carismático. Nenhum século testemunhou o surgimento de tantos líderes carismáticos quanto o século XX — e nem a carnificina que se seguiu. Stalin, o General Tojo e Mao possuíam um carisma extraordinário, desenvolveram uma capacidade extraordinária de negar a realidade e foram os mandantes de uma extraordinária destruição.

Até quando será a História um relato das coisas que se abateram cruelmente sobre nós, mas com as quais nada aprendemos? A vida é uma longa série de desilusões. Quem será capaz de perder a inocência sem substituí-la pelo ceticismo?

Essas questões estão comigo há muito tempo. Na Austrália, elas me fizeram desistir da carreira de publicitário. Em 1969, eu não tinha mais dúvidas de que a função da publicidade era vender coisas para pessoas que eram, todas elas, ávidas por "fontes de salvação". Até por volta dessa época, eu pensara que todas as cicatrizes que me haviam ficado de um infância infeliz poderiam ser curadas por um pouco de fama e riqueza. Então me ocorreu que eu já acumulara fama e riqueza suficientes para me curar, se é que essas coisas tinham mesmo o poder que eu lhes havia atribuído. Evidentemente, elas não tinham esse poder. Lembrei-me dos meus estudos de psicologia e filosofia e concluí que não se pode medir a qualidade da vida interior pela aparente conquista de supostas fontes externas de felicidade. Decidi que eu não queria viver a vida como um fornecedor de sonhos desfeitos. Abandonei a publicidade e comecei uma caminhada interior que, em 1971, me levou a San Francisco.

Estamos agora em 1994. Os Estados Unidos têm muitos gerentes e poucos líderes. A política como fonte de salvação também se tornou uma piada de mau gosto – embora a gente continue a eleger legisladores que prometem nos dar, por decreto, uma vida tranqüila. A mídia, escrava da publicidade, prossegue em ritmo alucinado a prometer a salvação em nome de seus clientes, ao tempo em que propaga uma enxurrada de realidades ilusórias.

Um almoço com John Renesch estimulou em mim o desejo de escrever este capítulo, e eu logo soube que gostaria de desenvolver o conteúdo dele em conversas com dois homens que tenho em alta consideração: Norman Lear e o dr. Warren Bennis. Ambos conquistaram o direito de serem consultados quando se trata de liderança, negócios, meios de comunicação e política.

Quando o sol inaugurou um daqueles poucos dias de visibilidade quase ilimitada que revelam a beleza natural da bacia de Los Angeles, pus-me a caminho para conversar com Norman Lear.

A Conversa Começa

Norman Lear é homem pensativo, dotado de uma generosidade de espírito aparentemente inesgotável. Não gosta de ser chamado de líder. "Eu me considero um escritor que adora mostrar pessoas comuns envolvidas em conflitos comuns, com todos os seus medos, dúvidas, esperanças e ambições convivendo com o amor que elas têm umas pelas outras", explica Lear, um dos mais inovadores e influentes produtores da televisão norte-americana. Calcula-se que mais da metade da população dos Estados Unidos já tenha assistido aos espetáculos e séries de televisão produzidos por Norman Lear.

Os assuntos da conversa daquela manhã eram a situação difícil vivida pela liderança norte-americana, o modo pelo qual chegamos ao ponto em que estamos e as perspectivas da liderança numa nova era.

Percebi que uma das vantagens de não ter nascido e crescido nos Estados Unidos é que as pessoas ficam muito dispostas a me contar as idéias e intuições que têm acerca deste país, que há pouco atingiu a maioridade. Quando conversei com Warren Bennis, que dedicou a vida inteira ao estudo da liderança, ele me disse várias vezes que uma das funções essenciais do líder é administrar a atenção e o sentido. "Os líderes administram a atenção por meio de uma visão forte, que leve os outros a contemplar uma realidade antes desconhecida. Para evidenciar os seus sonhos e fazer com que as pessoas concordem em realizá-los, os líderes precisam comunicar sua visão. Por mais maravilhosa que ela seja, o líder eficiente tem de usar uma metáfora, uma palavra ou modelo que torne a visão clara para os outros, de modo que eles a carreguem de sentido e assumam para si esse ponto de vista."

Essa talvez seja a função *crucial* da liderança. Não há dúvida de que é um tema excelente para começar uma conversa, de modo que pedi a Norman que discorresse sobre o seguinte: para onde os norte-americanos voltam a sua atenção? O que faz sentido para eles? Como isso mudou ao longo do tempo?

"Muitos anos atrás", respondeu Norman, "Walter Lippman se perguntou quais das instituições norte-americanas tinham mais influência sobre os norte-americanos. Ele identificou o que chamou de ordem ancestral das instituições, com base na influência que elas exerciam: a família era a primeira, a religião a segunda, a autoridade civil a terceira e a educação a quarta. Ele evidenciou assim uma ordem ancestral que, na nossa época, foi totalmente destruída.

Nos dias de hoje, a família quase não tem influência sobre a cultura como um todo. Uma parte do povo mais pobre ainda é influenciada pela religião, mas a grande massa já não acha que a religião seja uma grande influência. Quando falamos de liderança, qualquer palavra sobre a autoridade civil transforma-se automaticamente numa piada. Incapaz de comandar e reger a si própria, ela não é líder do povo norte-americano. Quando eu era menino, se um prefeito, congressista ou senador vinha visitar a cidade, sua autoridade e sua reputação moral chegavam muito antes dele, porque nós tínhamos um respeito enorme pelo cargo e pela maior parte daqueles indivíduos.

"Havia escândalos vez por outra, mas nós atribuíamos — felizmente e, a meu ver, para nosso benefício — uma grande autoridade e um grande poder de persuasão moral aos ocupantes de cargos públicos importantes. Tudo isso agora acabou. É difícil acreditar que os líderes de hoje sejam os mais corruptos de toda a História. Isso poderia ser o sinal de uma mudança da natureza humana, o que é improvável. Parece-me, porém, que o comportamento humano mudou em decorrência de muitos anos de um egoísmo cada vez maior.

"A educação está num estado caótico e certamente não exerce mais a influência que antes exercia. Costumamos falar muito a respeito de educar as classes mais baixas e os pobres. Precisamos também de uma educação inédita para as classes média e alta: uma educação em valores. Não sei como acumular um potencial de liderança sem desenvolver uma sensibilidade às coisas do espírito, uma sensibilidade aos valores, coisas que parecem inexistentes hoje em dia. Em lugar disso temos o ceticismo e a preocupação bem-intencionada dos liberais com a separação entre Igreja e Estado. Tanto os liberais quanto os conservadores são céticos e únicos quando se trata das questões não-materiais da vida, como, por exemplo: Qual é o sentido de tudo? A vida tem sentido? O que é 'sentido'? Criamos uma cultura na qual a discussão desse assunto — que é dos mais agradáveis e fascinantes, que é o assunto que mais do que qualquer outro fascinou a espécie humana desde o começo dos tempos — é considerada embaraçosa, pois pode nos levar a mencionar aquela palavra que começa com 'D'. Deus não permita que as pessoas falem a respeito de seus pensamentos sobre esse assunto. Para mim, isso parece representar uma grande perda.

"A natureza abomina o vácuo. Acho que é por isso que a indústria e o comércio, enquanto instituições, cresceram e tomaram o lugar daquelas instituições ancestrais."

Eu, de minha parte, não acho que foram os negócios que reivindicaram para si um papel de liderança nacional ou global. É problemático que os negócios sejam vistos como detentores dessa função. É tarde demais para debater se isso é bom ou não, ou se os grandes executivos, lutando para preservar a viabilidade econômica das suas empresas, vão ou não vão gostar de ter a liderança nessa dimensão acrescentada às suas funções. As coisas são como são. O desafio agora é o de decifrar a situação atual e reagir da melhor maneira possível.

Norman apresentou a seguinte opinião a respeito da situação atual: "Cada vez mais, no decorrer de um bom número de anos, a ética empresarial tem se resumido a isto: que o balancete deste trimestre seja melhor do que o anterior, e que se dane todo o resto. Em função da enorme influência do mundo empresarial sobre a cultura, essa obsessão com o curto prazo foi chamada de 'cultura do narcisismo' numa década, de 'geração eu' em outra, e se manifestou na cobiça e na avareza dos anos Reagan na década que acaba de terminar. Não estou aqui procurando encontrar o vilão. Esse desenrolar das coisas não foi planejado. Os homens de negócios não fizeram uma reunião de cúpula para decidir que assim fosse. O pensamento de curto prazo e o apego norte-americano aos números — resultados de testes, escalas de avaliação, número de bilheteria, prévias, pesquisas e mais pesquisas — simplesmente 'aconteceram' conosco no decorrer do tempo."

Ao longo dessas décadas, o controle acionário das empresas norte-americanas sofreu uma mudança profunda. Houve época em que os donos das ações ordinárias das companhias norte-americanas eram milhares de indivíduos, homens e mulheres, muitos dos quais tinham a plena intenção de deixá-las como herança para os filhos e netos. Era, sem dúvida, uma estratégia de longo prazo. Acontece agora que os grandes fundos de pensão, investindo bilhões de dólares, são os grandes detentores de ações. Por certo, eles operam em nome de milhões de norte-americanos. Entretanto, podem exercer um poder que milhares de indivíduos independentes não podem. "Esses fundos de pensão canalizam centenas de milhões de dólares para essa ou aquela empresa por dois ou três dias para ganhar um punhado de dólares e depois a abandonam. Em conseqüência disso, as empresas ficam cada vez mais preocupadas com Wall Street e com os resultados financeiros de curto prazo."

Norman Lear constituiu uma nova família numa idade em que a maioria das pessoas prefere brincar com os netos a ter seus próprios filhos pequenos. Pedi-lhe que falasse a respeito do estado atual do país a partir do ponto de vista de um pai.

"Fui pai muito cedo, com vinte e três anos, suponho... muito tempo atrás... e logo em seguida comecei a pensar na vida em função da minha filha. Em seguida veio a segunda filha e depois uma terceira. Sempre pensei no futuro em função dos mais jovens. Agora que tenho um filho de cinco anos e uma neta, olho o futuro e o mundo através dos olhos deles. Pergunto: o que será bom para eles? O que será correto para eles? Vivo sempre otimista, não gostaria de acordar de manhã se não tivesse esperança, mas tenho de admitir que o futuro hoje parece sombrio.

"Veja, um terço do dinheiro arrecadado com os impostos é gasto no pagamento dos juros, não do principal, dos juros da nossa dívida nacional. Por toda parte a pobreza cresce a olhos vistos. A infra-estrutura das nossas cidades mais importantes vai se deteriorando em escala exponencial. Nosso país, que já foi o maior credor do mundo, é hoje o maior devedor de todos os tempos. Os exércitos de sem-teto não se confinam mais aos centros das cidades, mas chegam agora aos subúrbios de classe média. Nossa política é uma sucessão vergonhosa de escândalos. Temos verdadeiras guerras entre as gangues, o tráfico de drogas, crianças tendo filhos, violência racial e doméstica, e a confusão em que se transformou a saúde pública. O meio ambiente vai sofrendo o apocalipse em câmera lenta, com a chuva ácida, a destruição da camada de ozônio e o aquecimento global.

"As conclusões que tiramos de tudo isso variam, mas, ricos ou pobres, liberais ou conservadores, republicanos ou democratas, estamos todos assistindo às mesmas imagens fornecidas pelos meios de comunicação."

"Você está satisfeito com a liderança exercida pelos meios de comunicação?", perguntei.

"Não, de modo algum. Não estou satisfeito com nenhuma das lideranças nos Estados Unidos de hoje. Sou um democrata bastante insatisfeito. Praticamente não me considero mais um democrata, porque não vejo nenhuma liderança. Vamos falar um pouco a respeito da liderança na política. Nós mandamos fulano e sicrano para Washington. Em Washington eles falam sobre as pessoas que estão na Colina do Capitólio; quando falamos em colina, falamos de um lugar elevado, de onde se vê ao longe. Uma pessoa busca ser eleita de modo que possa ir para a Colina; de lá, desse lugar elevado, ela pode nos dizer as coisas que ela vê, coisas que nós, em nossa vida atribulada, distantes da política, distantes de Washington e, é lógico, distante da Colina, certamente não conseguimos ver.

"Para mim, o líder é alguém que tem força para dizer: você me mandou para esta Colina e daqui eu vejo com clareza a direção que precisamos seguir. Eu sei que para você, que está em casa, essa não parece ser a direção certa; mas você me mandou para cá para ver ao longe em nome de todos nós, e é isso que eu estou fazendo, e esse é o caminho que eu acho que nós temos de tomar. Com isso, o líder tem a coragem de pôr em prática a sua convicção. Mas esse tipo de liderança quase não existe hoje em dia; tudo parece girar em torno da eleição e da reeleição.

"A respeito da televisão: já faz muito tempo que não existe uma verdadeira liderança nas redes de televisão (não estou me referindo aos autores, produtores, diretores e anunciantes; estou dizendo que não há liderança no comando das redes). Quando a televisão começou, a NBC de David Sarnoff tinha uma orquestra sinfônica conduzida por Toscanini, a CBS transmitia o Playhouse 90 e havia dramas belíssimos, de todo tipo. Os índices de audiência tinham sua importância, mas o que importava mesmo era o orgulho de veicular uma mensagem de peso para o povo norte-americano. Esse orgulho era a essência da televisão, e o fato de ser chefe de uma rede tinha um significado especial que acarretava responsabilidades específicas. No início, a liderança televisiva percebia isso. Quando a administração das redes começou a se submeter cada vez mais às exigências de Wall Street de obter resultados melhores a curto prazo, a ABC começou a batalhar para alcançar a NBC e a CBS. Quando a ABC começou a alcançá-las, a NBC e a CBS passaram a agir de modo diferente.

"Quando entrei para a televisão, cada série era composta de trinta e nove episódios que não eram reprisados no verão; no verão, eles faziam substituições, de modo tal que as treze semanas de verão se organizavam em torno de novas experiências: novos autores, novos atores, novas formas. Coisas maravilhosas surgiram nessas substituições de verão. Então surgiu o videoteipe e, com ele, a idéia: "Vejamos como o público vai reagir às reprises." Então tentaram treze semanas de reprises. Abracadabra: o público norte-americano não desligou os aparelhos e assim, de repente, vinte e seis tornou-se o número mágico: vinte e seis espisódios, vinte e seis reprises. Depois disso eles reduziram para vinte e dois de modo que pudessem fazer alguma outra coisa com as outras quatro semanas. Em seguida, reduziram a treze. Quando lancei o *Tudo em família*, em 1971, a ordem era o treze.

"Construímos um mundo de mediocridade do qual só pode nascer uma liderança medíocre.

"Hoje acredito que, nesta sociedade, nada vai adiante sem o apoio dos meios de comunicação. Um dos grandes movimentos dos nossos tempos é o movimento antifumo. Acho fascinante que a maioria dos salões onde se realizam os grandes jantares não esteja coberto de fumaça lá pelas nove horas da noite. Acho impressionante que isso tenha acontecido em tão pouco tempo. No mundo inteiro percebemos uma tendência à democratização. Tudo isso é gerado e impulsionado pelos meios de comunicação. Por isso, acho que um presidente dos Estados Unidos dotado de grande compreensão e profundas convicções poderia fazer milagres com a ajuda dos meios de comunicação.

"Não há dúvida de que os meios de comunicação são sócios do poder centralizado. Não acredito, entretanto, que se trate de uma sociedade equilibrada. Na época de Ronald Reagan, presidente muito forte, a imprensa estava em boa parte do lado dele. O fato de ele cochilar em reuniões importantes, o fato de não ser acordado pelos assessores para escutar certas coisas, tudo isso se transformava em pequenas piadas e ia fazer parte das lendas. Reagan é chamado 'o Grande Comunicador'. Um dos seus escritores de discursos disse que Reagan era capaz de declamar a lista telefônica e torná-la interessante. O Presidente Reagan possuía uma capacidade notável de administrar a atenção e o sentido.

"Com Bill Clinton, até as pequenas transgressões são tratadas de modo bem diferente, e é por isso que a sociedade entre o poder e a imprensa não me parece equilibrada. Não acho que isso seja culpa da imprensa. Por um lado, é verdade que a imprensa tem lá suas falhas, mas o problema é que Clinton não teve força para modelar essa imprensa segundo a sua imagem. Sou de opinião de que a imprensa é maleável e moldável. Sob um certo ponto de vista, podemos dizer que também os meios de comunicação estão em busca de uma liderança e anseiam por ser liderados. Acho que isso vem da nossa própria natureza, da natureza humana. Como indivíduos e como grupo, todos nós estamos à procura de uma liderança poderosa.

"Estou travando uma luta quixotesca para que o mundo empresarial compreenda que tem uma responsabilidade enorme, embora inadvertida, em virtude das sete horas por dia de programação de TV patrocinada por ele que entra em cada lar norte-americano, em mais de um aposento e até mesmo na praia. A publicidade afetou profundamente o povo norte-americano e continua a fazê-lo todos os dias.

"Nos últimos anos, dez a vinte comerciais são veiculados a cada meia hora do horário nobre da televisão, e cada uma dessas inserções conta a mesma história: você é o que você consome; você terá sucesso com as mulheres se usar este perfume ou beber esta cerveja. Você será invejado por seus companheiros se dirigir este carro; se o seu desodorante não funcionar, sua vida inteira irá por água abaixo. O terrível disso tudo é que a maioria dos norte-americanos é fiel a essas mesmas mensagens e consome os mesmos produtos, mas suas vidas e tudo o que lhes acontece não têm nada que ver com o que se vê nos comerciais. Como as pessoas não se vêem onde supostamente deveriam estar, acham que há algo de errado com elas.

"Sempre igual, rígida e inapelável, a mensagem clara e dominante da televisão comercial é a seguinte: 'Você é o que você consome.' Hoje em dia, a verdade é o que vende: se não vende, não é verdadeiro nem real. Precisamos nos dar conta desse fato, e continuo com a esperança de que isso vai acontecer."

Em outras palavras, o que Norman afirma é que a sociedade aceitou a idéia de que "a salvação está no consumo". Qual é a motivação profunda oculta por trás desse consumismo incansável? Nós queremos que a vida seja, para nós, uma experiência superior. Freud nos diz que somos programados para buscar o prazer e evitar a dor. Infelizmente, esse diagnóstico é tão superficial quanto a nossa cultura. Nosso coração anseia por uma experiência espiritual profunda, mas embora seja verdade que essa experiência é um prazer sublime, a afirmação pura e simples de que o que nós buscamos é o prazer serve mais para piorar a doença do que para curá-la. A experiência que tanto buscamos só pode ser encontrada no interior de cada um. Não pode ser encontrada no consumo de bens anunciados. Estamos "buscando o amor no lugar errado".

Norman prosseguiu: "Precisamos criar um mundo cujas aspirações vão muito além da mediocridade e do consumo irrefletido. Precisamos começar com a nossa base de valores, com o nosso código de ética. Estamos muito

longe disso. Uma das grandes tragédias da vida moderna nos Estados Unidos
é que nós acabamos produzindo um cultura na qual só as pessoas que estão à
margem da sociedade discutem livremente assuntos como a religião. Isso fica
a cargo dos Pat Robertsons e James Dobsons, dos suwamis da Nova Era e dos
que estão à margem. Para a maioria das pessoas em sua vida comum — seja à
mesa com meia dúzia de convidados, seja em um jantar a convite de algum
anfitrião — simplesmente não existe o estímulo para se conversar sobre qualquer aspecto de religião ou sobre os valores que dela decorrem.

"É preciso criar uma nova terminologia, pois eu não estou me referindo
exatamente à religião, mas uso esse termo porque não existe outro. Se eu
dissesse 'espiritual', isso teria outra conotação — me contento em dizer que é a
questão do 'na verdade, quem é esse tal de Alfie?' Percebi que não existe
conversa que não toque, por mais levemente que seja, nalguma questão relacio-
nada ao sentido superior da vida e a todas as outras perguntas que estão sem
resposta.

"Às vezes me pergunto se não é essa a verdadeira causa de todos os erros
que se manifestam na superfície da nossa sociedade. É possível que o povo
norte-americano seja o mais bem-informado e, no entanto, o menos
autoconsciente da História.

"Numa das batalhas daquela guerra quixotesca, dezoito norte-americanos
que se destacaram nos negócios, nos meios de comunicação, no ambiente
trabalhista e nas universidades constituíram em 1989 a Business Enterprise
Trust. A missão da entidade é a de homenagear os atos de coragem, de visão
social e de integridade no mundo dos negócios e, agindo assim, avalizar os
comportamentos que ela considera essenciais para o futuro dos negócios e da
sociedade inteira nos Estados Unidos.

"Este ano, junto com a premiação da Business Enterprise Trust, eu quis
promover uma conferência de um dia inteiro a respeito da questão dos valores
— baseados no espírito — nos negócios. A idéia era a de fazer uma mesa-
redonda na qual os homens de negócios ousassem falar sobre as razões que os
levam a comandar suas empresas de modo a dar proeminência aos valores,
ousassem nos dizer de onde surge esse espírito. Achei que isso fosse tema
suficiente para uma conferência inédita. O que percebi, no fim, foi que os
homens de negócios não estavam prontos para dar um passo à frente e declarar em público as experiências que tiveram na intimidade."

Conclusão

Norman faz vibrar uma corda sensível em mim. Lembro de ter lido em
alguma parte que "para que as forças do mal vençam no mundo basta que os
bons não façam nada". Os Fundadores da República nos legaram uma declaração de "vida, liberdade e busca da felicidade". A idéia de busca da felicidade me aborrecia um pouco, pois eu moro na Califórnia, onde a busca da

felicidade parece ser uma obsessão insensata. Eu ficava a imaginar como os Fundadores da República poderiam ter pretendido isso. Um advogado, grande estudioso da linguagem, esclareceu o assunto para mim. Em 1776, quando Thomas Jefferson escreveu as palavras imortais "vida, liberdade e a busca da felicidade", a palavra "busca" significava o que "prática" significa hoje. Assim, se traduzirmos o original para o uso moderno, teremos "vida, liberdade e a prática da felicidade".

Vida e liberdade são prerrogativas, talvez direitos. A experiência da felicidade certamente não é um direito. A felicidade requer um pensamento esclarecido, prática e habilidade. Não é algo que nós sentimos como conseqüência de uma fonte externa de salvação. Não é alcançada pelo simples fato de consumirmos os bens de algum anunciante. O mínimo que é preciso fazer para ser feliz é parar de criar a infelicidade mediante a negação da verdadeira natureza do ser. A felicidade duradoura flui naturalmente de uma vida espiritualmente correta, baseada em valores bons.

Em nosso trabalho de consultoria, obtivemos provas estatísticas irrefutáveis de que, sem levar em conta nenhuma outra variável, as empresas baseadas nos valores e orientadas pelo espiritual criam, a longo prazo, um valor econômico superior. Especializamo-nos em auxiliar empresas comandadas por homens e mulheres ansiosos por empreender mudanças fundamentais e corajosos o bastante para lutar por um mundo empresarial baseado nos valores e orientado pelo espírito.

Fontes e Leitura Recomendada

Adams, John D. (org.). *Transforming Leadership*. Alexandria, VA: Miler River, 1986.

Adams, John D. *Understanding and Managing Stress: Instruments to Assess Your Lifestyle*. San Diego, CA: Pfeiffer and Co., 1989.

Argyris, Chris. *Knowledge for Action: A Guide to Overcoming Barriers to Organizational Change*. San Francisco, CA: Jossey-Bass Publisher, 1993.

Argyris, Chris & D. Schon. *Organizational Learning: A Theory-in-Action Perspective*. Reading, MA: Addison-Wesley, 1978.

Autry, James A. *Love and Profit: The Art of Caring Leardership*. Nova York, NY: Morrow, 1991.

Autry, James A. *Life and Work*. Nova York, NY: William Morrow, 1994.

Barrentine, Pat (org.). *When The Canary Stops Singing: Women's Perspectives on Transforming Business*. San Francisco, CA: Berrett-Koehler, 1993.

Bennis, Warren. *On Becoming a Leader*. Reading, MA: Addison-Wesley, 1989.

Bennis, Warren & Burt Nanus. *Leaders: The Strategies for Taking Charge*. Nova York, NY: Harper & Row, 1985.

Block, Peter. "Leadership and the Governance Revolution", *The New Leaders*, julho\agosto, 1983.

Block, Peter. *Stewardship: Choosing Service Over Self Interest*. San Francisco, CA: Berrett-Koehler, 1993.

Breton, Denise & Christopher Largent. *The Soul of Economies: Spiritual Evolution Goes to the Marketplace*. Wilmington, DE: Idea House Publishing Company, 1991.

Brittain, Brian. "Prismatic Leadership: Leadership from the Inside Out", *The New Leaders*, novembro/dezembro, 1991.

Brown, Juanita. "Corporation As Community: A New Image for a New Era." Em *New Traditions in Business*, John Renesch (org.). San Francisco, CA: Berrett-Koehler, 1992.

Cabezas, A. & G. Kawaguchi. "Empirical Evidence for Continuing Asian American Income Inequality: The Human Capital Model and Labor Market Segmentation." Em *Reflections on Shattered Windows: Promises and Prospects for Asian American Studies*, G.Y. Okihiro, S. Hune, A.A. Hansen, & J.M. Liu (orgs.). Pullman, WA: Washington State University Press, 1988.

Campbell, Susan. *Beyond the Power Struggle: Dealing with Conflict in Love and Work*. San Luis Obispo, CA: Impact Publishers, 1984.

Campbell, Susan. *Survival Strategies for the New Workplace: Personal Tools for Coping with Crisis, Change and Conflict*. Nova York, NY: Simon & Schuster, 1994.

Cannings, K. & C. Montmarquette. "Managerial Momentum: A Simultaneous Model of the Career Progress of Male and Female Managers", *Industrial and Labor Relations Review 44*, janeiro, 1991.

Covey, Stephen R. *Principle-Centered Leadership: Strategies for Personal e Professional Effectiveness*. Nova York, NY: Simon & Schuster Trade, 1992.

Covey, Stephen R. *The Seven Habits of Highly Effective People: Powerful Lessons in Personal Change*. Nova York, NY: Fireside, 1989.

DePree, Max. *Leadership Is An Art*. Nova York, NY: Currency Doubleday, 1989.

DePree, Max. *Leadership Jazz*. Nova York, NY: Currency Doubleday, 1992.

Eisler, Riane. *The Chalic & the Blade: Our History, Our Future*. Nova York, NY: Harper & Row, 1988.

Eisler, Riane & David Loye. *The Partnership Way*. Nova York, NY: Harper Collins, 1991.

"Ex-Pepsi Chairman Addresses Corporate Enlightenment", *The New Leaders*, novembro/dezembro, 1991.

Fairholm, Gil. "Trust: Key to New Leadership", *The New Leaders*, novembro/dezembro, 1993.

Fairholm, Gil. *Values Leadership: Toward a New Philosophy of Leadership*. Nova York, NY: Praeger, 1991.

Forrester, J.W. "A New Corporate Design", *Sloan Management Review*. Cambridge, MA: MIT Press, 1965.

Fox, Robert W. "The World's Urban Explosion", *National Geographic*, agosto, 1984.

Gardner, John W. *On Leadership*. Nova York, NY: The Free Press, 1990.

"GE Boss Blasts Autocratic Leadership", *The New Leaders*, maio/junho, 1992.

Gerhart, B. & S. Rynes. "Determinants and Consequences of Salary Negotiations by Male and Female MBA Graduates", *Journal of Applied Psychology*, 1991.

Goldin, C. *Understanding the Gender Gap: An Economic History of American Women*. Nova York, NY: Oxford University Press, 1990.

Grahan, Jill W. "Servant-Leadership in Organizations: Inspirational and Moral", *Leadership Quarterly*, 1991.

Greenleaf, Robert K. *The Leadership Crisis: A Message for College and University Faculty*. Indianápolis, IN: The Greenleaf Center, 1987.

Greenleaf, Robert K. *Teacher as Servant*. Indianápolis, IN: The Greenleaf Center, 1987.

Greenleaf, Robert K. *Servant Leadership: A Journey Into the Nature of Legitimate Power and Greatness*. Nova York, NY: Paulist Press, 1977.

Hammerschlag, M.D. *The Dancing Healers*. San Francisco, CA: Harper & Row, 1989.

Handy, Charles. *The Age of Unreason*. Londres, Hutchinson, 1989.

Handy, Charles. *The Age of Paradox*. Boston, MA: Harvard Business School Press, 1994.

Harman, Willis. "21st Century Business: A Background for Dialogue", *New Traditions in Business*, org. por John Renesh. San Francisco, CA: Berrett-Koehler, 1992.

Harman, Willis. *Global Mind Change*. Indianápolis, IN: Knowledge Systems, Inc., 1987.

Harman, Willis. "Sustainable Development: The Modern Challenge for Business", *The New Leaders*, novembro/dezembro, 1991.

Harman, Willis & John Hormann. *Creative Work. The Constructive Role of Business in a Transforming Society*. Indianápolis, IN: Knowledge Systems, Inc., 1990.

Harris, Philip. *High Performance Leadership*, Glenview, IL: Scott Foresman, 1989.

Helgesen, Sally. *The Female Advantage: Women's Ways of Leadership*. Nova York, NY: Doubleday, 1990.

Henderson, Hazel. *Paradigms in Progress: Life Beyond Economics*. Indianápolis, IN: Knowledge Systems, Inc., 1991.

Henderson, Hazel. *Redefining Wealth and Progress: New Ways to Measure Economic, Societal, and Environmental Change*. Indianápolis, IN: Knowledge Systems, Inc., 1990.

Hesse, Herman. *Journey to the East*. Nova York, NY: Harper & Row, 1985.

Imai, Masaake. *Kaisen. The Key to Japan's Competitive Success*. Nova York, NY: McGraw-Hill, 1986.

Kiechel III, Walter. "The Leader as Servant", *Fortune*, 4 de maio, 1992.

Kouzes, James M. & Barry Z. Posner. *Credibility: How Leaders Gain and Lose It, Why People Demand It*. San Francisco, CA: Jossey-Bass, 1993.

Kurtzman, Joel. *The Death of Money*. Nova York, NY: Simon & Schuster, 1993.

Land, George & Beth Jarman. *Breakpoint and Beyond.* San Francisco, CA: Harper Business, 1992.

"Leadership", comunicação pessoal de Judith Skutch-Whitson a Rob Robbin, *The New Leaders,* número especial, primavera de 1994.

Lee, Chris & Ron Zemke. "The Search for Spirit in the Workplace", *Training,* junho, 1993.

Liebig, Jim. *Merchants of Vision: People Bringing New Purpose and Values to Business.* San Francisco, CA: Berrett-Koehler, 1994.

Lulic, Margaret. *Who We Could Be At Work.* Mineápolis, MN: Blue Edge Publishing, 1994.

Magaziner, Elemer. "New Thinking, Not Just New Insight", *The New Leaders,* janeiro/fevereiro, 1994.

Maynard, Herman & Sue Mehrtens. *The Fourth Wave: Business in the 21st Century,* San Francisco, CA: Berrett-Koehler, 1993.

McCall, M. W., M. M. Lombardo Jr. & A. M. Morrison. *The Lessons of Experience: How Successful Executives Develop On the Job.* Lexigton, MA: Lexington Books, 1988.

Morrison, Ann M. *The New Leaders: Guidelines On Leadership Diversity in America.* San Francisco, CA: Jossey-Bass, 1992.

Morrison, Ann M., R.P. White & E. Van Velsor. *Breaking the Glass Ceiling: Can Women Reach the Top of America's Largest Corporations?* Reading, MA: Addison-Wesley, 1992 (edição atualizada).

Morrison, Ann M., Marian N. Ruderman & Martha Hughes-James. *Making Diversity Happen: Controversies and Solutions.* Greensboro, NC: Center for Creative Leadership, 1993.

Morrison, Ann M. & Kristen M. Crabtree. *Developing Diversity in Organizations: A Digest of Selected Literature.* Greensboro, NC: Center for Creative Leadership, 1992.

Moskowitz, Milton & Robert Levering. *100 Best Companies to Work for In America.* Nova York, NY: Bantam, 1993.

Nair, Dr. Keshavan. "The Spirit of Leadership", *The New Leaders,* novembro/dezembro, 1993.

Naisbitt, John. *Global Paradox: The Bigger the Economy, the More Powerful Its Smallest Players.* Nova York, NY: William Morrow & Company, Inc., 1994.

Nelton, S. & K. Berney. "Women: The Second Wave", *Nation's Business,* maio, 1987.

"Norman Lear Stresses Need for Return to Spiritual Values, A Revival of the Human Spirit", excerto de palestra proferida à National Education Association, *The New Leaders,* janeiro/fevereiro, 1991.

Oakley, Ed & Doug Krug. *Enlightened Leadership: Getting to the Heart of Change.* Nova York, NY: Simon & Schuster, 1993.

Ohmae, Kenichi. *The Borderless World: Power and Strateggy in the Interlinked Economy.* Nova York, NY: Harper Collins, 1990.

Ornstein, Robert & Paul Ehrlich. *New World New Mind: Moving Toward Conscious Evolution.* Nova York, NY: Doubleday, 1989.

Osborn, Susan. "The New of Leadership", *The New Leaders,* julho/agosto, 1992.

Österberg, Rolf. *Corporate Renaissance: Business as an Adventure in Human Development.* Mill Valley, CA: Nataraj Publishing, 1993.

Pagonis, William, "The Work of Leadership", *Harvard Business Review,* novembro/dezembro, 1992.

Pascarella, Perry. *The New Achievers.* Nova York, NY: The Free Press, 1984.

Pascarella, Perry & Mark Frohman. *The Purpose-Driven-Organization.* San Francisco, CA: Jossey-Bass Publishers, 1989.

"Patagonia CEO Calls for Real Leadership — an End to 'White Noise' and Mediocrity", *The New Leaders,* maio/junho, 1993.

Peters, Tom & Nancy Austin. *A Passion for Excellence: The Leadership Difference,* Nova York, NY: Randon House, 1985.

Rabbin, Rob. "Leadership as a Mystical Experience: Spiritual Awakening in the Board Room", *The New Leaders*, janeiro/fevereiro, 1992.

Rasmussen, Tina. "New Leaders: Anchors in Turbulent Waves", *The New Leaders*, janeiro/fevereiro, 1994.

Ray, Michael & John Renesch (orgs.). *The New Entrepreneurs: Business Visionaries for the 21st Century*. San Francisco, CA: New Leaders Press, 1994.

Ray, Michael & Alan Rinzler (orgs.). *Organizational Change*. Nova York, NY: Tarcher/Perigee, 1993.

Renesch, John (org.). *New Traditions in Business; Spirit and Leadership in the 21st Century*. San Francisco, CA: Berrett-Koehler, 1992.

Renesch, John & Dennis White. "Global Workplace Values Identified", *The New Leaders*, maio/junho, 1994.

Renesch, John, "Walking the Talk: A Time for Impeccable Leadership", *The New Leaders*, março/abril, 1992.

Rockefeller, John D. *The Second American Revolution*. Nova York, NY: Harper & Row, 1973.

Russell, Peter. *The White Hole in Time*. San Francisco, CA: Harper, 1992.

Schmookler, Andrew. *Fools Gold: The Fate of Values in a World of Goods*. San Francisco, CA: Harper, 1993.

Schwartz, Peter. *Art of the Long View: The Path to Strategic Insights for Yourself & Your Company*. Nova York, NY: Doubleday, 1991.

Scovel, K. "The Relocation Riddle", *Human Resource Executive*, junho, 1990.

Senge, Peter M. *The Fifth Discipline: The Art and Practice of the Learning Organization*. Nova York, NY: Doubleday, 1990.

Senge, Peter M., Charlotte Roberts, Richard Ross, Bryan Smith and Art Kleiner. *The Fifth Discipline Fieldbook*. Nova York, NY: Currency Doubleday, 1994.

Spears, Larry C. "Robert K. Greenleaf: Servant-Leader", *Friends Journal,* agosto, 1991.

Spears, Larry C. "Trustees as Servant-Leaders", *International Journal of Values-Based Management*, Volume VI, nº 1, 1993.

Spears, Larry C. (org.). *The Greenleaf Legacy*. Nova York, NY: John Wilwy & Sons, Inc., 1995.

Terry, Robert W. *Authentic Leadership: Courage in Action*. San Francisco, CA: Jossey-Bass, 1993.

Thompson, B.L. "Training's Salary Survey", *Training*, novembro, 1990.

Tichy, N.M. & M. Devanna. *The Transformational Leader*. Nova York, NY: John Wiley & Sons, 1986.

Tichy, Noel & Stratford Sherman. *Control Your Destiny Or Someone Else Will*. Nova York, NY: Doubleday, 1993.

Vaill, Peter. *Managing as a Performing Art*. San Francisco, CA: Jossey-Bass, 1989.

Van Velsor, E. & M.W. Hughes. *Gender Differences in the Development of Managers: How Managers Learn From Experience*. Greensboro, NC: Center for Creative Leadership, 1990.

Wheatley, Margaret J. *Leadership and the New Science: Learning About Organizational from an Ordely Universe*. San Francisco, CA: Berrett-Koehler, 1992.

Wiebord, Marvin. *Discovering Common Ground*. San Francisco, CA: Berrett-Koehler, 1992.

Zweig, Connie & Jeremiah Abrams. *Meeting the Shadow*. Los Angeles e Nova York, NY: Tarcher, 1991.

Como Entrar em Contato com os Autores

JOHN D. ADAMS
Eartheart Enterprises, Inc.
84 Camino De Herrera
San Anselmo, CA 94960
415/258-0367

JAMES A. AUTRY
Senior Management Associates
P.O. Box 12069
Des Moines, IA 50312
515/279-1245

WARREN BENNIS
U.S.C. Business School
University of Southern California
Los Angeles, CA 90089-1421
213/740-0767

SUSAN M. CAMPBELL
256 Bayview Ave.
Belvedere, CA 94920-2404
415/435-8021

MAX DEPREE
2967 Lakeshore Dr.
Holland, MI 49424
616/399-0967

STEWART EMERY
Human Factors, Inc.
3301 Kerner Blvd., Suite 200
San Rafael, CA 94901
415/459-6060

BARBARA R. HAUSER
Gram, Plant, Mooty, et. al.
3400 City Center 33 S. 6th St.
Minneapolis, MN 55403-3796
612/343-3949

CHARLES F. KIEFER
Innovation Associates, Inc.
3 Speen St., #140
Framington, MA 01701
508/879-8301

PETER K. KREMBS
1606 W. 28th St.
Minneapolis, MN 55408
612/872-6419

ELEMER MAGAZINER
2675 W. Hwy. 89A, #1028
Sedona, AZ 86336
602/282-1804

CAROL MCCALL
World Institute for Life Planning
191 University Blvd., #303
Denver, CO 80206
800/999-9551

ANN M. MORRISON
New Leaders Institute
P.O. Box 1110
Del Mar, CA 92014
619/792-5922

ED OAKLEY
Enlightened Leadership International
7100 E. Belleview
Englewood, CO 80111
800/798-9881

PERRY PASCARELLA
Penton Publishing, Inc.
1100 Superior Ave.
Cleveland, OH 44114
216/696-7000

ROBERT RABBIN
Hansa Institute
20 Sunnyside Ave. Suite A-118
Mill Valley, CA 94941
415/389-0214

TINA RASMUSSEN
P.O. Box 363
Moraga, CA 94556
510/631-9485

CAROL SANFORD
Spring Hill Publications
28036 N.E. 212th Ave.
Battle Ground, WA 98604
206/687-1408

BARBARA SHIPKA
4600 Colfax Ave. S.
Minneapolis, MN 55409
612/827-3006

LARRY C. SPEARS
Greenleaf Center
1100 W. 42nd St., #321
Indianapolis, IN 46208
317/925-2677

MARTHA SPICE
Growth Dynamics
6701 Democracy Blvd., #300
Bethesda, ND 20817
301/469-4890

KATE STEICHEN
P.O. Box 303
Crestone, CO 81131
719/256-4290

MARGARET J. WHEATLEY
Kellner-Rogers & Wheatley
3857 N. 300 W
Provo, UT 84604
801/221-0044

Como Entrar em Contato com o Organizador
JOHN RENESCH
Sterling & Stone, Inc.
1668 Lombard Street
San Francisco, CA 94123
415/928-1473

A QUARTA ONDA
Os Negócios no Século XXI

Herman Bryant Maynard, Jr. e Susan E. Mehrtens

A Quarta Onda prevê um futuro radicalmente diferente em que os princípios dos negócios, a preocupação com o ambiente, a integridade pessoal e os valores espirituais são integrados. Os autores mostram como podemos passar das realidades de hoje para um futuro mais promissor, em que as empresas são:

- exemplos para outras instituições da sociedade;
- cidadãs do mundo, que servem tanto às comunidades locais como à sociedade global;
- defensoras da eqüidade econômica e de uma redefinição de riqueza;
- inovadoras na melhoria da saúde e do bem-estar dos empregados e de suas famílias;
- modelos de sustentabilidade ambiental;
- pioneiras no uso apropriado de tecnologias;
- comprometidas com a aprendizagem permanente;
- lideradas por homens e mulheres plenamente conscientes de sua responsabilidade de realizar o destino da humanidade moderna.

* * *

"Maynard e Mehrtens identificaram uma onda do futuro para empresas que, há uns poucos anos, teria parecido romantismo desvairado, mas que hoje parece inevitável. Trata-se de um livro que faz pensar e que vai contribuir construtivamente para o diálogo sobre o novo papel dos negócios no planeta."

Willis Harman, presidente do Instituto de Ciências Noéticas e autor de *Uma Total Mudança de Mentalidade*, publicado pela Editora Pensamento.

EDITORA CULTRIX

A ESTRATÉGIA DO GOLFINHO:
A Conquista de Vitórias num Mundo Caótico
Dudley Lynch e Paul L. Kordis

Eis aqui idéias que... podem levar as pessoas que trabalham em empresas a ter uma vida mais plena de realizações, eliminando os medos e as inibições que caracterizam tão bem a atividade empresarial.

> MILTON MOSCOWITZ, autor de
> *The 100 Best Companies for in America.*

Lynch e Kordis, em *A Estratégia do Golfinho,* desenvolveram os conceitos que tenho adotado na minha prática de consultoria, levando-os a um ponto de congruência "quase perfeito".

> JAMES L. MURPHY, diretor executivo,
> de liderança e desenvolvimento organizacional da
> U.S. West, Inc., em Denver.

A Estratégia do Golfinho analisa um novo e engenhoso meio de preparar líderes empresariais para aquele audacioso mas excitante "Novo Dia". Os professores de todas as faculdades de administração de empresas do país precisam prestar atenção neste livro.

> DON EDWARD BECK,
> *National Values Center.*

A melhor aplicação de estratégias pós-New Age para administração que já conheci.

> WARREN BENNIS, eminente professor de
> administração de empresas da University of Southern California.

A Estratégia do Golfinho é um manual prático e orientado para os negócios que ensina como ser pessoal e institucionalmente mais receptivo a este novo mundo que está se formando.

> RICHARD LAMM,
> *Center for Public Policy and Contemporary Issues.*

A Estratégia do Golfinho é sabedoria prática posta numa forma simples e divertida. É um livro obrigatório.

> WILLIS HARMAN,
> presidente do Instituto de Ciências Noéticas e
> autor de *Higher Creativity.*

EDITORA CULTRIX

LIDERANÇA E A NOVA CIÊNCIA

Margaret J. Wheatley

Nossa compreensão do universo está sendo radicalmente alterada pela "nova ciência". As descobertas revolucionárias da física quântica, da teoria do caos e da biologia molecular estão abalando os modelos científicos que predominaram nos últimos séculos. Margaret Wheatley mostra como a nova ciência traz insights poderosos para a transformação do modo pelo qual organizamos o trabalho, as pessoas e a própria vida.

Escrito em estilo leve, que torna a nova ciência acessível a não-cientistas, este livro pioneiro oferece:
- uma elucidativa exploração de como a nova ciência pode mudar a nossa forma de entender, desenhar, liderar e gerenciar organizações;
- um sumário de fácil leitura de um amplo leque de descobertas da nova ciência;
- uma nova luz sobre as questões mais desafiadoras que as organizações enfrentam hoje: o equilíbrio entre ordem e mudança, autonomia e controle, estrutura e flexibilidade, planejamento e inovação;
- inspiração e direção para que os leitores comecem sua própria jornada de descobertas aplicando idéias da nova ciência em seu trabalho e em sua vida.

UMA JORNADA PELAS DESCOBERTAS DA NOVA CIÊNCIA QUE MUDARÁ DEFINITIVAMENTE A SUA COMPREENSÃO DE LIDERANÇA, ORGANIZAÇÃO E DA PRÓPRIA VIDA.

EDITORA CULTRIX

O NOVO PARADIGMA NOS NEGÓCIOS

Estratégias Emergentes para Liderança
e Mudança Organizacional

Michael Ray e Alan Rinzler (Orgs.)

Por todo o mundo, homens e mulheres de negócios estão reformulando dramaticamente o modo como pensam sobre a natureza do seu trabalho, sobre a liderança e o sucesso. Estão empenhados em descobrir e aplicar novas práticas e estratégias que transformem os velhos valores e sistemas vigentes.

No novo paradigma, as pessoas e sua criatividade estão no centro do mundo de trabalho. A intuição cada vez mais vem sendo valorizada no planejamento corporativo; hierarquias organizacionais estão sendo viradas de cabeça para baixo; e os valores corporativos e individuais estão entrando em sintonia. Os líderes estão examinando o campo de trabalho multicultural em busca de novas oportunidades, e as empresas estão assumindo uma maior responsabilidade social e ambiental pelas suas ações.

Nesta compilação visionária, autoridades de vários campos repensam os temas-chave dos negócios e oferecem vários modos novos e surpreendentes de analisá-los. Eis alguns exemplos:

- competição *versus* cooperação;
- responsabilidade ética das corporações;
- desafios especiais para mulheres que trabalham;
- a natureza da propriedade da empresa na administração;
- o papel dos negócios como veículo de transformação social.

Este livro está repleto de perfis de empresas exemplares e de seus líderes, cujas visões e estratégias oferecem modos úteis e viáveis de lidar com a crescente complexidade e potencial dos negócios nesta época de grandes desafios.

EDITORA CULTRIX

TRANSCENDENDO A ECONOMIA
Hazel Henderson

"O que vemos hoje em nosso país e no mundo exige um despertar. Não um despertar efêmero, mas duradouro, permanente.

Para isso, é fundamental estarmos abertos para questionamentos de base como "PIB ou qualidade de vida?", administrar a economia ou liderar uma nação?". Questionamentos que nos fazem parar para pensar.

Esta extraordinária obra de Hazel Henderson está repleta de perguntas de essência. De questionamentos fundamentais.

Esta é uma obra que poderá elevar nosso nível de consciência — levar-nos a um verdadeiro despertar — se nos dispusermos a lê-lo sem defensividade — despoluídos de receitas e premissas do passado — e apoiados por nossos melhores valores e intenções."

Oscar Motomura
Grupo Amana-Key

TRANSFORMAÇÕES EM PREMISSAS FUNDAMENTAIS

TRANSCENDENDO A ECONOMIA

LIMITAÇÕES DA ECONOMIA TRADICIONAL

TRANSCENDENDO A ECONOMIA	LIMITAÇÕES DA ECONOMIA TRADICIONAL
- A busca de "cenários futuros desejáveis"; construção do próprio destino; fundamentalmente proativa.	- Previsões baseadas no passado; tendências otimistas/pessimistas; fundamentalmente reativa.
- Transformação contínua/como algo inerente à evolução de "sistemas complexos/organismos vivos".	- Mudanças vistas como desequilíbrio; busca do "normal"; modelo inorgânico, reversível.
- Foco nas ciências da vida, nas ciências sociais, dados "soft", ambíguos/imprecisos; no qualitativo/longo prazo.	- Foco em ciências e dados "hard", objetivos, precisos, exatos e "previsíveis"; no quantitativo/curto prazo.
- Inclui dados sobre produtividade social, estilos de vida, mudança de valores, condições ambientais; "saques" contra o futuro (futuras gerações) etc.	- Dados sobre setores não-econômicos/não-monetizados (trabalho voluntário/"trabalho comunitário não assalariado", recursos ambientais etc.) vistos como "externalidades".
- Empreendedora em função de necessidades sociais futuras; criação de mercados.	- Empreendedora em função de "mercados identificados".

EDITORA CULTRIX